Sabine Hödl / Martha Keil (Hg.)

Die jüdische Familie in Geschichte und Gegenwart

Mit gut
Wünschen
Ihre Martha Keil
10.5.99

Sabine Hödl / Martha Keil (Hg.)

Die jüdische Familie in Geschichte und Gegenwart

PHILO

Das Buch enthält Vorträge der 8. Internationalen Sommerakademie des Instituts für Geschichte der Juden in Österreich (5.-9. Juli 1998).
Gedruckt mit freundlicher Unterstützung des österreichischen Bundesministeriums für Umwelt, Jugend und Familie und der Wirtschaftskammer Österreich.

Umschlaggestaltung: Gunter Rambow, Frankfurt a.M.
Druck und Bindung: Nexus Druck GmbH Frankfurt a.M.
Printed in Germany

ISBN 3-8257-0112-3

Inhaltsverzeichnis

Vorwort

Die Familienforschung im Rahmen der historischen Anthropologie und Sozialgeschichte ist allgemein ein junges Forschungsgebiet, die wissenschaftliche Beschäftigung mit der jüdischen Familie – ausgenommen in den USA und Israel – nahezu ein Forschungsdesiderat. Die im Juli 1998 in Wien abgehaltene *8. Internationale Sommerakademie* des Instituts für Geschichte der Juden in Österreich hatte daher zum Ziel, einen weiten chronologischen Bogen vom Mittelalter bis zur Gegenwart zu spannen, um die sozialhistorischen Phänomene, die für die Familienforschung Bedeutung haben, umfangreich abzudecken. Referenten aus verschiedenen wissenschaftlichen Richtungen beleuchteten die Thematik interdisziplinär. Die uneinheitliche Textform der Beiträge erklärt sich aus den unterschiedlichen Zugängen der AutorInnen.

Im ersten Artikel stellt Klaus Lohrmann die Frage, ob die jüdische Gesellschaft zu bestimmten Zeiten überwiegend durch das Kräftespiel der bedeutenden Familien oder aber durch die Gemeindeorganisation geprägt war.

Martha Keils Ausführungen über die Rolle der mittelalterlichen jüdischen Frau als Geschäftsfrau und Vorstand eines Haushalts fallen sowohl in den Bereich der Familien- wie auch der Geschlechterforschung.

Die familienhistorischen Aspekte von Privatbriefen aus dem Jahr 1619, die von Prager Juden an Verwandte in der kleinen Wiener Gemeinde geschrieben wurden, stellt Sabine Hödl in ihrem Beitrag vor. Dieser einzigartige Quellenbestand zeigt ein buntes Bild, aber auch die bestimmenden Komponenten jüdischer Existenz in der Frühen Neuzeit.

Rotraud Ries beschäftigt sich mit den Lebensbedingungen von Hofjudenfamilien. Nicht nur der Begriff der Familie ist im Zusammenhang mit Hofjuden teilweise neu zu denken, ihr Beispiel zeigt auch deutlich den Mentalitätenwandel durch Akkulturation und Assimilation.

Am Beispiel von Großhändlern und Handelsgehilfen präsentiert Tina Walzer familienhistorische Aspekte der Sozialgeschichte der

Juden Wiens im 19. Jahrhundert. Das inhaltliche Spektrum reicht von der Zuwanderung über den Umgang mit Tradition, das Heiratsverhalten und die Familienplanung bis zum Wohnverhalten und zur geschlechtsspezifischen Rollenverteilung.

Sándor Holbok thematisiert jüdische Kindheit und Erziehung im 19. Jahrhundert zwischen Tradition und Assimilation. Er zeigt jüdische Familien, die sich, beeinflußt von Aufklärung, Rationalismus und Emanzipation, im Umbruch befanden und ihren Weg zwischen traditioneller Lebensweise und Modernität suchten.

Renate Göllners Darstellung behandelt ebenfalls das 19. und das frühe 20. Jahrhundert. Sie beschreibt die Emanzipation jüdischer Frauen, die aus ihrer von bürgerlichen Vorstellungen geprägten Welt ausbrachen, eine Ausbildung erwarben und damit zu Vorreiterinnen für nachfolgende Generationen wurden.

Nach der zionistischen Jugendbewegung als „Ersatzfamilie" fragt Eleonore Lappin in ihrem Beitrag. Sie stellt verschiedene Jugendvereine und deren Ziele und Entwicklungen vor. Aus dem Zionismus resultierten innovative Erziehungskonzepte und eine Neubewertung der Rolle der Frau.

Gila Adar schildert die Entwicklungen und Veränderungen der Familienstrukturen im Kibbuz von der Gründerphase bis heute.

Der Beitrag der Psychotherapeutin Katherine Klinger hat die Auswirkungen der Shoa auf die Familienmitglieder der ersten, zweiten und dritten Generation zum Inhalt und thematisiert die Grenzen des Dialogs zwischen den Generationen.

Gabriele Rosenthal beschreibt anhand einer Familienbiographie die Problematik und Dynamik, die aus einer Verbindung zwischen Nachkommen von Überlebenden der Shoah und Nazi-Tätern entstehen können.

Sabine Hödl, Martha Keil — St. Pölten, Jänner 1999

Gemeinde – Haushalt – Familie

Die Bedeutung der Familie in der jüdischen Gemeinde des Mittelalters

Klaus Lohrmann

Salo W. Baron faßte die lokale Gemeinde als Eckstein des Gebäudes der jüdischen Autonomie auf und bezeichnete sie als die grundlegende Einheit überkommunaler Organisationsformen.[1] Wenn Baron vom „Gebäude der jüdischen Autonomie" spricht, ist es wohl nicht überinterpretiert, daß er in dieser Autonomie das Überleben jüdischen Wesens in der Diaspora sieht. Diese Gedanken entsprechen im wesentlichen dem, was Yitzhak Baer über die jüdische Gemeinde schrieb:

> „Jede Gemeinde ist ein vollberechtigtes Mitglied am großen Leib der Gemeinschaft Israels. Und jede Gemeinde ist wieder ein Organismus im Kleinen, wo jeder einzelne seinen Ort und seinen Wert hat, je nach dem Vermögen in Lehre oder Tat."[2]

Diese Grundgröße der jüdischen Gesellschaft besteht wiederum aus Haushalten, deren Kern die eigentliche Familie mit ihren biologisch verwandten Mitgliedern bildet.[3] Yuval bezeichnete Baers Sicht der Gemeinde als „Ideologie der jüdischen Gemeinde im Mittelalter".[4] Daß die bisherigen Zitate eher Theorie denn Wirklichkeit widerspiegeln könnten, wird aus folgender Beobachtung Michael Tochs wahrscheinlich:

> „Die wichtigen geistigen Gestalten des jüdischen Deutschland kamen im Laufe von fünf Generationen, zwischen dem Ausgang des 10. und 11. Jahrhunderts, aus allein sieben Familien, die sich untereinander verheirateten und enge Kontakte unterhielten. Diese Vorherrschaft weniger ‚aristokratischer' Familien, deren Mitglieder geistige Autorität, politische Führungsfunktion und wirtschaftliche Macht vereinten, ist im gesamten mittelalterlichen Judentum einzigartig."[5]

Wenn diese Situation auch einzigartig war, prägte sie tendenziell und strukturell Leben und Vorstellungen jener Gemeinden, die nach den Massakern während des Ersten Kreuzzugs entstehen sollten. Die dominierende Stellung einiger weniger Familien, deren Mitglieder in einigen Gemeinden über das Gerichtswesen geradezu herrschaftliche Funktionen ausübten, provoziert die Frage nach dem Verhältnis zwischen der Gemeinde und den in ihr führende Aufgaben wahrnehmenden Familien. Daraus folgt die Erwägung, daß die jüdische Gesellschaft zu bestimmten Zeiten vielleicht mehr durch das Kräftespiel der bedeutenden Familien als durch die Gemeindeorganisation geprägt gewesen sein könnte. Zugespitzt formuliert entwickelt sich daraus die Frage, ob die Gemeinde als rechtliche Institution bzw. als Garant der Rechtswahrung überhaupt existierte oder sich nur nach den jeweiligen Interessen ihrer führenden Familien ausformte. Man kann es gleich vorwegnehmen: Weder die eine noch die andere Möglichkeit einer Antwort würde die Wirklichkeit treffen, da in der jüdischen Gesellschaft und in den Gemeinden bei der Durchsetzung der einen oder anderen Auffassung zahlreiche Konflikte entstanden.

Daß die jüdische Gesellschaft das rechtliche Regulativ sehr ernst nahm und von diesem Standpunkt aus verwandtschaftliche Bindungen bisweilen außer Kraft zu setzen versuchte, zeigt ein Vertrag zwischen Vater und Sohn aus dem Jahre 1235, der in Norwich abgeschlossen wurde. Beide standen in enger Geschäftsverbindung mit einem gewissen William Disney und schlossen unter Eid einen feierlichen Gesellschaftsvertrag. Darin ist die interessante Feststellung enthalten, daß keiner der beiden Vorteile aus ihrer Verwandtschaft ziehen dürfe.[6]

Speyer 1090

Eine Organisationsform der Juden in Speyer, die man als gemeindeartig interpretieren könnte, läßt sich schon 1084 nachweisen. Der Vorsteher der Juden sollte Rechtsstreitigkeiten zwischen ihnen oder Angelegenheiten, die gegen sie gerichtet waren, entscheiden. Dabei wurde sein Wirken direkt mit dem des *tribunus urbis* verglichen, der seine Tätigkeit bei Streitigkeiten zwischen Bürgern ausübte.[7] Die Juden verfügten demnach über einen Richter, der sie auch gegenüber Anschuldigungen von außen vertrat. 1090 erschienen drei Männer mit ihren Religionsgenossen vor Heinrich IV. und baten um Schutz für sich, ihre Kinder und jene, die sie vertraten.[8] Der erste der drei Petenten, Juda ben Kalonymos, gilt als Vorsteher des Lehrhauses in Speyer. Über seine Studien und damit den Grad seiner Gelehrsamkeit weiß man wenig. Ebenso steht es mit David ben Meschullam, der für einen Sohn jenes Meschullam ben Mosche gehalten wird, der sich als Gelehrter einen Namen gemacht und 1084 die Abwanderung von Mainzer Juden nach Speyer organisiert hatte. Er ist nicht mit dem Gaon Meschullam zu verwechseln, der am Ende seines Lebens in Mainz lebte. Beide kamen aber aus der großen, weitverzweigten Familie der Kalonymiden, die als Musterbeispiel für Tochs Sicht der Dinge angeführt werden kann. Mosche ben Jekutiel war selbst Gelehrter und setzte sich mehrfach mit Erfolg für die Belange der Juden in Speyer und darüber hinaus ein. Die wirtschaftliche Situation der drei ist nicht eindeutig erkennbar. Zieht man aber in Betracht, daß etwa gleichzeitig Schabbatai ben Kalonymos Kassaführer der Gemeinde war, ist ein gewisser Wohlstand der Familie zu vermuten. Eine Stütze dieser Überlegung ist die Tatsache, daß in der Mitte des 12. Jahrhunderts Kalonymus ben Meir („der Vorsteher" genannt), Vorsteher der Gemeinde in Speyer und als Geldhändler auch für Kaiser Friedrich Barbarossa tätig war.[9]

Die bisweilen ins Legendenhafte übersteigerte Bedeutung dieser Familie hat aber historisch nachweisbare Grundlagen. Dazu gehört das Faktum, daß ihre Mitglieder auch in Worms, Mainz, Bonn, Würzburg und in Italien wichtige Positionen innehatten.

Daraus folgt, daß wenige Familien, unter ihnen als vielleicht wichtigste die Kalonymiden, an der Gründung und geradezu Konstituierung der Gemeinde in Speyer mitwirkten. In diesem Zusammenhang ist festzuhalten, daß mehrere Haushaltsvorstände zu einer Familie gehörten, und diese Haushalte befanden sich nicht nur in Speyer, sondern in allen rheinischen Gemeinden. Die Familie bildete also nicht nur einen kleinen Nukleus biologisch aufs engste miteinander Verwandter, sondern auch ein soziales Gebilde, das sogar suprakommunal sein konnte.

Rechtliche Entscheidungen, die in diesem Kreis getroffen wurden, könnten durchaus in dem Verdacht stehen, den Interessen der Führungsgruppe zu entsprechen. Einen Hinweis, der in die schwierigen Probleme des Erbrechts führt, gibt eine Bestimmung aus den Privilegien Heinrichs IV. für Worms und Speyer, nach der ein jüdischer Apostat Erb- bzw. Besitzrecht verliert.[10] Jahrzehnte zuvor hatte sich der große Meschullam ben Kalonymos mit diesem Problem befaßt und in der erwähnten Weise entschieden.[11] Der Gedanke liegt nahe, daß Heinrich mit dieser Vergünstigung einer Bitte der Juden nachkam. Allerdings muß man hinzufügen, daß die Bestimmung durchaus auch im Interesse des Kaisers lag, da er an der Erhaltung der Finanzkraft der Juden interessiert sein mußte. Geld und Güter in den Händen eines Neuchristen wären für den Kaiser verloren gewesen. Zudem handelte es sich ja um eine Angelegenheit, die der gesamten jüdischen Gemeinde und nicht bloß einer Familie zugute kam.

Daß die etablierten Familien imstande waren, ihre Position im Judenrat auch später zu halten und gegen Widerstände durchzusetzen, zeigt ein bekannter Fall aus Speyer im Jahre 1333. Sozial- und familiengeschichtlich ist man allerdings bei der Interpretation auf Hypothesen angewiesen, da bestenfalls eines der namentlich genannten Mitglieder des Judenrates in seinem ökonomischen Umfeld nachzuweisen ist. An dritter Stelle des Judenrates ist ein Joel ben R. Jacob genannt, den man mit dem Geldleiher Johelin, einem Sohn des bekannten Jeckelin von Schlettstadt, identifizieren könnte.[12] Jeckelin siedelte sich 1313 unter Mithilfe Kaiser Heinrichs VII. in Speyer an, seine Witwe Juthe war ebenfalls als wichtige Geldleiherin tätig, ebenso ihr Sohn Johelin.[13] Ist dieser Johelin mit dem Mitglied des Judenrats Joel von 1333 ident, wäre mit ihm ein Mitglied der vielleicht bedeutendsten geldverleihenden Familie Speyers im Rat nachgewiesen.

Gegen jene Familien, die 1333 den Judenrat in Speyer bildeten, erhob sich im selben Jahr oder kurz davor eine Opposition, die mit Unterstützung des Stadtrates von Speyer einen oder mehrere Sitze im Judenrat erlangen wollte. Tatsächlich unternahm der Stadtrat entsprechende Schritte, scheiterte aber an den etablierten Familien, denen es gegen eine Zahlung von 400 Pfund Haller Pfennigen gelang, die Ansprüche abzuwehren.[14] Abgesehen von dieser Zahlung konnten nur Leute dem Judenrat angehören, die auch Bürger und damit für den Stadtrat vertrauenswürdig waren.[15]

Auch noch zu einer Zeit, da die Judengemeinde in Speyer bereits ihre führende geistige Position in der deutschen Judenheit verloren hatte, waren ihre finanziell einflußreichen Mitglieder in der Lage, ihre Machtpositionen und damit auch die ökonomischen Grundlagen ihrer Lebensführung erfolgreich zu verteidigen. Damit bleibt Tochs Bemerkung über die einmalige Situation in den „Schum"-Gemeinden (Speyer, Worms, Mainz) für die Zeit bis zum Ersten Kreuzzug aufrecht, man muß aber hinzufügen, daß diese Tendenz der Machtverteilung in allen Gemeinden erhalten blieb. Toch selbst lieferte mit der Nürnberger Gemeinde ein weiteres Beispiel für das Weiterleben dieser Verhältnisse bis ins 15. Jahrhundert. Das ökonomische Rückgrat der Gemeinde bildeten die selbständigen Geldhändler, unter denen drei Großfamilien an Bedeutung herausragten, die das Gemeindeleben beherrschten. Von 16 Geldhändlern gehörten zwölf diesen Familien an. Über zwanzig Jahre waren sie als Gemeindevorsteher tätig. Sie verfügten über gute Beziehungen zum Stadtrat, von dem sie Förderung erfuhren. Zwischen 1468 und 1498 wurden 25 jüdische Neubürger aufgenommen, von denen 16 Angehörige der drei Großfamilien waren.[16]

Erbrecht

Mit diesem Beispiel ist ein wichtiger Bereich angesprochen, nämlich das Erbrecht. Materiell und ökonomisch gesehen ist die Familie als Erbgemeinschaft zu betrachten. Eine intensive Beschäftigung mit erbrechtlichen Einzelentscheidungen ist daher der Schlüssel, um rechtliche Formen der Stabilisierung und Destabilisierung einer Familie zu studieren. Leider kennen wir bisher sehr wenige Einzelfälle. Wie die Probleme liegen konnten, sei an zwei Beispielen gezeigt.

Vorauszuschicken ist, daß der im folgenden geschilderte Fall des David Steuss sicher nicht die Norm darstellt, aber eine Möglichkeit aufzeigt, wie eine Vermögenskonzentration in der Praxis durchgeführt werden konnte.

Die Norm war, daß das Vermögen des Vaters auf die Söhne überging, wobei dem Ältesten durch die Überlassung des doppelten Anteils eine führende Position zufallen konnte. Die älteste prominente Familie in Wien etablierte sich mit einem Mann namens Lebman, der enge Geschäftsverbindungen zur Führungsschicht in Österreich, den Landherren, unterhielt.[17] Seine Position ging auf seinen ältesten Sohn Gutman über, der nie mit seinen Brüdern und Schwägern in Kompanie arbeitete. Die Brüder dürften mit ihrem Erbteil Wien verlassen haben, ein Bruder ist jedenfalls in Hainburg, also nicht weit weg von Wien, nachzuweisen.[18] Offenbar hatte sich Gutman bereits zu Lebzeiten des Vaters in Wien eine Position erworben, die jene seiner Brüder weit in den Schatten stellte. Bei statistisch durchschnittlicher Lebenserwartung war der Normalfall, daß der älteste Sohn beim Tod des Vaters bereits einige Jahre Geschäftstätigkeit hinter sich hatte.

Als es um einen neuen Rückzahlungsvertrag mit einem Schuldner des 1314 verstorbenen Lebman ging, versammelten sich auch alle Kinder und Schwiegerkinder zur Ausstellung der Urkunde.[19] Der Geschäftsaufbau der Söhne fußte also nicht bloß auf dem zu erwartenden Erbe, sondern man kann annehmen, daß die Verbindungen des Vaters auch den Söhnen und vermutlich vor allem dem ältesten Sohn nützlich waren. Die rein erbrechtlichen Normen bevorzugten zwar den Ältesten, konnten aber die Gefährdung der Geschäfte durch Teilung des Erbes nicht ausschalten.

Dem konnte man durch Kompaniebildung entgegenwirken. Zwar fiel dann auf den Einzelnen ein geringerer Gewinn, der Geschäftsbetrieb konnte sich allerdings ungestört entwickeln. Als Zeitgenossen des Lebman und des jungen Gutman werden um 1305 die Söhne des Schwärzlein urkundlich genannt, die häufig gemeinsame Geschäfte betrieben.[20] In Zeugenlisten sind sie auch einzeln angeführt. Dabei zeigt sich, daß nicht immer alle Söhne beteiligt waren, drei fanden sich aber in allen Fällen zu einem Geschäft zusammen.

Das Zusammenwirken von Brüdern und Verwandten ist häufig zu beobachten, manchmal überließ ein Jude ein Geschäft, das er eine Zeitlang selbst betrieben hatte, einem anderen Verwandten.

Die Erscheinung ist so häufig, daß das Mitwirken in Kompaniegeschäften oder die Übernahme eines Geschäfts durch einen anderen Juden schon als Indiz für Verwandtschaft gelten kann, wobei sich wieder die Differenzierung von Kernfamilie, Haushaltskooperation und Großfamilie zeigt.[21]

Der Erbgang zugunsten des bedeutendsten Juden, der in Österreich im 14. Jahrhundert wirkte, David Steuss, ist in mancher Hinsicht rätselhaft und bemerkenswert.[22] Die bedeutsame Position der Familie im Geldverkehr der frühhabsburgischen Zeit wurde von seiner Großmutter Plume begründet, die seit 1321 in Klosterneuburg quellenmäßig nachzuweisen ist.[23] Von ihrem Mann wissen wir nichts, sie führte also einen der bekannten „Witwenbetriebe".[24] Offensichtlich vermied sie Wien, wo Gutman zum Zeitpunkt ihrer Einwanderung die führende Persönlichkeit war. Das rasch wachsende Geschäft spiegelte sich auch in einem komplizierten verwandtschaftlichen Geflecht, das mit Hilfe der vorhandenen Urkunden nicht völlig aufgeklärt werden kann.

Auffällig ist, daß Plumes Sohn Jüdlein-Rötlein[25] offenbar nicht der Erbe ihres Geschäfts war. Plume starb etwa 1340, zuletzt ist sie am 24. Dezember 1339 nachzuweisen.[26] Im Unterschied zu seinem Neffen David (Steuss) machte Jüdlein wenige Geschäfte und mit niedrigen Summen. Die gesamte Geschäftsbiographie des David Steuss vermittelt den Eindruck, daß er das Geschäft von seiner Großmutter übernommen hatte. Der Erbanspruch ging über seine Mutter Rachel/Rechl/Redl, die zuletzt 1369 nachgewiesen ist.[27] David begann seine Geschäftstätigkeit 1346, als er ein Darlehen von 57 Mark (114 Pfund) an die Stadt Brünn vergab.[28] Der Betrag ist noch nicht sehr hoch, doch die Umfeldbedingungen legen den Gedanken nahe, daß er von Anfang an besonders angesehene Personen und Institutionen zu seinem Kundenkreis zählte. Der Brünner Rat zahlte mit diesem Darlehen Schulden an König Ludwig den Großen von Ungarn ab. Vergleichbare Geschäfte fehlen in der noch lebenden älteren Generation völlig. Etwa 10 Jahre später beginnen die auffällig großen Darlehen Davids, die mehrere tausend Pfund umfassen konnten.[29] Weit über den Geschäftsumfang seiner Großmutter hinausgehend, trat er in die wirtschaftlichen Funktionen Gutmans ein, der in den zwanziger und dreißiger Jahren der bedeutendste jüdische Geldgeber in Wien war.

Plume gelang es, bereits einige ihrer Kinder mit Angehörigen wichtiger Wiener Familien zu verheiraten. So verheiratete sie eine ihrer Töchter mit Aron von Wien, der über einen interessanten Kundenkreis verfügte, darunter der Abt von Zwettl und ein Hofmeister des Herzogs.[30] Ferner stand er einer der ältesten Wiener jüdischen Familien, den Söhnen des Schwärzlein, sehr nahe.[31] Eine andere Tochter Plumes, Rachel, heiratete einen Rabbiner namens Abraham, auch Hendlein genannt.[32] Diese Ehe war zwar wirtschaftlich uninteressant, man hatte damit aber einen Gelehrten in der Familie und dies war für eine aufsteigende Gruppe nicht unwichtig.

Die wirtschaftliche Unauffälligkeit des Jüdlein-Rötlein und seines Bruders Hetschlein[33] provoziert zwei Fragen. Lenkte Plume einen großen Teil ihres Vermögens direkt auf den Enkel oder gelang diesem eine spektakuläre Heirat? Eine dritte Möglichkeit besteht darin, daß David als der Tüchtigste in Kompanie mit seinen Onkeln und vielleicht auch Tanten arbeitete und ihm auf diese Weise das Geschäftsvermögen seiner Großmutter zur Verfügung stand. Gerne wüßten wir, mit wem David verheiratet war, doch entzieht sich dies unserer Kenntnis. Man wird sich wohl David als den Erfolgreichsten an der Spitze des Clans vorstellen dürfen, womit er auch die Bedeutung seiner Elterngeneration in den Schatten stellte. Seine außergewöhnliche Finanzkraft wird schon daraus klar, daß er allein mehr Geld aufbringen konnte als die gewiß nicht unbedeutende Kremser Gemeinde.[34]

Obwohl David Steuss in Kontakt mit den Großen seiner Zeit in Österreich stand, – unter seinen Geschäftspartnern befanden sich als prominenteste der österreichische Kanzler Johann von Platzheim und der Herzog selbst – gewinnt man den Eindruck, daß er sich vom jüdischen Gemeindeleben in Wien fernhielt. Seit 1352 ist er jedenfalls als mehrfacher Hausbesitzer (mindestens zwölf Häuser) in der Stadt nachgewiesen. Drei Häuser in der Judenstadt befanden sich im Besitz seiner Familie.[35] Es gibt keinen Hinweis, daß er in der Gemeinde als Vorsteher tätig war. Allerdings können wir einmal nachweisen, daß er den *Hekdesch* (Ausgaben für Wohltätigkeit) unterstützte.[36] Ferner fungierte er in einer Streitsache, die in Regensburg stattgefunden hatte, aber eine bekannte Familie aus Wien und Krems betraf, als Schiedsrichter.[37] Er scheint demnach über ein gewisses Maß an jüdisch-rechtlicher Bildung verfügt zu haben. Seine Söhne erhielten schließlich das Recht verbrieft, ihre Rechtsstreitigkeiten ausschließlich vor dem Herzogsgericht abwickeln zu dürfen.[38]

Erklären kann man die Sachlage nur so, daß David Steuss und seine Nachkommen über so viel Einfluß und Geld verfügten, daß sie dem rechtlich kontrollierenden Einfluß der Wiener jüdischen Gemeinde – jene in Klosterneuburg beherrschten sie ohnehin – entzogen waren. Dies konnten sie moralisch rechtfertigen, da sie in vielen Fällen für die Gemeinschaften sorgten: Sei es, daß sie in Klosterneuburg die Synagoge erhielten, jene in Wien vielleicht prunkvoller ausstatten ließen und Zahlungen erbrachten, die möglicherweise für die gesamte Gemeinde geleistet wurden. Die Gefangennahme des David durch Albrecht III. im Jahre 1383 und seine Freilassung gegen die unglaubliche Zahlung von 50.000 Pfund könnte so zu verstehen sein.[39]

Davids Vater war zwar Rabbiner, doch ein Gelehrter von Rang heiratete erst spät in die Familie ein. Davids Tochter *Hansuess* verehelichte sich mit einem der bedeutendsten Gelehrten des 14. Jahrhunderts, nämlich mit Rabbi Meir bar Baruch haLevi aus Fulda.[40] Dieser selbst ist schon ohne die Verbindung zur Familie des David Steuss ein Beispiel dafür, wie Reichtum, Einfluß und Gelehrsamkeit in einer Person verwirklicht sein konnten. Die Eheverbindung kam nach dem Tod Davids zustande. Meir ist in Wien von 1393 bis 1406 nachzuweisen und war damals um die 60 Jahre alt. Daß er schon vorher über bedeutendere finanzielle Mittel verfügte, zeigt eine Auseinandersetzung in Frankfurt, die zu seiner Gefangennahme führte.[41] Worum es dabei ging, verschweigen die Quellen, daß es sich aber um eine wichtige Angelegenheit handelte, zeigt das Eingreifen König Wenzels, auf dessen Intervention hin Meir freigelassen wurde. Er verpflichtete sich 1392 in Tat und Schrift, von seinem Tun gegen die Frankfurter Bürger und Juden abzulassen, und bestätigte, bei Nichtbefolgung dieses Versprechens 1200 Gulden Strafe zu zahlen. Diese Vorgänge dürften der Grund für Meirs Niederlassung in Wien gewesen sein. Schon 1386 hatte er letztlich erfolglos versucht, seinen Schüler Astruc Isaia ben Abba Mari mit Autorität über die anderen französischen Rabbiner auszustatten. Betrachtet man dazu seine Bemühungen um eine geordnete Vorgangsweise bei der Ordination von Rabbinern und sein gesundes Selbstbewußtsein, das er eher in seinem Reichtum als in seiner Gelehrsamkeit verwurzelt sah,[42] tritt uns eine einflußreiche Persönlichkeit entgegen, die sich bei der Durchsetzung ihres Willens, ähnlich wie David Steuss, manchmal in Gegensatz zu den gewachsenen Verhältnissen und Strukturen setzte. Er bekämpfte das Bestreben der Rabbiner, aus der Tora (das heißt, aus ihrer Gelehrsamkeit) Gewinn zu ziehen, setzte aber offensichtlich manchmal seine wohl aus dem Geldgeschäft stammenden Geldmittel und die damit verbundene Macht rücksichtslos für diesen Zweck ein.

Zentraler Aufgabenbereich der Rabbiner sollte nach Meirs Vorstellungen die Ehegerichtsbarkeit sein. Diese war aber unlösbar mit erbrechtlichen Angelegenheiten verknüpft. Damit fiel dem Rabbiner eine entscheidende Aufgabe in der Gemeinde zu. Nicht zuletzt konnten seine Rechtsentscheidungen das wirtschaftliche Wohl und Wehe einer Familie beeinflussen. Zieht man Meirs eigene soziale Situation in Betracht, kann man sich des Eindrucks nicht erwehren, daß seine Absichten dahingingen, durch eine objektivierte Rabbinerordination eine wichtige Funktion der Rabbiner zu verschleiern: den Erhalt von Macht und Einfluß der führenden Familien. Man muß allerdings hinzufügen, daß Meir die Reorganisation des rechtlich-sozialen Lebens der Juden in einer Zeit durchzusetzen versuchte, als ihre Lage prekär geworden war und Verfolgungen und Erpressungen durch christliche Machthaber signifikant zunahmen. Der beste Schutz dagegen waren reiche und damit durchschlagskräftige Familien an der Spitze der Gemeinden, die bei Gefahr Zugang zu den Großen ihres Landes hatten.

Wie man erbrechtliche Verfügungen umgehen konnte, um Leistungsfähigkeit und Einfluß des wichtigsten Vertreters einer Familie und damit der Familie selbst zu erhalten, zeigt ein Fall aus der Steiermark.[43] Vor dem Jahre 1364 versprach ein gewisser Isserl von

Marburg dem Ehemann seiner Enkelin, Chakkim von Graz, ein Viertel seines Vermögens und stellte darüber eine hebräische Urkunde aus. Isserls Enkel Musch, der das florierende Geschäft offenbar direkt von seinem Großvater übernahm und rasch ausbaute, prozessierte gegen seinen Schwager um den besagten Teil des Vermögens. Chakkim konnte seinen Anspruch jedoch durch die hebräische Urkunde belegen.

Ob ein jüdisches Gericht in Marburg/Maribor, Graz oder Pettau/Ptuj tätig wurde, wissen wir nicht. Wahrscheinlich ist es immerhin, da Erbangelegenheiten unbestritten in dessen Aufgabenbereich fielen. Wenn ein jüdisches Gericht geurteilt hatte, war die Entscheidung nicht nach den Wünschen des Musch ausgefallen, denn er wandte sich an den Herzog von Österreich. Dieser konnte prinzipiell Angelegenheiten, die ihm bedeutend erschienen, vor sein Gericht ziehen, wie dies in der Judenordnung Friedrichs des Sreitbaren 1244 formuliert worden war.[44] Trotzdem ging Rudolf IV. sehr vorsichtig und taktisch klug ans Werk, wie seine am 12. März 1364 ausgestellte Urkunde beweist.[45] Wie nicht anders zu erwarten, behielt nun der bedeutende Geldhändler recht und Chakkim mußte sich mit einer Abschlagszahlung bescheiden, die 2.200 Gulden und einen nicht näher bekannten Betrag enthielt - eine Menge Geld, aber im Vergleich zum Viertel des Vermögens seines Schwiegervaters sicher eine vernachlässigbare Summe.

Der Herzog war daran interessiert, die Finanzkraft eines seiner wichtigsten Geldgeber im Süden seines Herrschaftsbereichs zu erhalten. Vorsicht und Klugheit ließ er walten, indem er behauptete, beide Streitpartner hätten sich an ihn gewandt. Ferner ließ er sich in der Sache von den jüdischen Meistern und „besten Juden" - damit sind wohl die angesehenen Parnassim der Gemeinden gemeint - nach jüdischem Recht beraten. Geschäftsbeziehungen einiger dieser jüdischen Berater zu Musch sind nachweisbar, Verwandtschaftsbeziehungen zu vermuten.

Aus dieser Entscheidung ist der Schluß zu ziehen, daß führende jüdische Persönlichkeiten und die nichtjüdische Obrigkeit bisweilen gleiche Interessen hatten und die Stärkung eines finanziell erfolgreichen Zweiges einer Familie manchmal zu einer Einschränkung der Durchsetzung jüdischen Rechts führen konnte. Dabei wirkten auch führende Persönlichkeiten anderer Gemeinden mit. Aus dieser geschmeidigen Anpassung im Einzelfall bzw. dem Zurückweichen vor dem Druck des Landesfürsten ist aber nicht zu schließen, daß Rechtsprinzipien aufgegeben wurden. Den jüdischen Gemeinden und Rechtsgelehrten blieb keine andere Wahl als die Anpassung, denn abgesehen vom Durchsetzungswillen des Herzogs, dem man sich beugen mußte, war es für die gesamte Judenschaft von Vorteil, wenn einige ihrer hervorragenden Vertreter in einem Nahverhältnis zum Fürsten standen: Dies bildete eine lebensnotwendige Voraussetzung, um im Lande ein weiteres Auskommen zu finden.

Eine derartige Bevorzugung einzelner Personen läßt sich hie und da nachweisen, doch sind wir weit davon entfernt, uns ein realistisches Bild machen zu können. Mit einiger Sicherheit ist aber anzunehmen, daß sich die speziellen Aufgaben, die den Juden von den Fürsten bei deren finanziellen und politischen Unternehmungen zugewiesen wurden, auf die Familienstrukturen und damit auf Erbgänge auswirken konnten. Es handelt sich dabei nicht nur um eine innere Dynamik in den Familien und Gemeinden, sondern auch um eine von außen beeinflußte.

Diese konnte sich natürlich mit dem Streben nach wirtschaftlicher und sozialer Absicherung in den Familien decken. Der fast gleichzeitig in Speyer stattfindende Vorgang zeigt deutlich, daß Juden unter Ausnutzung von Kontakten zu nichtjüdischen Machtträgern versuchten, bestehende soziale Verhältnisse in einer Gemeinde zu sprengen.

Betrachtet man den Einfluß dieser führenden Familien in den Gemeinden, ergibt sich der banale Schluß, daß sie bestimmend in die Verhältnisse eingriffen. In dem vorhin geschilderten Fall von Isserl von Marburg und Chakkim fiel einem der Judenmeister bzw. Parnassim, dem bekannten Musch von Cilli, die Aufgabe zu, den Streitpartnern bei der Ausstellung der notwendigen Urkunden zur Hand zu gehen. Musch und sein Bruder Chatschim waren die einflußreichsten Juden der Steiermark. Ihr Nahverhältnis zum Herzog wird durch die Tatsache unterstrichen, daß sie ein Haus in Wien besaßen. Auch bestanden enge Beziehungen zu den Grafen von

Cilli. Chatschim wurde sogar dem Grafen Hermann von Cilli als Lehen überlassen.[46]

Zwei Beispiele rabbinischer Entscheidungen

Die rabbinischen Entscheidungen sind im Rahmen unserer Fragestellung im Einzelfall schwer zu deuten, da durch die anonymisierte Darstellungsweise – als Namen erscheinen fast durchgehend Ruben, Simon, Levi – über die konkrete soziale Stellung der Streitparteien nichts bekannt ist. Immerhin muten manche Entscheidungen sonderbar an und seien zur Diskussion gestellt:

Das erste Beispiel ist eine Entscheidung des berühmten Rabbi Gerschom ben Jehuda aus Mainz, die vor 1028 entstand: Ruben hatte einen „exklusiven Kunden", einen christlichen Priester, und verlangte von der Gemeinde eine Verfügung, daß niemand anderer Geschäfte mit seinem Kunden anknüpfen dürfe. Die Vorsteher wiesen dieses Ansinnen zurück, schlugen aber vor, daß Ruben dieses Privileg von der Gemeinde kaufen könne. Die Einigung kam zustande. Bald darauf erschien Simon, Rubens Bruder und erklärte, daß der „exklusive Kunde" diese Stellung bereits bei ihrem Vater eingenommen hätte und er daher wie sein Bruder mit ihm Geschäfte machen dürfe. Offenbar bemühte er das Erbrecht, um seinen Anspruch zu untermauern. Die Entscheidung fiel zugunsten von Ruben aus. Da am Ort des Geschehens die Einrichtung der „exklusiven Kundschaft" nicht Brauch war, wäre lediglich der Kauf des Privilegs durch Ruben zu berücksichtigen gewesen und nicht ein etwaiger Erbgang der Berechtigung vom Vater auf beide Söhne. Der Rabbiner mußte wohl so entscheiden, denn sonst wäre der Verkauf des Privilegs hinfällig gewesen. Abgesehen von der rechtlichen Argumentation stand hinter der Entscheidung wohl das Streben, die Gemeindekassa ungeschoren zu lassen, und weniger die Begünstigung Rubens gegenüber seinem Bruder.[47]

Auch heute ist uns geläufig, daß Erbgänge durch vor dem Tod des Erblassers gemachte Schenkungen (Legate) eingeschränkt oder sogar wirkungslos gemacht werden können. Dazu ein Fall aus England aus dem 13. Jahrhundert, dessen Hintergründe zu denken geben. Verfasser des Rechtsgutachtens war Elia-Menachem von London, der als der bedeutendste jüdische Gelehrte Englands gilt. Er lebte von etwa 1220 bis 1284, beschäftigte sich mit Geldleihe und, nachdem den Juden in England das Geldgeschäft untersagt worden war, mit Getreide- und Wollhandel.

Ein Mann hatte aus erster Ehe einen Sohn, heiratete als Witwer noch einmal und hatte in der zweiten Ehe mehrere Söhne. Er schenkte diesen Söhnen seine Güter und starb nach einigen Jahren. Nun erhob der Sohn aus erster Ehe Ansprüche auf die Ketuba-Güter seiner verstorbenen Mutter, die in dem an seine Halbbrüder geschenkten Vermögen enthalten waren. Der zu Rate gezogene Rabbiner entschied, daß die Schenkung an die jüngeren Söhne die Ansprüche des ältesten Sohnes „vernichteten". Die Entscheidung war reichlich durch talmudische Entscheidungen gedeckt, so daß nicht nur die Durchsetzung eines Interesses der jüngeren Söhne stattgefunden hat. Mit dem Tode der ersten Frau war die Ketuba in das Eigentum des Mannes übergegangen. Der Sohn aus der ersten Ehe hätte diesen Vermögensteil nur dann erhalten können, wenn der Vater ihn seinen jüngeren Söhnen vererbt hätte. Da der Eigentumsübergang aber durch Schenkung erfolgte, verlor der älteste Sohn sein Recht. Immerhin steht fest, daß der Vater seinen Ältesten „ausbooten" wollte. Man kann vermuten, daß seine zweite Frau einer angeseheneren Familie angehörte oder ihn die wirtschaftlichen Verhältnisse dazu zwangen, eine Aufsplitterung des Vermögens möglichst gering zu halten. Nachdenklich macht auch die Tatsache, daß trotz angeblich klarer halachischer Voraussetzungen der älteste Sohn klagte.[48]

In den geschilderten Fällen zeigt sich die schon angedeutete Ambivalenz der Verhältnisse. Die Rabbiner konnten natürlich ihre Entscheidungen sozusagen „objektiv" argumentieren, es ist aber nicht von der Hand zu weisen, daß rabbinisches Recht und die einzelnen Entscheidungen im allgemeinen die „Dynastien" stabilisierten und in einigen Fällen Rechtsgrundsätze schonend angewendet wurden, ohne daß man gleich von Rechtsbeugung sprechen könnte. Trotz des nachzuweisenden oder zu vermutenden Einflusses der führenden Familien ist aber festzuhalten, daß die rabbinische

Rechtssprechung gegenüber den Familieninteressen ein Korrektiv bildete, das in vielen Fällen auch durchsetzbar war.

Anmerkungen

1 Salo W. BARON, The Jewish Community. Its History and Structure to the American Revolution. Vol. 2, Philadelphia 1945, S. 3.

2 Yitzhak F. BAER, The Origins of the Jewish Community of the Middle Ages. In: Zion 15 (1950), S. 22. Zitiert nach Israel YUVAL, Heilige Städte, heilige Gemeinden – Mainz als das Jerusalem Deutschlands. In: Robert JÜTTE, Abraham B. KUSTERMANN (Hrsg.), Jüdische Gemeinden und Organisationsformen von der Antike bis zur Gegenwart. Wien u. a. 1996 (Aschkenas. Hrsg. von Friedrich BATTENBERG und Markus J. WENNINGER. Beiheft 3), S. 92.

3 Michael TOCH, Die Juden im mittelalterlichen Reich. München 1998 (Enzyklopädie deutscher Geschichte 44), S. 14.

4 YUVAL, Heilige Städte (wie Anm. 2), S. 91.

5 TOCH, Juden im Reich (wie Anm. 3), S. 16.

6 Shtarot. Hebrew Deeds of English Jews before 1290. Ed. by M. D. DAVIS, London 1888 (Publications of the Anglo-Jewish Historical Exhibition 2), S. 1-3.

7 Elenchus fontium historiae urbanae 1. Werke der Kommission für Städtegeschichte des internationalen Historikerverbandes. Hrsg. von C. VAN DE KIEFT und J. F. NIERMEIJER, Leiden 1967, S. 75 nr. 47: *Deinde sicut tribunus urbis inter cives, ita archisynagogus suus omnem iudicet querimoniam, que contigerit inter eos vel adversus eos.*

8 Julius ARONIUS, Regesten zur Geschichte der Juden im fränkischen und deutschen Reiche bis zum Jahre 1273. Berlin 1887-1902, Neudr. Hildesheim – New York 1970, S 74. Die dort genannte Studie über die Formulierung *legibus sperare* von Brunner, Mithio und Sperantes war mir nicht zugänglich.

9 Germania Judaica (im folgenden: GJ) I. Von den ältesten Zeiten bis 1238. Hrsg. von I. ELBOGEN, A. FREIMANN und H. TYKOCINSKI, Tübingen 1963, S. 341.

10 Monumenta Germaniae Historica. Diplomata Heinrich IV., S. 546, nr. 411: Im Zusammenhang mit der Vorgangsweise beim Übertritt zum Christentum wird hinzugefügt: *et sicut patrum legem reliquerunt, ita eciam et possessionem eorum.*

11 Hans Georg VON MUTIUS, Rechtsentscheide rheinischer Rabbinen vor dem Ersten Kreuzzug 1. Frankfurt/Main u. a. 1984 (Judentum und Umwelt 13/1), S. 53 bzw. eine Entscheidung Rabbi Gerschoms ebda, S. 140 ff.

12 Alfred HILGARD, Urkunden zur Geschichte der Stadt Speyer. Straßburg 1885, S. 371, nr. 422. Zu Jeckelin vgl. Meir WIENER, Geschichte der Juden in der Stadt und Diöcese Speyer. In: Monatsschrift für Geschichte und Wissenschaft des Judenthums 12 (1863), Neudr. 1972, S. 298 und Franz-Josef ZIWES, Studien zur Geschichte der Juden im mittleren Rheingebiet während des hohen

und späten Mittelalters. Hannover 1995 (Forschungen zur Geschichte der Juden. Abt. A/1), S. 125 f. und 112 mit Anm.78.

13 Ebda, S. 130, Anm. 168.

14 Vgl. zu der prominenten Angelegenheit Karl Heinz DEBUS, Geschichte der Juden in Speyer bis zum Beginn der Neuzeit. In: Geschichte der Juden in Speyer. Speyer 1990, 2. Aufl. (Beiträge zur Speyerer Stadtgeschichte 6), S. 23 ff. Die Vorgänge ergeben sich klar aus der hebräischen Fassung des Verzeihbriefs des Judenrates vom 23. 12. 1333, wo es heißt: „ (...) dass wir (...) völlige Verzeihung denjenigen Juden gewährt haben, welche bei dem christlichen Rate in Speyer gedrängt und sich bemüht haben, dass er sie zu Gemeindehäuptern in Speyer mache.“ HILGARD, Urkunden Speyer (wie Anm.12), S. 374, nr. 423.

15 Ebda, S. 370, nr. 421: *Ouch ist geredt, daz der iuden rat zwolf ratherren setzen sol in irn rat, (...) unde sollent dar in setzen iuden, die unser burger sin unde mit uns gedinget haben.*

16 GJ III/2, 1350-1519. Hrsg. von Arye MAIMON, Mordechai BREUER und Yacov GUGGENHEIM, Tübingen 1995, S. 1005.

17 Klaus LOHRMANN, Judenrecht und Judenpolitik im mittelalterlichen Österreich. Wien - Köln 1990 (Handbuch zur Geschichte der Juden in Österreich, Reihe B/1), S. 124-130.

18 GJ II/1. Von 1238 bis zur Mitte des 14. Jahrhunderts. Hrsg. von Zvi AVNERI, Tübingen 1968, S. 316. Niederösterreichisches Landesarchiv (im folgenden: NÖLA), Privaturkunden nrn. 89, 119 und 206. Im letzten Beleg ist er wieder in Wien nachzuweisen.

19 NÖLA, Privaturkunde nr. 89 (10. 8. 1314). Gedruckt in: Max WELTIN, Die Urkunden des Archivs der niederösterreichischen Stände (5). In: Mitteilungen aus dem Niederösterreichischen Landesarchiv 7 (1983), S. 44-74, hier S.72, nr. 98. In dieser Urkunde sind fünf Söhne, fünf Töchter und als Zeugen zwei Schwiegersöhne genannt. Diese stammten aus bekannten Familien.

20 LOHRMANN, Judenrecht (wie Anm. 17), S. 131.

21 Einige Beobachtungen zu dieser Frage aus dem Umfeld der Familie des David Steuss: Klaus LOHRMANN, Die Juden im mittelalterlichen Klosterneuburg. In: Klosterneuburg. Geschichte und Kultur. Bd. 1: Die Stadt. Hrsg. von der Stadtgemeinde Klosterneuburg. Klosterneuburg - Wien, S. 209-223, hier S. 218.

22 Ebda, S. 210 ff.

23 Stiftsarchiv (im folgenden: StA) Zwettl,. Abschrift aus dem 14. Jahrhundert, Kodex Nr. 7, Bl. 6.

24 Michael TOCH, Die jüdische Frau im Erwerbsleben des Spätmittelalters. In: Julius CARLEBACH (Hrsg.), Zur Geschichte der jüdischen Frau in Deutschland. Berlin 1993, S. 37-48.

25 LOHRMANN, Juden Klosterneuburg (wie Anm. 21), S. 216.

26 Haus-, Hof- und Staatsarchiv Wien (im folgenden: HHStA), Allgemeine Urkundenreihe (im folgenden: AUR) 1339 XII 24. Meir WIENER, Regesten zur Geschichte der Juden in Deutschland während des Mittelalters. Hannover 1862, S. 222, nr. 36.

27 Quellen zur Geschichte der Stadt Wien (im folgenden: QuGStW) I/2, S. 140 f., nr. 1684 (6. 6. 1369).

28 Bertold BRETHOLZ, Quellen zur Geschichte der Juden in Mähren vom XI. bis zum XV. Jahrhundert (1065-1411). Prag 1935 (Schriften der Gesellschaft für Geschichte der Juden in der cechoslovakischen Republik 1), S. 33, nr. 51.

29 Als Beispiel sei ein Darlehen an Herzog Albrecht II. in Höhe von 1.400 Pfund Wiener Pfennigen erwähnt. LOHRMANN, Juden Klosterneuburg (wie Anm. 21), S. 217 mit Anm. 57.

30 QuGStW I/3, 185 f., nrn. 3050 und 3055. Abt Otto von Zwettl gehörte schon 1321 zu den Kunden Plumes.

31 In der Zeugenliste einer Urkunde vom 18. November 1304 scheint er nach den Söhnen des Schwärzlein auf. Fontes rerum Austriacarum II/10a, S. 91, nr. 94.

32 LOHRMANN, Juden Klosterneuburg (wie Anm. 21), S. 210 mit Anm. 16.

33 Ebda, S. 216. Jüdlein-Rötlein könnte seinen wirtschaftlichen Status in Kompaniegeschäften mit David gehalten haben, denn sein Sohn Baruch war immerhin Verwalter der Armenkasse in Korneuburg. Ein wirtschaftlicher Absturz seines Vaters ist demnach nicht wahrscheinlich.

34 Nach einer gewaltsamen Aktion gegen die Juden in Österreich, die vermutlich 1370/71 stattfand, verpflichteten sich die Kremser Juden zu einer Zahlung von 40.000 Pfund Wiener Pfennigen. LOHRMANN, Judenrecht (wie Anm. 17), S. 216 mit Anm. 775. David Steuss allein war imstande, bei einer vergleichbaren Aktion, die sich gegen ihn richtete, 50.000 Pfund Wiener Pfennige aufzubringen.

35 GJ III/2, S. 1016.

36 LOHRMANN, Juden Klosterneuburg (wie Anm. 21), S. 217 mit Anm. 62. In GJ III/2, S. 1606 mit Anm. 212 ist sogar von der Führung einer eigenen Armenkasse des David Steuss die Rede.

37 Moritz STERN, Die israelitische Bevölkerung der deutschen Städte. Bd. 5: Regensburg im Mittelalter. Berlin 1934, S. 163 ff.

38 HHStA, AUR 1388 VI 24. GJ III/2, S. 1606.

39 Wiener Annalen 1348-1406. Monumenta Germania Historica, Deutsche Chroniken 6, S. 232 zu 1383.

40 Vgl. zu ihm einführend GJ III/2, S. 1603 f. Zur Geschäftstätigkeit des Ehepaars siehe den Artikel von Martha Keil in diesem Band.

41 GJ III/2, S. 1604.

42 Es handelt sich dabei um eine Erklärung zu Jehuda Hanassi: „Da er [Jehuda

Hanassi] selbst sehr reich war, nahm er die Gewohnheit an, den Reichen Ehre zu bezeugen, um so das Volk zu belehren, sie sollten auch ihn um seines Reichtums willen ehren und nicht etwa um seiner Gelehrsamkeit willen."

43 Ich habe diesen Fall aus anderer Perspektive bereits behandelt in LOHRMANN, Judenrecht (wie Anm. 17), S. 222 ff. Siehe dort die Details, die hier nicht besprochen werden.

44 Urkundenbuch zur Geschichte der Babenberger 2. Hrsg. von Heinrich FICHTENAU und Erich ZÖLLNER, Wien 1955, S. 285, nr. 430: *Item si Iudei de facto inter se discordiam moverint aut guerram* (...), *ipse dux aut summus terre sue camerarius iudicium exercebit.*

45 HHStA, AUR 1264 III 12.

46 Artur ROSENBERG, Beiträge zur Geschichte der Juden in Steiermark. Wien 1914 (Quellen und Forschungen zur Geschichte der Juden in Deutsch-Österreich 6), S. 157, nr. 9. Die Urkunde wurde am 3. Juli 1362 ausgestellt. Vgl. LOHRMANN, Judenrecht (wie Anm. 17), S. 206.

47 VON MUTIUS, Rechtsentscheide rheinischer Rabbinen (wie Anm. 11), S. 108 ff.

48 Rechtsentscheide mittelalterlicher englischer Rabbinen. Aus dem Hebräischen und Aramäischen übersetzt von Hans-Georg VON MUTIUS, Frankfurt/Main u. a. 1995 (Judentum und Umwelt 60), S. 45 ff.

„Maistrin" und Geschäftsfrau

Jüdische Oberschichtfrauen im spätmittelalterlichen Österreich

Martha Keil

Die Tätigkeit im Kreditgeschäft war - nicht nur in Österreich - neben dem der Dienerin der weitaus häufigste Beruf von jüdischen Frauen im Mittelalter. Schon die erste urkundlich genannte Jüdin im Herzogtum Österreich, Dreslina, war als Geldleiherin tätig: Sie verpfändete Propst Nikolaus von Klosterneuburg einen Weingarten, den Konrad von Tulln im November 1275 für diesen auslöste. Die Kreditsumme betrug inklusive Zinsen den durchaus stattlichen Betrag von 100 Pfund.[1] Dreslinas Name - von Drazna oder Draschna, die Anmutige - läßt auf die Herkunft aus einem slawischsprachigen Land schließen.[2] Ob sie in Klosterneuburg lebte, ist nicht nachzuweisen, ihre Kontakte waren aber ziemlich hochrangige: Der Propst des Stiftes Klosterneuburg war einer der mächtigsten Grund- und Bergherren des Herzogtums Österreich, Konrad von Tulln niemand geringerer als der Landschreiber und Finanzverwalter von König Ottokar Premysl.[3] Vielleicht war sie sogar im Gefolge der jüdischen Kammergrafen Ottokars, der Brüder Lublin und Nekelo, nach Österreich gekommen.[4]

Die Geschäftstätigkeit der jüdischen Frau war ein wichtiger Aspekt ihrer Positionierung im Rechtsleben; die rechtliche Stellung bedingte ihre wirtschaftliche Position, und umgekehrt verbesserte die zunehmende eigenständige Geschäftstätigkeit ihre Aktionsfähigkeit im Rechtsbereich, sowohl im jüdischen wie im christlichen. Nachdem es immer mehr „achtenswerte Frauen, die Handel treiben", gab, mußten die Rabbiner reagieren und der Frau größere Rechte und Pflichten zubilligen. Dies führte zu einer enormen Entwicklung und Veränderung des talmudischen Rechts und machte die Frau zu einer eigenverantwortlichen Rechtspersönlichkeit.[5] Unter dem Pauschalbegriff „Rechtsleben" sind

> „nicht nur, wie dies häufig geschieht, prozessuale Auseinandersetzun-

> gen zu verstehen, sondern in erster Linie die rechtliche Umsetzung von Aktivitäten und Situationen, die sich aus der Einordnung einer Einzelperson, hier im speziellen der Frau, in ein soziales Umfeld (Familie, Dorf, Stadt, Land) ergeben".[6]

Dazu gehört das Ehe- und Güterrecht genauso wie die Erziehungsgewalt über die Kinder, die Mobilität, das Abschließen von Geschäften, das Verfügen über Eigentum und die Stellung der Frau in der Orthopraxie. Es sei nur ins Gedächtnis gerufen, daß die jüdische Frau sowohl dem jüdischen Recht – einem per definitionem religiösem Recht – unterlag, als auch dem im jeweiligen Territorium für alle Juden geltenden christlichen Judenrecht. Sie war theoretisch unter doppeltem Königsschutz, als Frau und als Jüdin. Diese Verschachtelung von Rechtssystemen, deren Analyse schon in bezug auf jüdische Männer kompliziert ist, bricht sich noch einmal durch die besondere Rechtsstellung der Frau. Hier sollen daher nur einige für die Geschäftstätigkeit relevanten Rechtshandlungen jüdischer Frauen dargestellt werden.

Eheliches Güterrecht

Voraussetzung für das Betreiben von Darlehensgeschäften war entweder eigenes oder die Verfügungsgewalt über fremdes Kapital – meistens das von Verwandten und Freunden, aber auch von Christen. Jüdische Frauen mußten daher das Recht besitzen, über eigenes Vermögen zu verfügen; das eheliche Güterrecht sieht eine solche Verfügungsgewalt, wenn auch modifiziert, vor.

In allen Rechtssystemen besteht das Problem, zwischen der ehelichen Gütergemeinschaft und dem Interesse der Ehefrau nach einer gewissen materiellen Unabhängigkeit und Sicherheit einen Ausgleich zu finden. Im christlichen Bereich des Spätmittelalters verfügten verheiratete Frauen eigenmächtig über ihr Vermögen; zwischen dem Besitz dem des Mannes und der Frau wurde streng unterschieden, außer sie trafen Vereinbarungen über partielle Gütergemeinschaften oder gingen diese durch „gemeinsames Handeln", also etwa einen gemeinsamen Kauf, ein.[7]

Im jüdischen ehelichen Güterrecht, wie es sich im und aus dem Talmud entwickelt hat, erfolgt der Ausgleich dadurch, daß die Frau Eigentümerin ihrer Mitgift und ihrer während der Ehe durch Erbschaft oder Schenkung erworbenen Güter bleibt, der Mann aber während der Ehe partieller Nutznießer und Verwalter dieser Güter ist.[8] Die ehelichen Besitzformen wurden allerdings im Lauf der Zeit durch Verträge zwischen den Ehepartnern und/oder deren Familien modifiziert und den jeweiligen Erfordernissen angepaßt.[9]

Im Ehevertrag (*Ketuba*) mußte sich der Mann schon zur Zeit der Mischna um 200 u. Z. bei Verwitwung oder Scheidung zu einer Zahlung von 200 oder 100 Sus verpflichten sowie in der Regel zu einer Zusatzzahlung. Die Umrechnung dieser babylonischen Münze in die aktuelle Währung ist ein Minhag, also ein lokaler Rechtsbrauch. Da die Kölner Münze, in die die Ketubasumme in den ältesten Gemeinden Deutschlands umgerechnet wurde, schon lange nicht mehr im Umlauf war, versuchte die Rabbinersynode von Mainz im Jahr 1381 eine einheitliche Festlegung – 600 Gulden für die Jungfrau und 300 für die Witwe oder Geschiedene –, die alle Rheingemeinden mit der Ausnahme von Köln akzeptierten.[10] Die aktuellen Ketuba-Summen schwankten im Lauf der Zeit und je nach Ort: So betrug z. B. die Ketuba in Österreich 400 Pfund bzw. 200 Pfund Wiener Münze, in Franken, Bayern und Schwaben 100 bzw. 50 Mark Silber. Im Unterrheingebiet (*Galil hatachton*) war ihr Wert 60 Gulden für die Jungfrau und 30 für die Witwe. In Regensburg zählte sie 100 Pfund Eisengewicht, was 200 Mark Silber entsprach, bzw. 50 Pfund, also 100 Mark Silber.[11] Diese Summen waren äußerst hoch angesetzt, um dem Ehemann die Scheidung möglichst schwer zu machen.

Bei Verwitwung ergab sich das Problem, daß die Ketubazahlung das Vermögen des Verstorbenen erschöpfen konnte, und die Waisen unterversorgt zurückblieben. Es ist also anzunehmen, daß die rechtlich fixierten hohen Summen der Witwe oder Geschiedenen nicht in voller Höhe ausbezahlt wurden, sie dafür aber die Verfügungsgewalt über einen Teil oder das ganze Familienvermögen erhielt. Zusätzlich verfaßten die Ehepartner Abmachungen, die im Fall der Scheidung die Abfindungssumme in Relation zu der von der Braut eingebrachten Mitgift stellten.[12]

Das System war weitgehend mit dem christlichen „Heiratsgabensystem" ident, nach dem der Mann seiner Frau eine „Widerlegung" oder „Morgengabe" zusicherte, die dem Wert des von ihr eingebrachten Heiratsguts entsprach. Auch hier wurde die vereinbarte Summe höchst selten in barer Münze ausbezahlt, sondern die Witwe durch Nutzungsrechte an Liegenschaften versorgt. Starb die Frau als erste, ging das Vermögen an die Erben. Dieses ausgeklügelte System „setzte umfangreiches und diffiziles Vermögen voraus, nämlich Bargeld sowie Liegenschaften, welche Nutzungen abwerfen. Es ist daher im gehobenen Bürgerstand und vor allem im Adel anzutreffen".[13] Dazu ist zu ergänzen: und bei Juden, die außer Bargeld und Liegenschaften auch Pfänder und Pfandbriefe besaßen, die sich ebenfalls zum Einlösen der Ketuba hervorragend eigneten.

Sicher kam es häufiger, als die Quellen Einsicht geben, vor, daß das hinterlassene Erbe die vereinbarte Ketubasumme oder deren Gegenwert nicht deckte. Eine ausführliche hebräische Urkunde berichtet von einer Klage, die Mindel, Witwe des Izchak bar Eljakim, genannt Isak von Reditsch, 1462 vor dem rabbinischen Gericht in Wiener Neustadt einbrachte. Dieses bestätigte, daß Mindl keine Ketuba erhalten hatte, und das hinterlassene Vermögen nicht deren Summe erreichte. Die Rabbiner sprachen ihr daher das Haus ihres verstorbenen Mannes in der Neustädter Judengasse zu.[14] Mindl verkaufte das Haus ihrem Bruder Chaim bar Jehoschua, genannt Chaim Hoschman, *laut eines judischen kaufbriefs, so bei dem gruntpuch ligt*, welcher aber nicht erhalten ist.[15] Wir wissen daher den Verkaufspreis und damit die strittige Summe nicht. Aus dem zu leistenden Grunddienst von sechs Denaren läßt sich aber schließen, daß das Haus von durchschnittlicher Größe und Qualität, also ca. 80 bis 100 Pfund wert war.

Etwa zwanzig Jahre später trat die Witwe dieses Chaim Hoschman, Krondel bat Naftali, vor das rabbinische Gericht von Wiener Neustadt und klagte ebenfalls auf Ausbezahlung ihrer Ketuba. Die drei Richter sprachen ihr dafür einen Schuldbrief ihres Mannes über 50 ungarische Gulden zu.[16] Es ist anzunehmen, daß sie ihn selbst einlöste, also im Darlehensgeschäft tätig war. Außerdem erhielt sie das gemeinsame Haus in der Judengasse und wurde am

16. Oktober 1489 „an die Gewere" geschrieben, *lautt eines Judischen Morgengabbriefs, so bey dem gruntpuch ligt,* welches *Ir nach Irs vermelten manns tod durch die Juden zugesprochen ist.*[17] Auch dieses Dokument ist nicht mehr erhalten.

Sichtlich ging die Einlösung der Ketubasumme bisweilen nicht reibungslos vor sich, denn die Eidleistung der Frau in bezug auf ihre Ketuba wird in einigen Responsen eigens thematisiert. So schreibt Petachja, genannt Kechel, der Sohn Rabbi Isserleins von Wiener Neustadt, an das langjährige Hausfaktotum seines Vaters, Josef bar Mosche von Höchstädt:

> „Großes Heil sei Dir nahe, mein lieber Kollege Chawer Jossel, was Du mir erläutert hast betreffend einer Frau, die über ihre Ketuba einen Eid ablegte, indem sie ihre Hand auf die Torarolle [*Sefer Tora*] legte und nicht die Rolle in ihre Hand nahm. Und es gab jemanden, der sie zu einem neuerlichen Schwur zwingen wollte, indem sie den Gegenstand in die Hand nehmen sollte, aber Du warst nicht dieser Meinung, denn es genügt auf diese Weise. Du hast ja die Teschuwa [Responsum] meines Herrn und Vaters, des Gaon [Fürsten], d. A. d. G. z. S. [das Andenken des Gerechten zum Segen], in Deiner Hand, der dem Rabbi Abraham Mendel in dieser Sache antwortete. Mein Lieber, schön hast Du entschieden und schön war Deine Absicht, so wurde es mir von meinem Herrn und Vater, dem Gaon, d. A. d. G. z. S., überliefert, daß der Rechtsbrauch im ganzen Territorium [*Medina*] Aschkenas so ist, wenn die Frau über ihre Ketuba einen Eid ablegt, man ihr die Torarolle öffnet und sie legt ihre Hand darauf, und damit ist es genug (...)."[18]

Das österreichische Landrecht sieht auch für christliche Frauen eine Eidesleistung zum Beweis ihrer Ansprüche auf die Morgengabe vor: *Auch sol ain iegleich fraw ir morgengab behaben mit irem aid auf iren prüsten.* Eidesformeln auf typisch weibliche Merkmale, wie z. B. „auf Brust und Zopf" waren auch im Schwabenspiegel und anderen Weistümern üblich.[19] Solche Formeln gab es im jüdischen Bereich, zumindest nach derzeitigem Wissensstand, nicht. Der Eid hatte, bei Männern wie bei Frauen, durch die religiösen Formeln und die Beiziehung eines heiligen Gegenstands wie die Torarolle oder die Tora in Buchform die Qualität eines Gottesurteils.

Jüdische wie christliche Frauen waren prinzipiell als Klägerin und Zeugin zum Gericht zugelassen. Auf der anderen Seite wurden sie in gleicher Weise wie Männer für deliktfähig gehalten, nur wurde das Strafrecht in vielen Fällen für Frauen modifiziert. Auch wenn Rabbi Meir von Rothenburg im letzten Drittel des 13. Jahrhunderts noch vehement protestierte, verheiratete Frauen vor Gericht und zu einem Eid zuzulassen, die vermögensrechtliche Unabhängigkeit, die ja auch für die Steuerleistung und damit für das Existenzrecht der Gemeinde maßgebend war, trieb die Verbesserung des Rechtsstatus der jüdischen Frau voran.[20]

Jüdische Frauen vor christlichen Gerichten

Bei Rechtsstreitigkeiten mit christlichen Schuldnern war unabdingbar, daß Jüdinnen von christlichen Gerichten als Klägerinnen oder Zeuginnen akzeptiert wurden. Einleitend muß gesagt werden, daß wir nur wenige Zeugnisse für Prozesse mit Frauen haben, und daß sich diese meistens einen sogenannten *Fürsprech*, einen Rechtsvertreter, vor Gericht nahmen. Der Grund konnte aber einfach – wie auch bei jüdischen Männern sowie christlichen Männern und Frauen – darin liegen, sich lieber von einem Rechtskundigen, vergleichbar mit dem heutigen Rechtsanwalt, vertreten zu lassen.[21]

Die Eintragungen in den Stadtbüchern zeigen, daß nicht nur jüdische Männer ohne Einschränkung vor dem Stadtgericht aussagten, sondern auch jüdische Frauen ohne Probleme ihre Ansprüche geltend machen konnten. Im vorliegenden Fall – einem Beispiel von mehreren – aus Wiener Neustadt ging es um das Verfahren mit einem nach Nichtbezahlung der Schuld an den Gläubiger – oder genauer, die Gläubigerinnen – verfallenen Haus. Gemäß dem Wiener Neustädter Gewohnheitsrecht ließen Malka und ihre Schwester Sletlein zwischen Februar und September 1473 gegen das Haus der *Michel Weschin* drei sogenannte „Verbote“ aussprechen. Dies bedeutete, daß das Haus ab nun nicht mehr ohne Zustimmung der Gläubigerinnen verkauft werden durfte. Nachdem auch die allerletzte Zahlungsfrist verstrichen war, nahmen die beiden Schwestern das Haus durch die Entnahme eines Spans symbolisch in Besitz. Diesen Rechtsakt ließen sie am 20. Mai 1474 vor dem Bürgermeister Wolfgang Pillichsdorfer in dessen „Gedenkbuch“ eintragen:

> *Als die Malka und Sletl Judin ein span auf dem Hawse der Michel Weschin haws fürbracht haben, und darauf weitter umb Recht angerufft. Also ist zu Recht erkannt, daz sy das haws verkauffen sollen, und das vorerst dem andern tail zu wissen getan und ferrer bescheen solle, was Recht sey.*[22]

Die beiden Frauen mußten sich vor der Übernahme auch mit dem Grundherren des Hauses, dem Pfarrer Andre Gässel, wegen des Pfänderverfalls einigen:

> *Die sachen zwischen herrn Andre Gässel an ayner und Malka und Sletlein den Judin an dem anderen taill ist auffgehebt mit Ir bayder will von hewt vber 14 tag, doch unentgelten yedem tayll an seinem Rechten.*[23]

Auch im Streitfall dieser, wie man meinen könnte, ungleichen Rechtsparteien – ein Mann und Priester gegen zwei Frauen und Jüdinnen – wurde den Schwestern ihr Recht zugesprochen. In diesem ganzen Verfahren des *verpot* und der Spanentnahme waren Juden und Jüdinnen den christlichen Bürgern völlig gleichgestellt.[24]

Einzelprivilegien für jüdische Frauen

Privilegien christlicher Judenherren für einzelne Juden sind schon für jüdische Männer relativ selten; meistens handelten die Gemeindevertreter für die ganze Gemeinde ein Privileg aus. Einzelprivilegien für „Lieblinge" wurden von den rabbinischen Autoritäten nicht gern gesehen, weil daraus folgen konnte, daß die Steuererleichterung für ein reiches Gemeindemitglied den Anteil der übrigen an der kollektiven Steuer erhöhte.[25] Andererseits wirkten die – meist überdurchschnittlich vermögenden – Einzelprivilegierten als „Puffer" zwischen Gemeinde und christlicher Obrigkeit und konnten im Fall einer Bedrohung vermitteln bzw. das Verhängnis durch Bestechung abwenden.

Ein Indiz für die Akzeptanz von jüdischen Frauen sind die – wenn auch seltenen – Einzelprivilegien, die manche Herrscher für sie ausstellten. Um 1360 – es existiert nur mehr in Abschrift– erteilte Graf Meinhard VII. von Görz der Jüdin Scharlat, Witwe des Schalom, und ihrer Mutter Minz mitsamt ihrem Hausgesinde ein sehr detailliertes Privileg.[26] Er versprach, sie zu schützen *als ander unser purger, diener und undertan*, sie durften mit dem üblichen Zinssatz von zwei Pfennigen pro Pfund und Woche auf Pfänder und Schuldbriefe leihen – allerdings nicht auf freies Eigen und Lehen – und, was in den Städten nicht mehr selbstverständlich war, *freie chaufmaney treiben als ander unser purger*. Meinhard sicherte ihnen bei Bedarf Hilfe vor seinem Gericht und den gemischten Zeugenbeweis zu. Sollten sie gegen ihren Willen vor einen unter ihm stehenden Richter oder Amtmann geladen werden, durften sie sich direkt an den Grafen wenden. Weiters garantierte Meinhard den Frauen Schutz vor Sippenhaftung: Wenn sich einer ihrer Familie oder ihres Gesindes an Leib und Gut eines andern verginge, *denselben sol man darumb pessern, und sullen des die andern unvergolten sein*.

Wichtig für die Geschäftstätigkeit der Privilegierten war auch die Zusicherung der freien Mobilität. Wollten sie das Görzer Gebiet verlassen, erhielten sie für die Städte Laibach, Triest und Cividale freies Geleit, und der Graf schützte für zwei Monate ihren zurückgelassenen Besitz. Im Fall, daß er ihr Privileg nicht verlängern wollte und sie damit aus seinem Gebiet vertrieb, versprach er, bei der Eintreibung ihrer Schulden behilflich zu sein und ihnen Geleit bis zu den erwähnten Städten zu geben. Weiters konnten die Frauen ihren Besitz frei vererben oder verschenken. Für die gewährten Rechte mußten sie jährlich zum Ulrichstag (4. 7.) der gräflichen Kammer 4 Mark Schillinge bezahlen.

Etwa vier Jahre später, am 27. Februar 1364, erteilte Graf Meinrad von Görz ein weiteres, in den einzelnen Punkten beinahe identes Privileg an den Juden Paskul von Triest und dessen Schwager Musch von Pettau. In einem Punkt unterscheidet es sich allerdings wesentlich von dem Scharlats: Der Graf nahm zwar auch sie in seinen *schutz und scherm*, verlieh aber Paskul und Musch *alle die recht, die ander unser purger ze Gorcz in der stat habent, und sullen auch tun als ander unser purger und juden daselben*. Klaus Lohrmann interpretiert diese Formel als Bestreben, ein eigenes Judenrecht für die Grafschaft Görz einzurichten.[27] Es stellt sich aber die Frage, warum nur vier Jahre früher, im Privileg der Scharlat, nicht die geringste Andeutung enthalten ist.

Der Grund liegt vermutlich darin, daß für Scharlat als Frau bürgerähnliche Rechte nicht möglich waren. Für sie galt zwar entsprechend der bestehenden Judenordnungen das Recht auf Schutz, als Frau konnte sie jedoch eine Erweiterung auf bürgerähnliche Rechte – denn von einem „Bürgerrecht" für Paskul kann man auch in dessen Privileg nicht sprechen – ohnehin nicht in Anspruch nehmen. Die Bestimmung, keine Darlehen auf Lehen und Eigen zu vergeben, galt für sie wie auch für ihre männlichen Kollegen; dies bedeutete eine Einschränkung der Besitzfähigkeit und den Ausschluß von wirklich großen, lukrativen Geschäften. Paskul mußte aber bei der Pfandleihe noch größere Einschränkungen als vor ihm Scharlat hinnehmen, obwohl er der weitaus bedeutendere Geldleiher war – er gab sowohl dem Grafen von Görz als auch später dessen Feinden Hugo von Duino und Ulrich von Reifenberg hohe Kredite. Ihm waren außer Lehen und Eigen auch Huben, Häuser, Weingärten, Kelche und ungewundenes Korn als Pfänder verboten. Paskuls Privileg ist sowohl in den ungünstigen als auch in den günstigen Bestimmungen eine Weiterentwicklung von Scharlats Privileg. Allerdings ist nicht feststellbar, ob Meinrad bereits um 1360 bürgerähnliche Rechte an Juden verliehen hätte; ein gleichzeitiges Privileg für einen jüdischen Mann ist nicht erhalten.[28]

Einzelprivilegien sind, wie erwähnt, vor der Regierungszeit Friedrichs IV./III. eher selten. Während jedoch einige jüdische Männer in Österreich Steuerbefreiungen oder -reduzierungen erhielten, ist nur ein einziges Steuerprivileg für eine Frau überliefert. Auch diese Urkunde existiert nur mehr in einer notizartigen Abschrift, die festhält, daß Herzog Albrecht V. am 31. Mai 1415 die Judensteuer der Möderlin von Linz und ihrer Söhne Jakob und Lesir für die nächsten sechs Jahre auf 12 Pfund Pfennige festsetzte. Ein halbes Jahr vorher hatte Albrecht V. zwei anderen Linzer Juden, Isserlein und Hetschlein, ein ähnliches Privileg für acht Jahre gewährt.[29]

Stärkend für die Rechtsstellung der Frau, der christlichen wie der jüdischen, waren ihre Besitzfähigkeit und ihre Erwerbsfähigkeit von Grund und Boden sowie von Häusern durch Schenkung, Erbe und Kauf. Von den 132 Gewereintragungen im *Liber Judeorum* von Wiener Neustadt betreffen 18 Frauen alleine, darunter drei Töchter, die gemeinsam ein Haus erbten. 46 Frauen, also fast ein Drittel, erwarben gemeinsam mit ihrem Ehemann die Gewere an einem

Haus oder Hausteil – wie übrigens auch christliche Ehepaare. Als Witwen konnten sie mit den Häusern nach Gutdünken verfahren; Verkäufe durch Frauen sind ebenso belegt wie das erwähnte Einbehalten des Hauses anstelle der Ketubasumme.[30]

Das jüdische Eherecht wurde also von den Stadtbehörden ohne Einschränkung anerkannt. Hatte eine Frau keinen Wohnbedarf oder zog sie vor, in Miete zu wohnen, verkaufte sie ihren Hausanteil: Machla, die Witwe des Abraham Hetschel, verkaufte ein halbes Haus an den Arzt Elchanan Hatschel; der Kaufpreis ist nicht angegeben.[31]

Jüdische Geschäftsfrauen

Mit der ausbezahlten Ketubasumme, dem Erlös eines verkauften Hauses oder einem eingelösten Schuldbrief hatte vor allem eine Witwe die Möglichkeit, ihre eigene Geschäftstätigkeit zu beginnen oder ohne ihren Mann weiterzuführen. Für das spätmittelalterliche Österreich, vor allem die großen jüdischen Gemeinden von Wien und Wiener Neustadt, läßt sich feststellen, daß nach Plume von Klosterneuburg keine Geldleiherin von überdurchschnittlichem Format mehr auftrat. Sara, Witwe von Isserl, dem bedeutendsten Geldleiher von Wiener Neustadt, trat wohl in die Geschäfte ihres verstorbenen Mannes ein, aber ausschließlich in Darlehensgemeinschaft mit ihren Schwiegersöhnen Schalam, Hirschl und Judl.[32] In einigen deutschen Städten wirkten jedoch Mitte des 14. Jahrhunderts bis zu den Vertreibungen noch einige außerordentlich hochrangige Geldleiherinnen.[33]

Ganz allgemein setzte ab Ende des 14. Jahrhunderts in Österreich im Darlehensgeschäft ein Rückgang der hohen Kredite ein. Die Spitzensummen lagen bei – auch in Isserls Familie nur einmal vorkommenden – 6.800 Pfund, sonst um die 1.000 Pfund. Durchschnitt waren Beträge um 100 bis 200 Pfund. Die höchsten Darlehen von Frauen überstiegen kaum mehr 200 Pfund, ihre Durchschnittssummen lagen bei 10 bis 50 Pfund, oft auch darunter, bis hin zu minimalen „Groschenbeträgen".

Gelehrte Männer – tüchtige Frauen

Die höheren Summen wurden bis auf wenige Ausnahmen von Ehefrauen von Rabbinern oder deren Witwen verliehen.[34] Haben wir es hier mit der vielgepriesenen *Eschet chail* zu tun, der „standhaften Frau", die „ihren Mann steht", während sich ihr weltfremder Gatte religiösen Studien zuwendet? Noch heute prägt dieses Klischee, genährt durch die Erzählungen von Isac Bashevis Singer und anderen Beschreibern des Schtetl-Milieus, rückwirkend das Bild von mittelalterlichen Gelehrten und ihren Ehefrauen. War das Gegensatzpaar „gelehrte Männer – tüchtige Frauen" tatsächlich bereits im Spätmittelalter eine gängige Lebensgestaltung?

Das Ideal der Frau, die ihren die Familienpflichten vernachlässigenden Ehemann und ihre Kinder durch ihrer Hände Arbeit ernährt, besteht seit talmudischen Zeiten – man denke an Rachel, die Frau des Rabbi Akiba – bis heute. Auch im Mittelalter spielte dieser Frauentyp eine gewisse Rolle. So schrieb Rabbi Elieser ben Juda von Worms für seine Frau Dulze folgendes Trauergedicht: „Sie speiste und kleidete ihn mit Würde, sodaß er Torastudium und gute Taten üben konnte; ihre Arbeit versieht ihn mit Büchern."[35]

Dieser dankbare Spruch erinnert auffallend an die Formel der Ketuba, allerdings auf den Kopf gestellt. Dort verspricht der Ehemann, für seine Frau zu arbeiten, sie zu ernähren und zu kleiden. Die Wichtigkeit des Torastudiums hebt also die Pflichten eines Mannes zum Teil auf und setzt die Frau in wirtschaftlichen Angelegenheiten an seine Stelle. Das Torastudium ist auch der einzige „Beruf", wegen dem der Mann seine Pflichten des ehelichen Verkehrs und der Fortpflanzung für einige Jahre brechen kann. Bei geschäftsbedingten Reisen kann die Frau Einspruch erheben.[36]

Das Schwarz-Weiß-Bild „tüchtige Frau, lebensfremder Gelehrter" wäre also an der Realität des jüdischen Lebens im spätmittelalterlichen Österreich zu prüfen. Wenn wir die überlieferten Quellen zu österreichischen Rabbinern und ihren Ehefrauen zu Rate ziehen, ergibt sich allerdings ein etwas differenzierteres Bild:

1. Weder der Rabbiner noch seine Frau treten als Geldleiher in Erscheinung

Dies ist bei Rabbi Isserlein bar Petachja (ca. 1390-1460) von Wiener Neustadt der Fall. Er stammte aus einer der berühmtesten Rabbiner- und Bankiersfamilien Österreichs, sein Onkel Hetschlein von Herzogenburg war neben David Steuss der bedeutendste Geldleiher des 14. Jahrhunderts. Ein weiterer Onkel, Rabbi Aron Blümlein von Krems und Wien, starb 1421 während der Wiener Gesera durch die Folter.[37] Isserlein selbst ist nur zwei Mal, 1405 und 1415, also in ganz jungen Jahren, als Geldleiher in unbedeutenden Darlehensgeschäften erwähnt, davon einmal mit seiner Tante Röslein, der Witwe seines Onkels Venzlein.[38] Sein Biograph Jossel von Höchstädt bringt zwar Hinweise auf weitere Darlehensgeschäfte, doch kann es sich dabei nur um Minimalbeträge gehandelt haben.[39]

Entweder war Isserleins Vermögenslage so solide, daß er sich nicht mehr mit Geldleihe beschäftigen mußte, oder – was wahrscheinlicher ist – er agierte als stummer Teilhaber einer Darlehensgemeinschaft mit anderen Juden und/oder Christen. Möglicherweise gab er Kapital an einen Juden, der damit Geschäfte zu geteiltem Gewinn und Verlust machte. Als Rabbiner widmete sich Isserlein jedenfalls nur mehr seinem Gelehrtenberuf mit einer weitverzweigten Tätigkeit als Rechtsgutachter und Richter und unterhielt eine große Jeschiwa.

Isserlein heiratete eine Frau namens Schöndlein, von deren Herkunftsfamilie nichts weiter bekannt ist, und hatte mit ihr die vier Söhne Petachja, genannt Kechel, Abraham, Schalom und Aron sowie eine Tochter namens Muskat, die früh verstarb.

Auch seine Frau Schöndlein gab keine Darlehen, wir kennen sie nur aus der Biographie ihres Mannes. Schöndlein dürfte eine klassische „Rebezzen“ gewesen sein, hochgeachtet sowohl von ihrem Mann als auch von den anderen Gemeindemitgliedern. Entweder war sie eine Rabbinerstochter oder sie lernte vieles von ihrem Mann in der Jeschiwa-Atmosphäre ihres Hauses, denn ihr Wissen überstieg eindeutig die Bildung von Durchschnittsfrauen. Sie bewohnte ihr eigenes Zimmer, das sie selbständig vor Pessach nach Gesäuertem (*Chomez*) untersuchte und darin glaubwürdig war.[40] Im Auftrag ihres Mannes verfaßte sie ein rabbinisches Antwortschreiben auf Jüdisch-Deutsch an eine Frau mit einem *Nida*-Problem (Unreinheit während der Menstruation). Der Fragestellerin, die unter ungeklärten Unterleibsblutungen litt, war es vermutlich peinlich, mit dieser intimen Frage an einen Mann heranzutreten. Sie schrieb daher zuerst an Isserleins Frau und dieser ließ seine Antwort durch Schöndlein zurücksenden.[41] Schöndlein starb vor ihrem Mann; von ihr gibt es keinen Beleg von Geschäftstätigkeit.

2. Sowohl der Rabbiner als auch seine Frau sind in Darlehensgeschäften aktiv

Besonders deutlich wird diese Konstellation am Ehepaar Meir bar Baruch Halewi von Fulda/Erfurt und Hansüß. Rabbi Meir wirkte von 1393 bis 1406 in Wien als Rabbiner und wurde durch seine Neuorganisation der rabbinischen Aufgaben, insbesondere im eherechtlichen Bereich, berühmt.[42] Verheiratet war er mit der besten Partie, die ein Jude im spätmittelalterlichen Österreich machen konnte: mit Hansüß, der Tochter des David Steuss, dem „Rothschild des Mittelalters". Für Rabbi Meir war es bereits die zweite Ehe, er hatte von einer nicht weiter bekannten Frau die Söhne David und Salman und einige Töchter; zwei Söhne starben als Kinder. Er muß, als er nach einem ereignisreichen Rabbinerleben im Jahr 1393 nach Wien übersiedelte, mindestens 65 Jahre gezählt haben.[43] Auch Hansüß war bereits eine Frau um die vierzig oder älter, denn ihr Vater David Steuss wurde um das Jahr 1320 geboren. Vermutlich war Meir nicht ihr erster Ehemann, wenn auch vor ihm kein solcher namentlich bekannt ist. Allerdings nannte sich Hansüß auch zur Zeit ihrer Ehe mit Meir nie nach ihrem Ehemann, sondern immer nur nach ihrem berühmten Vater *des steussen tochter*.

Das Alter der Ehepartner macht unmöglich, daß sie miteinander Kinder hatten, obwohl ein Eintrag im „Judenbuch der Scheffstraße zu Wien" dies nahelegt: Im Jänner 1404 versetzte der Kürschner Peter Zistel der Hansüß, *des Stösleins tochter*, für sechseinhalb Pfund die Überteuerung eines Hauses, das er bereits *Maister Mayren von Erffuert, yerem man, und Salman, irem suen*, versetzt hatte.[44] Dies ist allerdings der einzige Beleg für Salman als Sohn der Hansüß. In den weiteren Quellen wird er entweder nur mit seinem Namen – das macht seine Zuordnung zu den beiden ohnehin zweifelhaft – oder als Sohn Meirs genannt.[45]

Möglicherweise hatte Hansüß keine eigenen Kinder – eine veritable Katastrophe für eine jüdische Frau, noch dazu aus einer solchen Familie –, oder sie hatte Töchter, die sich nach ihrem Ehemann nannten und daher nicht mehr namentlich erfaßbar sind. Jedenfalls heiratete sie den um fast eine Generation älteren Witwer und Familienvater in einem „Tauschgeschäft" von geistigem gegen finanziellen Reichtum, also rabbinischem Ansehen gegen materielles Vermögen. Wir können vermuten, daß die Familie Steuss bei der Ernennung Meirs zum Wiener Gemeinderabbiner ihren Einfluß in der Kehila geltend machte.

Rabbi Meir von Erfurt heiratete damit in eine upper-class-Familie ein, deren Lebensstil sich durchaus mit dem christlichen Adel vergleichen läßt und, wie auch die Oberschicht des städtischen Bürgertums, von diesem inspiriert und vermutlich auch von Konkurrenzgefühlen motiviert war. Wir können uns den luxuriösen Wohnraum der Familie Steuss im Stil des Hauses „Zum Brunnenhof" in Zürich vorstellen: Der repräsentative Saal des Hauses der jüdischen Witwe und bedeutenden Geldleiherin Minne und ihrer Söhne Moses und Gumprecht war, wie kürzlich bei Renovierungsarbeiten entdeckt, mit bunten Fresken nach Motiven von Liedern des Minnesängers Neidhart von Reuenthal, Bauerntanz und Falkenjagd geschmückt. Die darüber befindliche Leiste zeigt Wappenschilder christlicher Adelsfamilien mit hebräischer Bildlegende.[46] Ähnliche Pracht muß auch Hansüß gewohnt gewesen sein und als verheiratete Frau weitergeführt haben. Sie besaß eines der größten und wertvollsten Häuser in der Wiener Judenstadt. Herzog Albrecht V. verkaufte es 12 Jahre nach der Wiener Gesera, der Vertreibung und Ermordung der Wiener Juden 1420/21, dem Bürger Mosmann von Wien um stattliche 200 Pfund.[47]

Die Geschäftstätigkeit der beiden Ehepartner war vielfältig und differenziert. Beide verliehen sowohl allein als auch mit Geschäftspartnern, jedoch nur zwei Mal miteinander. Gleich nach Meirs Ankunft in Wien versetzte ihnen *Siman Viviancz* sein Haus in der Wiener Bäckerstraße um 144 Pfund und 20 Pfennige Wiener Münze, eine Summe, die deutlich über der ihrer späteren durchschnittlichen Darlehen lag. Das zweite gemeinsame Darlehen betrug nur mehr 60 Pfund.[48]

Meir bar Baruch Halewi wird in den Urkunden und Schuldbucheintragungen vorwiegend „Meister Meir von Erfurt" genannt, nur zwei Mal wird er als *des steussen eidem* bezeichnet – ein Zeichen seiner Anerkennung als eigenständige Persönlichkeit, die ein „normaler" Schwiegersohn vermutlich nicht erlangt hätte. Seine meist als Einzelperson vergebenen Darlehen bewegten sich zwischen 3 und 68 1/2 Pfund; die Summen waren etwas höher, wenn er sie in Gemeinschaft entweder mit seinem Sohn Salman, seinem Schwiegersohn Eisak oder einem gewissen Selikman von Brünn gab.[49] Aus dem Rahmen fällt ein Darlehen von 200 Pfund an den Schottenabt Thomas im August 1403. Diese im Wiener Grundbuch eingetragene Urkunde hat etwa den fünffachen Umfang der anderen Einträge und bestätigt sehr ausführlich die üblichen Termin- und Zinsvereinbarungen, die Haftung mit den gesamten Klostergütern, das Einlager von zwei Knechten und zwei Pferden bei Nichtzahlung und die Versicherung *mit unsern trewen und pey unserm orden*, weder bei einer geistlichen noch weltlichen Macht um Schuldentilgung anzusuchen.[50]

Dieses für Rabbi Meirs Verhältnisse überdurchschnittliche Darlehen hatte eine an Umfang und Genauigkeit gleichwertige Parallele; nur wenige Monate davor lieh seine Gattin Hansüß demselben Schottenabt Thomas 132 ungarische Gulden oder Dukaten, und zwar zu den gleichen Bedingungen, die der Abt auf Treu und Glauben beschwor und besiegelte.[51] Auch in ihrem Fall handelte es sich um das weitaus höchste Darlehen, das sie als Einzelperson vergab. Ihre Durchschnittssummen waren noch geringer als die ihres Mannes und lagen zwischen 5 und 12 Pfund. Größere Kredite von 200 und 218 Pfund vergab sie vor ihrer Hochzeit, in den Jahren 1388 und 1389, zusammen mit einem gewissen Joslein von Regensburg.[52] Weitere Geschäftspartner waren ein nicht näher bekannter Mendlein, *Moidleins eidam von Tulln,* und für ein Darlehen ihre „Kollegin" Rifka, die Frau des zweiten Wiener Rabbiners Abraham

Klausner. Die beiden Frauen gaben einen Kredit von 46 Pfund und 6 Schillingen, also eine mittlere Summe, an den Wiener Hans Perman, der ihnen dafür sein Haus in der Singerstraße versetzte.[53] Hansüß' Kunden waren, wie auch die ihres Ehemannes, Wiener Bürger und deren Witwen.

Wie erwähnt, nannte sich Hansüß auch nach ihrer Heirat nicht nach ihrem Ehemann, wie es für eine verheiratete Frau ziemlich gewesen wäre, sondern nach ihrem in Österreich weitaus berühmteren Vater David Steuss. Auch nach Meirs Tod – seine letzte urkundliche Erwähnung erfolgte im Jänner 1406, ihre letzte im Jahre 1410 – bleibt sie *steussens tochter* und nicht, wie andere Frauen ihres Standes, Witwe des Rabbi Meir. Auch bei diesem Ehepaar, das ein weitgehend voneinander unabhängiges Geschäftsleben führte, greift das Klischee der „den gelehrten Mann versorgenden Ehefrau" nicht.

3. Die Rabbinersgattin ist der in der Geldleihe aktivere Partner

Meir von Erfurts Kollege Abraham Klausner amtierte von etwa 1395 bis zu seinem Tod zwischen Juni 1408 und Jänner 1410 als Rabbiner in Wien.[54] Von seiner Herkunftsfamilie ist nicht viel bekannt, da er aber mit dem Rabbiner Schalom von Neustadt verschwägert war, gehörte er jedenfalls zum Establishment der österreichischen Rabbiner- und Bankiersfamilien. Auch über die Familie seiner Frau Rifka wissen wir nichts. Die beiden hatten einen Sohn Schaul, eine Tochter Mirl und zwei weitere Töchter, von denen eine mit Salman, dem Sohn von Rabbi Meir Halewi, verheiratet war. Der zweite Schwiegersohn hieß Baruch bzw. Werach, Eisleins Sohn von Wiener Neustadt - auch er ein prominenter Geldleiher.[55]

Die Geschäftstätigkeit von Abraham Klausner bewegte sich in vernachlässigbaren Grenzen. Zwei Darlehen von 5 Pfund und eines von lächerlichen drei Pfund gab er alleine, eines über 20 Pfund mit seiner Frau und seinem Sohn.[56] Einmal tat sich das Ehepaar zusammen und lieh 37 Gulden, für die ihnen *Larencz der Holczscheuffel* die Überteuerung seines Hauses am Kienmarkt versetzte.[57]

Seine Frau Rifka war, soweit bekannt, vor ihrer Eheschließung nicht als Geschäftsfrau tätig. Als *maistrin*, wie sie in einer Quelle genannt wird, vergab sie weitaus höhere Darlehen als ihr Mann, nämlich zwischen 13 und 77 Pfund, allerdings auch nur – urkundlich bezeugte – sechs im Zeitraum zwischen März 1404 und November 1408.[58] Nach Abrahams Tod stieg sie aktiver in das Geschäftsleben ein und gab als Einzelperson mindestens vier Darlehen pro Jahr zwischen 6 und 70 Pfund. Ihr höchster Kredit ging an Ulrich Haug von Stillfried, der ihr für 120 ungarische Gulden zwei Häuser in der Kärntnerstraße versetzte.[59]

Hatte sie als Ehefrau nur mit ihrem Mann und ihrem Sohn zusammengearbeitet, ging sie als Witwe zahlreiche Geschäftspartnerschaften mit Verwandten ein: mit dem Schwager ihres verstorbenen Mannes, dem Rabbiner Schalom von Neustadt, und seinen Söhnen Judlein und Jona sowie ihrem Schwiegersohn Werach und ihrer Schwester Perlein. Diese gemeinsam gewährten Summen betrugen zwischen 50 und 260 Pfund.[60] Es scheint, daß Rifka für die Neustädter Geldleiher als Verbindungsperson nach Wien fungierte. Die Partnerschaft mit ihrer Kollegin Hansüß wurde bereits erwähnt.

Zu Lebzeiten ihres Mannes war Rifka tatsächlich der geschäftlich aktivere Part. Auf sie könnte am ehesten die Annahme zutreffen, daß sie ihren Mann durch ihre Berufstätigkeit – vielleicht mit seinem Kapital – unterstützte, zumindest nach dem Erwachsenwerden ihrer Kinder. Nach Abraham Klausners Tod gründete sie einen richtigen Witwenbetrieb. Ihre letzte Tätigkeit ist im Oktober 1418 nachgewiesen – es ist zu hoffen, daß sie vor 1420 auf natürliche Weise verstarb und nicht zu den am Scheiterhaufen verbrannten Frauen zählte.[61]

Werfen wir einen kurzen Blick auf die anderen prominenten Rabbinerfrauen: Die Frau des Schalom von Neustadt, von der wir nicht einmal den Namen wissen, scheint überhaupt nicht als Darlehensgeberin auf, die Geschäfte besorgten er und die zwei Söhne Jona und Judlein. Auch die Frauen in Isserlein von Neustadts Familie, Schwiegertöchter und andere weibliche Verwandte, spielten – wie erwähnt – im Kreditwesen keine bis nur eine geringe Rolle. Seine Schwiegertochter Redel gab Kleinstdarlehen an die Prostituierten von Wiener Neustadt, was moralisch nicht weiter bedenklich schien.[62] Seine Cousine Plume, Tochter des Rabbiners Aron Blümlein und mit dem Rabbiner Juda Murklein von Marburg verheiratet, stellte ein einziges Mal, als Witwe, eine Urkunde aus, aber nicht in einem Geldgeschäft.[63] Isserleins Söhne traten übrigens ebenfalls nicht als Geldleiher auf.

Wo sind also die tüchtigen Frauen, die ihren Ehemännern das ungestörte Studium der Tora und die Ausübung ihrer rabbinischen Pflichten ermöglichten? Im spätmittelalterlichen Österreich finden wir diesen Typus tatsächlich nicht. Da so gut wie alle Rabbiner dieser Zeit aus vermögenden Familien stammten und/oder in solche hineinheirateten, war für ihren Lebensunterhalt schon von vornherein gesorgt und sie waren nicht auf die Tätigkeit ihrer Frau angewiesen; wahrscheinlich wünschten sie eine solche auch gar nicht.

Rabbinerfrauen unternahmen dann Darlehensgeschäfte, wenn sie selbst aus Geldleiherfamilien kamen, eigenes Kapital mitbrachten und sozusagen ihren Beruf in der Ehe weiter ausübten. Diese Frauen hatten auch eine Basisbildung in Schreiben und Rechnen sowie sicher Kenntnisse in Hebräisch. Einige unterschrieben ihre Schuldscheine mit ihrer hebräischen Unterschrift. Wenn jüdische Frauen – vor allem als Witwen – alleine Urkunden ausstellten, läßt sich in den wenigen Belegen, die uns erhalten sind, feststellen, daß zwar im deutschen Teil dem Namen der Frau, wie auch bei den Christen üblich, der Ehemann bzw. verstorbene Ehemann angefügt wurde, sie aber hebräisch entweder mit ihrem Vatersnamen oder als Witwe des NN unterschreiben konnten. Die Tochter des Rabbiners Aron Blümlein, nach ihrer Großmutter „Plumel" genannt, stellte zwar ihre Urkunde mit *Ich Plumel die Judin, maister Murckleins wittib zu Marchburg* aus, unterschrieb aber die eigenhändig geschriebene hebräische Bestätigung mit „Plimel, Tochter des Rabbiners Aharon des Märtyrers, seligen Andenkens".[64] *Priba, Judin, des Juda Keschl witib zu Marchburg* hingegen unterzeichnete mit „Priba Witwe [*Almana*] von Juda, seligen Andenkens, von Marpurk".[65] Auch hier schien also die Rechtspraxis einigen Spielraum zu gewähren; wie wir sahen, nannte sich ja Hansüß auch in deutschen Urkunden nie nach ihrem Ehemann, sondern immer nur nach ihrem Vater.

Obwohl in Schuld- und Verkaufsurkunden die Ehefrauen und Erben im Formular mitgenannt wurden, kam es selten vor, daß sie auch eigenhändig unterschrieben. Eine solche Ausnahme ist die Quittung von Muschel von Friesach, seiner Hausfrau und Erben über eine Schuldrückzahlung der Schenken Niklas und Hans von Osterwitz. Muschels Frau unterschrieb hebräisch mit „Mirl, Tochter des Mosche, dem Andenken des Gerechten zum Segen".[66] Auch hier gab die jüdische Frau, im Gegensatz zum christlichen Rechtsbrauch, ihren Vatersnamen an.

Daß Frauen bisweilen mehr als nur ihre hebräische Unterschrift schreiben konnten, beweist neben der hebräischen Bestätigung der Plume von Marburg auch die Quittung von Röslein, Frau des Häslein von Friesach. Sie bestätigte knapp und formelhaft, daß ihr Schwager „Schemaria, Sohn des geehrten Mordechai" – sein Rufname war Freudmann – ihr zwei Urkunden zur Aufbewahrung übergeben hatte.[67]

Einige Frauen beherrschten also eine Art „Geschäftshebräisch", das sie von ihren Vätern oder Ehemännern oder auch von ihren geschäftsführenden Müttern lernten.

Alle hier genannten Frauen gehörten allerdings der Oberschicht an, waren Töchter oder Frauen von Gemeinderabbinern oder sonstigen führenden Mitgliedern der jüdischen Gesellschaft, die profunde religiöse Bildung mit soliden Geschäftskenntnissen vereinten. Die vielen weiblichen Angehörigen der unteren Schichten, die meisten von ihnen Dienerinnen, gaben zwar auch Darlehen, aber nur in geringstem Umfang und selten durch ein Schriftstück oder einen Registereintrag abgesichert. Die Kenntnis ihrer Lebensumstände ist daher ebenso mangelhaft wie es ihr Lebenserwerb gewesen sein muß. Sie tauchen bisweilen in der Responsenliteratur als Zeugen oder, seltener, als Handelnde auf. Eine weitere Quelle zu ihren Tätigkeiten im Alltagsleben sind die Darstellungen in illuminierten Handschriften und anderen Bildquellen, deren Auswertung nach diesen Gesichtspunkten noch aussteht.[68]

Anmerkungen

1 Stiftsarchiv Klosterneuburg, Uk. 1275 XI 12. Gedruckt in: Hartmann J. ZEIBIG, Urkundenbuch des Stiftes Klosterneuburg bis zum Ende des 14. Jahrhunderts, Teil 1. Wien 1857 (Fontes Rerum Austriacarum II/10), S. 20 f., nr. 26.

2 Die jiddische Form ist *Drejzl.* Alexandre BEIDER, Jewish Given Names. In: Révue des Etudes Juives 157/1 (1998), S. 169-198, hier S. 194.

3 Siehe dazu Alfons DOPSCH, Zur Geschichte der Finanzverwaltung Österreichs im 13. Jahrhundert. In: DERS., Verfassungs- und Wirtschaftsgeschichte des Mittelalters. Wien 1928 (Alfons DOPSCH, Gesammelte Aufsätze 1), S. 385-505, 450-453 und 477-480. Klaus LOHRMANN, Die Juden im mittelalterlichen Klosterneuburg. In: Klosterneuburg. Geschichte und Kultur. Bd. 1: Die Stadt. Hrsg. von der Stadtgemeinde Klosterneuburg. Klosterneuburg - Wien, S. 209-223.

4 Zu diesen siehe Klaus LOHRMANN, Judenrecht und Judenpolitik im spätmittelalterlichen Österreich. Wien - Köln 1990, S. 87-94.

5 Louis FINKELSTEIN, Jewish self-government in the Middle Ages. New York 1964, 2. Aufl., S. 377 f. Er zitiert Sche'elot uTeschuwot MAHARAM BAR BARUCH meRothenburg, Bd. 3. Prag – Budapest 1895, repr. Jerusalem 1986, S. 137, nr. 958.

6 Gernot KOCHER, Die Frau im spätmittelalterlichen Rechtsleben. In: Frau und spätmittelalterlicher Alltag. Internationaler Kongress Krems an der Donau, 2. bis 5. Oktober 1984. Wien 1986 (Veröffentlichungen des Instituts für mittelalterliche Realienkunde Österreichs 9), S. 475-486, hier S. 475.

7 Einige Beispiele bei Wilhelm BRAUNEDER, Frau und Vermögen im spätmittelalterlichen Österreich. In: Frau und spätmittelalterlicher Alltag (wie Anm. 6), S. 573-585, hier S. 574 f. und 578 f.

8 Jüdisches Lexikon, Bd 2. Berlin 1927, Nachdr. Frankfurt/Main 1987, 2. Aufl., Art. Eherecht (Eheliches Güterrecht), Sp. 264-267.

9 Siehe dazu Ze'ev W. FALK, Jewish Matrimonial Law in the Middle Ages. Oxford 1966 (Scripta Judaica 6), S. 145.

10 FINKELSTEIN, Jewish Self-Government (wie Anm. 5), S. 75 f. und S. 254.

11 ISSERLEIN BAR PETACHJA, Terumat haDeschen (im folgenden ThaD). Ed. by Izchak ABITAN, Jerusalem 1990. 1. Teil, Sche'elot uTeschuwot (im folgenden: SchuT), nr. 350 und 2. Teil: Pesakim uKhetawim (im folgenden: Pes.), nr. 232. Irving A. AGUS, The Development of the Money Clause in the Ashkenasic Ketubah. In: The Jewish Quarterly Review XXX/3 (1940), S. 221-256, hier S. 222.

12 Michael TOCH, Die Juden im mittelalterlichen Reich. München 1998 (Enzyklopädie deutscher Geschichte 44), S. 15.

13 BRAUNEDER, Frau und Vermögen (wie Anm. 7), S. 582.

14 Stadtarchiv Wiener Neustadt (im folgenden: StAWN), Ji 37/3 (2. Ijar 222 = 2. 4. 1462).

15 Martha KEIL, Der Liber Judeorum von Wiener Neustadt 1453-1500. Edition (im folgenden: LIBER JUDEORUM). In: Martha KEIL, Klaus LOHRMANN (Hrsg.), Studien zur Geschichte der Juden in Österreich. Wien - Köln 1994, S. 41-100, hier S. 78, Eintragung 102 (1469 VI 27). *Judisch* bedeutet in diesem

Zusammenhang in hebräischer Schrift.

16 StAWN, Ji 37/1 (12. Siwan 248 = 23. 5. 1488).

17 LIBER JUDEORUM, S. 78 f., Eintragung 103.

18 JOSEF BAR MOSCHE, Leket Joscher. (im folgenden: LEKET JOSCHER). Hrsg. von Jakob FREIMANN, Berlin 1903, Nachdr. Jerusalem 1964, 2. Teil, S. 29, wo auch das erwähnte Responsum an Isserleins Schüler Abraham Mendel zitiert ist.

19 Österreichisches Landrecht, Art. 47, zitiert in: KOCHER, Die Frau im spätmittelalterlichen Rechtsleben (wie Anm.6), S. 483, Anm. 47.

20 FINKELSTEIN, Jewish Self-Government (wie Anm. 5), S. 378. Sche'elot uTeschuwot MAHARAM BAR BARUCH meRothenburg, Bd. 1. Cremona 1557, repr. Jerusalem 1986, nr. 35.

21 KOCHER, Die Frau im spätmittelalterlichen Rechtsleben (wie Anm. 6), S. 483.

22 StAWN, Ii 40/3, p. 33 und 36. Das Verbotsverfahren ist das übliche.

23 StAWN, Ii 40/1: *Gorgen Schongrunter Burgermaister gedenckpuch, a. d.* 1473, S. 23 (1473 IX 9). Daß das Haus zur Kirche des *Andre Gässel* gehörte, geht aus einer anderen Notiz zu dieser Angelegenheit hervor: *verfolgt, daz man Malka und Sletlein den Judin ainen span aus dem Hawse der Michel Weschin geben sol, so zu herrn Anndre Gössels Altar gehört.* StAWN, Ii 40/2, S. 33.

24 Siehe dazu Martha KEIL, *...vormals bey der Judenn Zeit.* Studien zur Geschichte der jüdischen Gemeinde Wiener Neustadt im Spätmittelalter. Unveröff. Diss., Wien 1998, S. 105-108.

25 ThaD, SchuT, nr. 341.

26 Haus-, Hof- und Staatsarchiv Wien (im folgenden: HHStA), Handschrift „weiß" 594, fol. 62v-63r. Siehe dazu LOHRMANN, Judenrecht und Judenpolitik (wie Anm. 4), S. 239 f.

27 HHStA, Handschrift „weiß" 594, fol. 76v.-77r. Siehe dazu LOHRMANN, ebda S. 240.

28 LOHRMANN, ebda, S. 239, 242 und 260 f.

29 HHStA, Handschrift „weiß" 8, fol. 113v, nr. 314 und 313. Siehe dazu LOHRMANN, ebda, S. 295. Er stellt die Privilegien in den Kontext der herzogfreundlichen Politik von Graf Reinprecht von Walsee, dem Linzer Schloßherren.

30 Siehe Anm. 17.

31 LIBER JUDEORUM, S. 80, Eintragung nr. 109.

32 HHStA, Allgemeine Urkundenreihe (im folgenden: AUR), 1479 II 12.

33 Siehe dazu Michael TOCH, Die jüdische Frau im Erwerbsleben des Spätmittelalters. In: Julius CARLEBACH (Hrsg.), Zur Geschichte der jüdischen Frau in Deutschland. Berlin 1993, S. 37-48.

34 Außer Sara, Witwe des Isserl von Wiener Neustadt, fallen auch die Wiener Geldleiherinnen Lieblein, Witwe des Peltlein, und Sara, Witwe des Josef von Feldsberg, durch ihre relativ hohen Darlehenssummen auf. Belege für sie in

Quellen zur Geschichte der Stadt Wien (im folgenden: QuGStW) I/3, S. 360 (Register Lieblein); Germania Judaica (im folgenden: GJ) III/2. Hrsg. von Arye MAIMON s. A., Mordechai BREUER und Yacov GUGGENHEIM, Tübingen 1995, S. 1601, nr. 7 (Josef von Feldsberg).

35 TOCH, Die jüdische Frau im Erwerbsleben (wie Anm. 33), S. 37.

36 Rachel BIALE, Woman and Jewish Law. An Exploration of Women's Issues in Halakhic Sources. New York 1984, S. 129.

37 Zu Isserlein siehe Abraham BERLINER, Rabbi Israel Isserlein – ein Lebens- und Zeitbild. In: Monatsschrift für Geschichte und Wissenschaft des Judenthums 18 (1869), S. 130-135, 177-181, 224-233, 269-277, 315-323 und KEIL, *...vormals bey der Judenn Zeit* (wie Anm. 24), S. 192-197. Zu seiner Familie siehe Hannelore GRAHAMMER, Hetschel von Herzogenburg und seine Familie. In: KEIL, LOHRMANN, Studien (wie Anm. 15), S. 100-120.

38 Am 11. März 1405 versetzten ihm Heinrich Pinzer und seine Frau Elspet das Übermaß des Burgrechts auf einen Weingarten vor dem Schottentor um 9 Pfund Pfennige mit drei Pfund Pfennigen täglicher Zinsen ab dem Zahlungstermin Martinstag (11. 11.). Wiener Stadt- und Landesarchiv (im folgenden: WStLA), Grundbuch 470, fol. 167v, gedruckt in: Rudolf GEYER, Leopold SAILER, Urkunden aus Wiener Grundbüchern zur Geschichte der Wiener Juden im Mittelalter. Wien 1931 (Quellen und Forschungen zur Geschichte der Juden in Deutschösterreich 10), S. 387, nr. 1280. Zehn Jahre später, am 22. 11. 1415, versetzten Niklas Lederer und seine Frau Kathrei dem Isserlein und Röslein, *Phenczlein witib von Herczogenburg*, ihr Haus vor dem Stubentor um 66 Pfund Wiener Pfennige mit täglichem Schäden von 2 Pfennig pro Pfund und Woche. WStLA, Grundbuch 36, fol. 216, gedruckt in GEYER, SAILER, ebda, S. 510, nr. 1708.

39 LEKET JOSCHER I, S. 32; II, S. 16.

40 Ebda I, S. 80.

41 Ebda II, S. 19 f.: „Gar vil guter Jor, die mussen dir werdn wor, wi du gesunt bis, as du mir host lassn schreiben (...)". Die Fragestellerin war also selbst des Schreibens nicht kundig.

42 GJ III/2, S. 1603 f., nr. 31.

43 Sein Geburtsjahr wird mit ca.1325 angenommen. GJ III/2, S. 1063 f.

44 Artur GOLDMANN (Hrsg.), Das Judenbuch der Scheffstrasse zu Wien (1389-1420), mit einer Schriftprobe. Wien – Leipzig 1908 (Quellen und Forschungen zur Geschichte der Juden in Deutsch-Österreich 1), S. 66, nr. 243.

45 GOLDMANN, ebda S. 136, ordnet ihn im Register den Eltern Hansüß und Meir von Erfurt zu. Ignaz SCHWARZ, Das Wiener Ghetto. Seine Häuser und seine Bewohner. Wien – Leipzig 1909 (Quellen und Forschungen zur Geschichte der Juden in Deutsch-Österreich 2), S. 152, Anm. 8, hält es für wahrscheinlicher, „daß der Salman entweder sein oder ihr Sohn erster Ehe gewesen ist". Die Quellenbelege sprechen für die erste Variante.

46 Dölf WILD, Roland BÖHMER, Die spätmittelalterlichen Wandmalereien im Haus „Zum Brunnenhof" in Zürich und ihre jüdischen Auftraggeber. In: Zürcher Denkmalpflege, Bericht 1995/96. Hrsg. vom Hochbaudepartement der Stadt Zürich, Zürich 1997, S. 15-33, hier vor allem S. 17 ff. und S. 28 f.

47 Es wurde, vielleicht nach der Tätigkeit ihres verstorbenen Mannes als Chasan, die *Cantorey* genannt. SCHWARZ, Das Wiener Ghetto (wie Anm. 45), S. 93 f., nr. 402 (1433 VI 30).

48 GEYER, SAILER, Urkunden (wie Anm. 38), S. 206, nr. 649 (1393 IV 18) und S. 233 f., nr. 747 (1394 V 29).

49 Ebda, Register, S. 601 (Mayr) und GOLDMANN, Scheffstraße (wie Anm. 44), Register, S. 135 (Mair). Selikmann und seine Frau *Slana* oder *Slaffa* traten mehrmals in Wien als Geldleiher auf. Siehe Shlomo SPITZER, The Jews in Austria in the Middle Ages till the Reformation (1520). Unveröff. Diss., Ramat Gan 1974, S. 139, nr. 897 und S. 142, nr. 919a.

50 GEYER, SAILER, Urkunden (wie Anm. 38), S. 354, nr. 1171 (1403 VIII 20).

51 Ebda, S. 350, nr. 1159 (1403 III 13).

52 Ebda, Register, S. 594 (Hansüß) und GOLDMANN, Scheffstraße (wie Anm. 44), Register, S. 135 (*Hansasin*). Joslein von Regensburg gab auch alleine Darlehen in Wien. Siehe SPITZER, Jews in Austria (wie Anm. 49), S. 79, nr. 492.

53 GEYER, SAILER, Urkunden (wie Anm. 38), S. 381, nr. 1262 (1404 XII 23).

54 GOLDMANN, Scheffstraße (wie Anm 44.), S. 77 f., nr. 257: *Ryfko, Maister Abrahams witib*. Am 16. 10. 1408 wurde Rifka aber noch als Abrahams Hausfrau bezeichnet: GEYER, SAILER, ebda, S. 431, nr. 1436. Die Urkunde vom 12. 11. 1408 (ebda, S. 431 f., nr. 1438) nennt Abraham zwar noch, könnte sich aber auf eine frühere Transaktion beziehen.

55 GJ III/2, S. 1601, nr. 2.

56 GEYER, SAILER, Urkunden (wie Anm 38.), S. 307, nr. 1007 (1399 VIII 17), S. 403, nr. 1339 (1406 II 15), S. 408, nr. 1355 (1406 V 26) und S. 414, nr. 1376 (1407 I 8).

57 Diese hatte er aber bereits dem prominenten Geldleiher und Steuereinnehmer Jeklein, Hetschleins Sohn von Herzogenburg, um 72 Pfund Wiener Pfennig versetzt. Ebda, S. 431, nr. 1438 (1408 XI 12). Das Darlehen ist die letzte Erwähnung Abraham Klausners.

58 GEYER, SAILER, Urkunden (wie Anm. 38), S. 365, nr. 1207 (1404 III 7): *Maistrin der judinn, Abrahams hausfraw des juden*; S. 384, nr. 1273 (1405 II 19), S. 405, nr. 1346 (1406 III 17), S. 427, nr. 1423 (1408 IV 2), S. 431, nr. 1436 (1408 X 16).

59 Ebda, S. 462, nr. 1544 (1411 VI 21). GOLDMANN, Scheffstraße (wie Anm. 44), Register, S. 136 (Rifka). Hier ist sie bereits ab Juni 1408 nur als Abrahams Witwe genannt.

60 GEYER, SAILER, ebda, S. 482, nr. 1612 (1413 III 1), S. 483, nr. 1613 (1413 III 1), S. 492, nr. 1646 (1413 XII 20), S. 507, nr. 1698 (1415 IV 10).

61 Der jüdisch-deutsche Bericht der „Wiener Geserah“ in GOLDMANN, Scheffstraße (wie Anm. 44), S. 125-133, besonders S. 131. Siehe dazu Samuel KRAUSS, Die Wiener Geserah vom Jahre l421. Wien - Leipzig 1920.

62 LEKET JOSCHER II, S. 37.

63 Sie übertrug einem Marburger Bürger die Rechte an einigen ihr gerichtlich zugesprochenen Äckern. Steirisches Landesarchiv (im folgenden StLA), Privaturkunden nr. 5790 (1442 IV 27). Gedruckt (ohne hebräische Bestätigung) in: Artur ROSENBERG, Beiträge zur Geschichte der Juden in Steiermark. Wien - Leipzig 1914 (Quellen und Forschungen zur Geschichte der Juden in Deutsch-Österreich 6), S. 167, nr. 19.

64 Die Bestätigungsformel lautet: „Ich, die unten Unterzeichnende, tue jedem kund und lasse wissen, daß alles, was oben geschrieben steht in heidnischer [wortl: aramäischer] Schrift, mein Wille und meine Bitte ist. Spruch Plimel, Tochter des Morenu haRaw Aron, des Märtyrers, seligen Andenkens.“ Der Beiname ihres Vaters bezieht sich auf seine Ermordung durch Folter bei der Wiener Gesera.

65 StLA, Privaturkunde nr. 7252c (1468 VI 28).

66 HHStA, AUR 1372 XI 9.

67 Diese Bestätigung vom 5. 12. 1367 ist einer Urkunde von Schemarja/Freudmann beigefügt. HHStA, AUR 1368 VII 15. Gedruckt in: Shlomo SPITZER, Hebräische Urkunden des 14. Jahrhunderts aus Kärnten. In: Carinthia I, 174. Jg. (1984), S. 141-154, hier S. 146 ff., nr. 3. Zu dieser Zeit war Schemarja, genannt Freudmann, noch Jude, er ließ sich kurz darauf auf den Namen Paul taufen. Sein Vater Mordechai war wahrscheinlich der von 1329 an nachweisbare Merchel von Murau. Siehe Wilhelm WADL, Geschichte der Juden in Kärnten im Mittelalter. Mit einem Ausblick bis zum Jahre 1867. Klagenfurt 1981 (Das Kärntner Landesarchiv 9), S. 193-209, und Martha KEIL, „Petachja, genannt Zecherl“. Jüdische Namen und Beinamen im deutschen Sprachraum des Spätmittelalters. In: Reinhard HÄRTEL (Hrsg.), Personennamen und Identität. Namengebung und Namengebrauch als Anzeiger individueller Bestimmung und gruppenbezogener Zuordnung. Graz 1997 (Grazer Grundwissenschaftliche Forschungen 3 = Schriftenreihe der Akademie Friesach 2), S. 119-146, hier S. 144 f.

68 Die Autorin plant im Rahmen eines Forschungsprojekts zu jüdischen Frauen im spätmittelalterlichen Österreich eine Auswertung der Bilderdatenbank des Instituts für Realienkunde des Mittelalters und der frühen Neuzeit in Krems.

Die Briefe von Prager an Wiener Juden (1619) als familienhistorische Quelle

Sabine Hödl

Wie die beiden Bearbeiter und Herausgeber der „Jüdischen Privatbriefe aus dem Jahre 1619“, Bernhard Wachstein und Alfred Landau, in der Einleitung ihrer Edition bereits richtig bemerkt haben, bietet der Inhalt der Briefe ein buntes Bild der Lebensumstände einzelner Prager Juden.[1] Zahlreiche Bedingungen jüdischen Lebens in der Frühen Neuzeit kommen in den Schriftstücken zur Sprache: sozial- und familienhistorische Aspekte, Genealogie, politische Ereignisse, finanzielle Angelegenheiten, Migration, das religiöse Leben, Krankheiten, Sorgen, Feste, familiäre, partnerschaftliche und freundschaftliche Beziehungen, Berufe, Kontakte zu Christen und das Alltagsleben.

Obwohl diese Briefe vereinzelt in der Literatur genannt werden, wurden sie bisher nie hinsichtlich aller enthaltenen Aspekte untersucht.[2] Auch der vorliegende Beitrag kann keine umfassende Analyse der Inhalte bringen, doch sollen zumindest der familiengeschichtliche Aspekt und damit die familiären Verbindungen und Bedingungen, das Familienleben und die Stellung der Familie im Lebensbild der Verfasser, wie auch historische Hintergründe und Ereignisse näher betrachtet werden.

Diese 54, fast alle am selben Tag, dem 22. November 1619, einem Freitag, von in Prag lebenden Juden verfaßten Briefe an Juden in Wien wurden dem Boten auf seiner Reise nach Wien abgenommen und kamen in das Haus-, Hof- und Staatsarchiv Wien, wo sie erst zu Beginn dieses Jahrhunderts wiederentdeckt wurden.[3] Ein Teil der Briefe wurde in großer Eile verfaßt, da der Beginn des Schabbat bevorstand und der Bote mit seiner Runde noch fertig werden wollte.[4] Schon Landau und Wachstein stellten fest, daß die Besonderheit dieses Materials auch darin liegt, daß es sich um die Momentaufnahme eines Tages handelt und nicht, wie bei anderen Briefsammlungen, um einen Briefwechsel über einen längeren Zeitraum.[5]

Beinahe alle Briefe wurden an Verwandte gesendet. Nur zwei Briefe haben offiziellen Charakter, da sie im Auftrag der Gemeindevorsteher von Prag vom Gemeindeschreiber verfaßt wurden, um im Falle eines festgenommenen Juden um Hilfestellung zu bitten.

Folgende Verfasser und Adressaten sind festzustellen:[6]

VERFASSER	EMPFÄNGER	BRIEFANZAHL
Vater	Sohn/Tochter (z. T. mit Ehepartner)	7
Mutter	Sohn/Tochter (z. T. mit Ehepartner)	4
Sohn	Vater/Mutter	3
Ehemann	Ehefrau	1
Ehefrau	Ehemann	5
Schwiegervater/-mutter	Schwiegersohn/-tochter	4
Schwiegersohn	Schwiegervater/-mutter	4
Geschwister	Geschwister	6
Verschwägerte	Verschwägerte	2
Onkel/Tante	Neffe/Nichte	3
Neffe/Nichte	Onkel/Tante	8
Großvater	Enkel	1
Schwiegereltern	Schwiegereltern	2
Stiefsohn	Stiefvater	1
Freundin/entfernte Verwandte (?)	Freundin/entfernte Verwandte (?)	1
Offizielle Briefe		2

In 23 Schreiben treten Frauen als Verfasserinnen auf, auch wenn sie nur zum Teil selber als Schreibende tätig waren.[7]

Die Stellung der Frau – Familienstrukturen

Die Analyse der Inhalte einzelner Briefe zeigt sowohl Schwerpunkte der jüdischen Lebensinhalte des frühen 17. Jahrhunderts wie auch die Schicksale einzelner Personen. In Brief Nr. 1 schreibt Mirjam, Tochter des Arztes Moses Maor Katan, an ihre Schwägerin Resel in Wien, Frau des Arztes Ahron Maor Katan. Nach der Begrüßungsformel erzählt sie von ihrem Schrecken, als sie durch den Brief der Resel davon hörte, daß der Sohn des Bruders der Verfasserin, Leb,[8] in Wien verstorben sei. Mirjam meint, daß sie die Absicht gehabt hätte, mit ihren Kindern nach Wien zu reisen, als sie jedoch von der Seuche dort hörte, diesen Plan wieder fallen hatte lassen. Sie drückt ihr Bedauern aus, daß Resel in Wien in einer schwierigen Situation ist – finanziell und familiär, wie aus Brief Nr. 2 hervorgeht[9] – und erklärt, daß sie ihren Bruder, den Mann der Resel, wiederholt gefragt habe, wie er denn ohne Frau leben wolle, da er meinte, daß er diese nicht nach Prag holen könne. Mittlerweile habe sie sich aber der Meinung der gesamten Familie angeschlossen, daß es in solch unruhigen Zeiten unmöglich sei, Resel nach Prag zu holen. Wer könne, versuche, aus Prag wegzukommen, also solle sich die Schwägerin besinnen und nicht reisen. Außerdem würde keiner in Prag eingelassen werden. Mirjam erzählt vom Fall der Tochter der Bele, die nicht in die Stadt kommen durfte, drei Tage auf dem Friedhof bleiben und danach wieder abreisen mußte. Resel solle sich dies zu Herzen nehmen und keinesfalls nach Prag kommen.

> „*Wege* vir, was nit meglich is. Wen es nor ein meglich keit wer, welt mein bruder kein *Ruhe* lasen, er muset dich her nehmen; wie ich vor mit ganzer macht hab welen haben, er sol dich her nemen, aso bin ich hiz der wider, d[en] ich hab selber *im Sinne*, mit mein schwager R. Schlomo in Polen zu zihen (…)".[10]

Resel solle sich deshalb noch gedulden und in Wien bleiben, auch wenn die Situation dort schwierig sei.

> „Nem es geduldig auf von *G. g. s. e.* {Gott, gelobt sei er}, der wert sich iber dich un' iber *ganz Israel erbarmen, Amen*!"[11]

Mirjam erzählt weiters, daß auch die Wiener Juden Abraham Flesch, Schwager der Resel, und Leb, der Bruder der Verfasserin des Briefes, an Resels Mann von deren Not geschrieben und ihm gedroht haben, daß sie sich an die Vorsteher und Rabbiner wenden würden, sollte er auf ihre Schreiben nicht reagieren. Mirjam bittet deshalb Resel, sie solle dem Einhalt gebieten, denn man kann ihren Mann nun einmal nicht dazu zwingen, Resel und die Kinder nach Prag zu holen:

„(…) wen der pops von Rom selt im zu antpiten {entbieten, gebieten}, keret er sich nit dran, as er dich her nem, wen es nit kent anders sein, as du dich nit welst dran keren an unsern schreiben, mecht er eer sein grose wol fart dran streken un' mecht ham zihen. Zit er ham, kumt er um *3 hundert*, die im die *Gemeinde* gibt, du wast nit was fir *Beliebtheit G. l.* {Gottlob} er hat hie, un' *die Ehre* die man hie im an tut."[12]

Mirjam schreibt, daß ihr Bruder zahlreiche Patienten unter den Vornehmen hätte und daß sogar immer wieder mit dem Pferd nach ihm geschickt werde. Sie wiederholt noch einmal, daß Resel derzeit nicht nach Prag kommen könne, der Bruder jedoch alles in den Wind schlagen und, wenn es nicht anders ginge, nach Wien reisen würde. Resel solle sich noch gedulden. Der Brief endet mit Grüßen an Verwandte.

Brief Nr. 2 ist von Ahron Maor Katan an seine Frau Resel in Wien, im übrigen die Tochter Veit Munks des Älteren, der bis zu seinem Tod 1616 einer der wichtigsten jüdischen Bewohner Wiens war.[13] Der Arzt schreibt seiner Frau, wie traurig er über die Nachrichten in ihrem Brief sei.

„ (…) das *u. v. S. w* {um unserer vielen Sünden willen} die *Familie* aso gar fremd aner kegen den andren sol sein, as die ale haben nit kenen aso vil zu weg richten, as man dich un' deine kinder het kenen um dein gelt u[n]ter dach br[engen?]. Das sol got der barmen, das man gar kein *Hilfsbereitschaft* in der *Familie* nit sol sein, kein bruder, kein schwager, kein veter, kein muter, kein schwester nit men ver handen, der einem um sein agenen gelt ein dinst selt ton, un' lasen dich aso ganz mit meine kinder gen. Ein *Christ* mit ein *Juden* is men {mehr} *entgegenkommend*, got sol es derb[armen]."[14]

Er erzählt, daß er sofort zu seiner Frau reisen wollte, doch die gesamte Familie hätte ihn zurückgehalten und gesagt, er solle nicht mit dem Kopf durch die Wand. Das Reisen sei äußerst gefährlich, außerdem sei eine Seuche in Wien. Er teilt seiner Frau mit, daß sie auch nicht nach Prag kommen könne, da dort größere Gefahr herrsche als je zuvor, aber er könne darüber in einem Brief nicht offen sprechen. Reisende aus Wien würden nicht in die Stadt gelassen, und auch er erzählt von jenen, die drei Tage auf dem Friedhof bleiben und danach gegen die Bezahlung von 500 Goldgulden wieder abziehen mußten. Außerdem gebe es noch weitere zahlreiche Gründe, warum Resel nicht kommen könne.

> „Aber das *lasse ich dich wissen*, so[fern?] as du welest nit geduld haben bis nach den winter, den lenger wil [ich] selber nit on dir un' die kinder sein, so wil ich mich auf heben un' wil ... heim zu dir zihen, ich wil dich un' die kinder *s. l.* {sollen leben} nit ver lasen (...).“[15]

Ahron erzählt weiters, wie gut es ihm in Prag als Arzt gehe. Er sei gut von der Gemeinde versorgt, habe bei Juden wie auch bei Christen viel zu tun und müsse sich sogar ein Pferd nehmen, um den Aufgaben nachkommen zu können. Er arbeite von früh bis spät und komme kaum zum Essen. Wenn sich Resel bis zum Sommer in Geduld üben könnte, wäre dies gut, ansonsten werde er jedoch alles aufgeben und nach Wien reisen. Dies wiederholt er noch einmal und meint, daß er sich zum Schreiben des Briefes eine Stunde gestohlen hätte, weil er so viel zu tun habe. Nach dem Gruß merkt er noch an:

> „Die *Hauptsache habe ich vergessen*: sich, wen du aus gest, ge nit alein, *besonders* weil ich nit dorten bin. Las die leit nit dir nach reden.“[16]

Diese letzte Anmerkung wirft die Frage nach der Stellung der jüdischen Frau innerhalb der Gemeinde auf. Warum ermahnt ein Ehemann seine Frau, nicht alleine unterwegs zu sein mit der Befürchtung, daß über sie gesprochen werden könnte?

Ein möglicher Hinweis ist eine Bestimmung der Ältesten von Prag aus dem Jahr 1611. Offenbar aufgrund einer Seuche, wohl der Pest, die zahlreiche Opfer forderte und als Strafe Gottes für die Sünden angesehen wurde, wurden Bestimmungen für ein gottgefälliges Wohlverhalten unter Androhung des Ausschlusses aus der Gemeinde bei Zuwiderhandlung erlassen. Aufgrund dieser Regelungen wurden sämtliche Prostituierte aus der Gemeinde gewiesen. Zum Verhalten von Frauen wurde festgelegt, daß Frauen niemals unbegleitet zu Nichtjuden oder in Bordelle und dort alleine in ein Zimmer gehen sollten. Eine Frau mußte sich weigern, ohne Begleitung durch ihren Ehemann, einen Diener oder zumindest einen Knaben ein Zimmer in einem solchen Haus zu betreten, und durfte nur in Anwesenheit einer der genannten Personen einen Verkauf tätigen.

Sollten diese Regelungen nicht eingehalten werden, wurde der Frau, die dagegen verstieß, eine Geldstrafe von 20 Goldgulden auferlegt. Verließ der begleitende Jugendliche die Frau, galt für ihn dieselbe Strafe. Außerdem wurde die Frau mit Flüchen belegt. Der Ehemann wurde dazu angehalten, die Hälfte der Geldstrafe sofort zu bezahlen.

Weiters wurde auch jungen Mädchen, gleichgültig, ob einheimisch oder fremd, das Spazierengehen und Herumtreiben alleine auf offener Straße bei Tag oder Nacht verboten. Bei Nichtbeachtung dieser Regelung sollten die Mädchen mit einer demütigenden Strafe belegt und diejenigen, die Verantwortung für das Mädchen trugen, in gleicher Weise bestraft werden. In der Nacht durfte niemand ein junges Mädchen alleine außer Haus schicken, sondern für etwaige Aufträge einen Mann heranziehen.[17]

Der Arzt Ahron Maor Katan machte sich offenbar Sorgen um den Ruf seiner Frau, wenn sie ohne männliche Begleitung gesehen wurde, und bat sie ausdrücklich, darauf achtzugeben, daß dies nicht vorkam. Es ging dabei nicht nur um die Ehre seiner Ehefrau, sondern auch um die seine, denn wenn sich seine Frau gesellschaftlich nicht richtig, den Regelungen gemäß, verhielt, fiel ihr Mißverhalten am Ende auf ihn zurück. Ob die Ermahnung in seinem Brief tatsächlich mit den Bestimmungen von 1611 in Zusammenhang steht, ist nicht feststellbar, doch zeigt sich in beiden Quellen die klare Tendenz, daß Frauen sehr rasch ein Fehlverhalten vorgeworfen werden konnte und ihr Ruf besonders gehütet werden mußte.

Beziehungen – Rollenverteilung zwischen Mann und Frau

Es stellt sich die Frage nach der Intensität der Beziehung und der emotionalen Bindung zwischen den beiden Eheleuten. Auffallend ist in beiden beschriebenen Briefen einerseits das Bedauern, daß es der Empfängerin in Wien so schlecht gehe, andererseits aber auch das Drängen darauf, Geduld zu haben und sich mit der Situation noch abzufinden. Gerade Resels Mann betonte zwar einerseits seinen Willen, nach Wien zu kommen, wenn seine Frau dies wünsche, andererseits folgt nach diesen Aussagen immer der Hinweis darauf, wie beruflich erfolgreich er ist. Dies ist wohl darauf angelegt, der

Frau in Wien ein schlechtes Gewissen zu machen, wenn sie ihren Mann auffordert, zu ihr zu kommen. Gleichzeitig erwähnen sowohl Ahron als auch seine Schwester, daß ihn die Familie in Prag in dieser gefahrvollen Zeit gar nicht ziehen lassen möchte.

Das Maß an Zuneigung zueinander ist aus dem Brief des Ehemannes an seine Frau nicht ablesbar, da seine Formulierungen zwar Sorge und auch Angst um die Familie in Wien zeigen, andererseits aber die eigene Stellung und der wirtschaftliche wie auch gesellschaftliche Erfolg ebenso wesentlich sind.

Weitaus mehr von echter Emotion getragen sind zwei Briefe von Sarel, Tochter des Moses, an ihren Mann Löb Sarel Gutmans, der sich gerade auf Reisen in Wien aufhielt. Sie beklagt sich, daß sie schon so lange nichts von ihm gehört habe und nicht weiß, wo er sich aufhalte.

> „Ich es nit, ich trink nit, ich schlauf nit, mein leben is mir kein leben. Den in guten zeiten, wen ich nit ale woch hab 2 briw gehat, do hab ich gemeint, ich wer nit kenen leben, will ver schweigen auf der zeit, un' aso lang *sogar* nit zu wissen, wo du in *der Welt* bist."[18]

Danach berichtet Sarel von den schweren Zeiten, der Niederkunft einer Bekannten, einzelnen Toten aufgrund von Blattern und weiteren Ereignissen.

In ihrem zweiten Brief, den sie als Antwort auf einen endlich von ihrem Mann erhaltenen schreibt, drückt sie ihre Erleichterung aus, über sein Wohlbefinden Bescheid zu wissen:

> „Sol ich dir vil schreiben, magst mir gleiben, ich bin, gut teitsch, as wen ich wider nei geboren wer (...)."[19]

Trotzdem rät sie ihrem Mann ausdrücklich davon ab, nach Prag zu reisen, da dies zu unsicher und gefährlich sei, und drückt ihr Unverständnis aus, warum er nicht in Wien bleiben möchte. Auch in diesem Brief berichtet sie ihm von den Ereignissen in Prag und vom politischen Geschehen, außerdem wiederum ausführlich von den Geschäften und wie sie damit umgehe.

Daß Ehefrauen in Abwesenheit ihres Mannes selbständig die Geschäfte führten, war kein Einzelfall. Im übrigen organisierte dieses Ehepaar teilweise den „Postdienst", da Sarel eine Liste an ihren

Mann beilegte, welche Briefe und welche Bezahlung sie erhalten hatte.[20]

Grundsätzlich ist zur Rolle der Frau im Prag des Jahres 1619, wie sie sich in den Briefen zeigt, festzustellen, daß sich Frauen in ihren Briefen etwas ausführlicher als Männer mit Alltagsdingen beschäftigten, weiters wird der rege Austausch von Gegenständen, meist Stoffen, deutlich. So geht es in Brief Nr. 3B um die Ausstattung eines jungen Paares mit notwendigem Hausrat.[21] Aus Brief Nr. 10 geht hervor, daß Freidel, Tochter des Israel Hammerschlag, für die in Wien lebende Mirel, Tochter des Israel Auerbach, die Aufgabe übernommen hatte, einen Mantel anfertigen zu lassen. In ihrem Brief berichtet sie ausführlich über die Materialien und deren Kosten, einschließlich der Versicherung, daß sie sich bemühe, so günstig einzukaufen, als wäre es ihr eigener Mantel.[22]

Die Entscheidung wesentlicher Dinge, wie die Eheschließung der Kinder, geschäftliche Angelegenheiten oder auch die Ermahnung an Söhne, sich dem Studium zu widmen, wurde im Normalfall vom Ehemann bzw. Vater getroffen.[23] In den Briefen der Frauen, sofern es sich nicht nur um kurze Grußbotschaften handelte, kommen jedoch die Schwierigkeiten, die Sorgen und finanziellen Nöte stärker zum Ausdruck als in den von Männern verfaßten Schreiben.[24]

Familiäre Hilfsbereitschaft

Die Erwähnung von Interventionen zugunsten Resels in Mirjams Brief[25] und Ahrons Klage über die fehlende familiäre Hilfsbereitschaft[26] zeigen, daß einerseits Resel in Wien nicht so aufgenommen wurde wie erhofft, andererseits die Verpflichtung des Mannes, sich selbst um seine Frau und Kinder zu kümmern und dies nicht anderen zuzumuten, eingefordert wird. Ob sich Resel selbst in Wien an andere wandte, damit diese ihrem Mann ins Gewissen redeten, oder ob diese von sich aus, weil sie Resel und ihre Kinder nicht versorgen wollten, an ihn schrieben, ist aus Brief Nr. 1 nicht erschließbar.

Auch in anderen Briefen finden sich zahlreiche Hinweise auf die erwartete und auch immer wieder eingeforderte Hilfsbereitschaft von seiten der Familie. Hierbei ging es nicht nur um die Aufnahme von Verwandtschaft in einer anderen Stadt, sondern auch um finanzielle Unterstützung bei Zahlungen, wie zum Beispiel einer Mitgift oder der Versorgung von Waisen.[27] So schrieb Jakob ben Alexander Pribram an seinen Sohn Mordechai, daß er große Sorgen wegen der Belastung durch die Waisen seines Bruders habe.

> „*Es kam der Mann, der seine Tochter heiraten soll, und es ist kein näherer Blutsverwandter vorhanden als ich. G. g. s. e.*{Gott, gelobt sei er} *möge thun wie es ihm gut dünkt, und mir die Kraft verleihen, auszuharren und dieses Joch auf meinem Hals zu ertragen.*“[28]

In Brief Nr. 37 schreibt Blümele an ihren Bruder Schechna in Wien. Sie schildert ihm ihre finanziellen Sorgen und meint:

> „*Ferner* liber bruder, hab ich ein grose *Sorge*, die iber ale *Sorgen* is, hab dirs (...) geschriben, wegen mein Mordechai *s. l.* {soll leben}, was ich im hab zu gesagt *Brautgeschenke*, nit men was du mich mintlich geheisen hast, nu is *die Zeit der Hochzeit der Sabbat Chanuka* un' ich selche sachen nit haben selt *G. b.* {Gott behüte}, wist ich nit was ich tet. Drum, mein herze liber bruder, is mein hofen als auf *G. g. s. e.* {Gott, gelobt sei er} zu vor, der nach auf dir, du werst mich nit lasen, wie du mich hast *versichert*.“[29]

Um eine gänzlich andere Bitte geht es Salomon Auerbach im Brief an den Schwiegervater seines Sohnes Pinchas. Er bittet ihn, daß er dem Sohn zu einer Anstellung verhelfe, damit dieser in Wien bei seiner Familie bleiben könne, und daß er die jungen Leute bei ihren Ausgaben ein wenig unterstütze.[30]

Wiederum eine andere Situation zeigt sich im Schreiben der Resel Landau an ihren ehemaligen Schwiegersohn Uri in Wien. Sie hat zu diesem Zeitpunkt ihren Enkel Josef, Uris Sohn, bei sich, klagt jedoch über die zusätzlichen Kosten, die ihr daraus entstünden. Sie habe schon versucht, jemanden zu finden, der den Buben nach Wien mitnehme, doch ist er zu jung dafür, so daß sie nun selber überlege, mit ihm nach Wien zu reisen.

> „Ich genit {plage} mich un' im mus ich tun, mus im ale *Monat* ein par schich kafen, um ein *halben Gulden*. (...) Josef leb lat dich grisen, fregt immer zu: babe, hat dir der tet kein gelt geschikt? Er mecht gern schreiben, er kann nebich nit; wen du im werst gelt schiken, wert ers lernen.“[31]

Auch hier ist in der Formulierung eine – wenn auch ironisch gemeinte – erpresserische Argumentation festzustellen.

Resel Landau schrieb nicht nur an ihren ehemaligen Schwiegersohn, sondern auch an ihre Tochter Chana in Wien. Offenbar hatte ihre Tochter um einen Schleier gebeten, doch muß ihr die Mutter die Erfüllung dieser Bitte abschlagen:

> „Libes herz, du schreibst schleier halben; wen ich in kent um sinst bekumen, so wist ich kein fort zu brengen; wen uns niks mer selt ob gen as schleier, wer gut. Drum, libes herz, hab aweil gedult.“[32]

Etwas ungnädig wird die Mutter allerdings, als sie ihrer Tochter offenbar zum wiederholten Mal Auskunft über gewisse Verwandtschaftsverhältnisse geben soll und fragt mit einem Stoßseufzer:

> „Warum bistu aso ein kuh? Weistu den nit, was uns Ari zu gehert?“[33]

Wie die zahlreichen Beispiele aus den Privatbriefen zeigen, hatte das Prinzip der Inanspruchnahme von Unterstützung und Hilfsbereitschaft durch die Verwandtschaft und die Einforderung von Solidarität und Familiensinn volle Gültigkeit. Die über die Kernfamilie hinaus erweiterte Verwandtschaft hatte somit die Funktion der sozialen Absicherung.[34]

Tamara Hareven weist darauf hin, daß die verwandtschaftlichen Beziehungen auch in der Gegenwart eine wichtige soziale Rolle spielen, doch sind sie heute nicht mehr Hauptquelle sozialer Sicherung und Unterstützung.[35] Nicht nur in der Prager und Wiener jüdischen Gemeinde des frühen 17. Jahrhunderts ersetzte Verwandtschaft das „soziale Netz“ des modernen Staates.

Krankheiten und Ängste – Todesfälle – Krieg und Politik

Sowohl in Brief Nr. 1 und 2[36] als auch in anderen Schreiben wird auf den Fall der Tochter von Bela Chajim Schames hingewiesen, die, aus Wien kommend, aufgrund der Nachrichten, daß in Wien eine Seuche herrsche, nicht in Prag eingelassen wurde.[37]

Für das Jahr 1619 ist über das Ausbrechen einer Epidemie in Wien nichts bekannt, weder die Pest noch andere Krankheiten werden speziell für dieses Jahr genannt.[38] Allerdings ist davon auszugehen, daß kleinere Wellen der Pest oder das Auftreten anderer Seuchen in geringerem Umfang im frühen 17. Jahrhundert keinen schriftlichen Niederschlag fanden; von ihrem Vorhandensein ist jedoch auszugehen.[39] Außerdem reichte wohl häufig bereits das Gerücht um die Existenz einer Epidemie in einer anderen Stadt, um Reisende wegzuweisen und die Tore zu verschließen.

Auch von Todesfällen in Prag wird in einzelnen Briefen berichtet. So schreibt Salomo Salman ben Jesaia Horowitz, Vorbeter in Prag, an seinen Schwager Benusch Linz und dessen Frau Malka über den Tod seines Sohnes:

> „*Ferner* wists, das mich *G. g. s. e.* {Gott, gelobt sei er} hat gar hertiglich gestraft, un' hot mir mein liben sun Isak zu sich genumen, (...) *er liess das Leben allen lebenden, am 12. Tischri ist er verschieden.*“[40]

Sarel, Ehefrau von Löb Sarel Gutmans, berichtet diesem von zwei Todesfällen aufgrund von Blattern.[41]

Doch nicht nur mögliche Krankheiten, sondern auch kriegerische Auseinandersetzungen verstärkten die Sorgen um die Angehörigen in Wien.[42]

Nach dem Tod von Kaiser Matthias am 20. März 1619 ergriff dessen Nachfolger Ferdinand II. sofort Maßnahmen, um den Aufstand der protestantischen Adeligen Böhmens nach dem sogenannten Prager Fenstersturz niederzuschlagen. Im Verlauf des Jahres 1619 kam es zu zahlreichen kriegerischen Auseinandersetzungen zwischen aufständischen und kaiserlichen Truppen in Böhmen, Mähren und im nördlichen Niederösterreich, die bis vor die Stadt Wien reichten.[43] Einen direkten Hinweis auf die politischen Ereignisse gibt die in Prag lebende Sarel an ihren sich in Wien aufhaltenden Mann Löb Sarel Gutmans, dem sie schreibt:

> „Sonst sei wisen, as man den *König* den Heidel berger gekrent hat hie *mit großen Ehren* (...).“[44]

Die Kämpfe zwischen protestantischen Landständen und dem Kaiser hatten Auswirkungen auf die Reisetätigkeit zwischen Prag und Wien. Sie machten nicht nur das Reisen grundsätzlich gefährlicher, sondern zogen auch häufig die Abnahme von Briefen und deren Überprüfung nach sich. Dies wird in einzelnen Schreiben erwähnt;[45] daraus ist auch die große Häufigkeit an nicht zugestellten

Briefen zu erklären. Deshalb wurden besonders wichtige Inhalte in Geheimschrift wiedergegeben, wie dies bei den Briefen Nr. 28 und 29 der Fall ist.

Die kriegerischen Auseinandersetzungen und die politische Unruhe wirkten sich jedoch nicht nur auf die Reisetätigkeit aus. Sarel berichtet ihrem Mann auch von einem Auflauf *„in unseren Gassen“*, bei dem es wie bei der Tempelzerstörung zugegangen sei.[46] Bei diesem Ereignis, das nur in diesem Brief so deutlich erwähnt wird, kann es sich um eine versuchte Plünderung durch die in Prag stationierten Soldaten oder aber um eine Aktion von Prager Bürgern gehandelt haben.[47]

Hinzu kamen die Ängste um das eigene Überleben und die schwierige wirtschaftliche Situation aufgrund von Teuerungen:

> „Sol ich dir schreiben, wie es uns get, kanst wol *begreifen*, mir nehmen ale *Tag Ängste* ein, auch kein *Verdienst* nit, un' ales *teuer*.“[48]

Bereits in den letzten zwei Jahrzehnten des 16. Jahrhunderts hatte die Münzverschlechterung begonnen. Bis 1611 war der Wert des sogenannten „guten Talers“ von 68 auf 90 Kreuzer gestiegen. Aufgrund des steigenden Geldbedarfs durch hohe Rüstungsausgaben und den einsetzenden Krieg begannen einzelne Münzherren mit der Prägung von minderwertigen Münzen.[49] Zu der damit rasch steigenden Verteuerung der Waren kamen wiederholt kalte Jahre mit daraus resultierenden schlechten Ernten,[50] so daß die Nahrungsmittelpreise weiter anstiegen. Diese Entwicklungen, verbunden mit den Kämpfen, erschwerten das Leben der Juden sowie der gesamten Bevölkerung in Prag und Wien sehr.

Religion und Gelehrsamkeit – Berufe

In Brief Nr. 3A schreibt Chanoch Hammerschlag an seinen Sohn Ahron und dessen Frau Frumet in Wien. Es handelt sich eigentlich um zwei Briefe, da, nachdem der erste schon abgeschlossen war, ein Brief des Sohnes ankam und der Vater unmittelbar darauf antwortete. Im ersten Brief beklagt sich Chanoch nach einer langen Begrüßungsformel darüber, daß sein Sohn nie Briefe schreibt:

> „(...) un' kan nit *begreifen*, was doch aus dir is geworden, das du aso

> wenig wekst {geringschätzst} dein vater un' muter, un' nit gedenkst, was hir fir ein zeit is, das du aso gar nischt schreibst, un' du weist, das es uns ein groser *Kummer* is, wen andere solen *Briefe* haben schir ale *Woche*, un' mir in *8 oder 10 Wochen* kaum ein mal, un' das mal as du schreibst is es ein scheis briwel von *5 oder 6 Zeilen.*"[51]

Der Sohn soll sich nicht darauf ausreden, daß er aufgrund des vielen Lernens nicht schreiben kann, denn Chanoch wisse sehr wohl, daß nicht das Studium, sondern Geschäfte ihn davon abhalten. Hätte er diese Entwicklung vor der Hochzeit geahnt, hätte er seinen Sohn nicht einmal gegen das ganze Vermögen des nunmehrigen Schwiegervaters heiraten lassen. Der Schwiegervater hatte jedoch versprochen, daß er mit Ahron lernen wolle, so daß er in zwei Jahren ein „morenu"[52] geworden wäre. Außer Geldgeschäften hätte der Sohn jedoch nichts gelernt. Darum fordert Chanoch seinen Sohn nun auf, zu ihm nach Prag zu kommen und ordentlich zu lernen, da es noch nicht Zeit für ihn sei, Geschäfte zu machen. Er wolle ihm den besten Lehrer besorgen und erzählt auch noch, daß sein Schwiegersohn und andere nicht arbeiten, sondern studieren.

Nach diesen Ermahnungen, die auch den Schwiegervater kritisieren, weil er sich nicht um das Torastudium gekümmert hat, gibt Chanoch seinem Sohn zahlreiche Ratschläge bezüglich der Geschäfte, in denen einige Probleme für Ahron aufgetaucht waren. Weiters erzählt er, daß seine Nichte den Sohn des Krakauer Oberrabbiners heiraten werde, und schildert die finanziellen und vertraglichen Bedingungen, die hierbei geschlossen wurden. Er hofft, daß die Entscheidung richtig war, und meint, daß der Bräutigam sehr gut und fleißig lerne.

Weiters schreibt Chanoch, daß er und seine Frau der Schwiegertochter in Wien einen Schleier geschickt hätten, obwohl diese noch nie von sich aus etwas geschrieben habe, und sie sich wundern, ob sie Groll hege oder mit ihrem Mann nicht zufrieden sei. Chanoch weiß, daß seine Schwiegertochter schreiben kann, und meint, daß sie diese Fähigkeit bald brauchen werde, wenn Ahron zu seinen Studien reist.

Gleich im Anschluß an die Abschiedsformel folgt der zweite Brief. Chanoch stellt fest, daß sie über Ahrons Berichte bezüglich seines Vermögens sehr erschrocken wären, das einerseits wegen der Bezahlung von Abgaben, andererseits aufgrund einer verleumderischen Beschuldigung durch einen Herrn, dessen Identität nicht klar wird, rasch weniger werde. Der Vater gibt seinem Sohn sehr genaue Instruktionen, wie er in diesem Fall vorgehen soll, damit er keinen Schaden erleide.

Am Ende des Schreibens erfolgt noch einmal die Ermahnung, die Geschäfte vorerst noch zu lassen und zuerst einmal ordentlich zu studieren.

> „Welt got, du werst auf ein *zwei Jahre* hie un' mechst hie lernen. Kan dir nit genugen schreiben, wie mich *G. g. s. e.* {Gott, gelobt sei er} *erfreut hat* mit *meinem Schwiegersohn* Isak, wie er *Tag und Nacht* lernt un' *ausdauernd* is (...).“[53]

Abschließend schreibt Chanoch noch, daß er den Sidur (Gebetbuch) für Ahrons Frau derzeit niemandem mitgeben könne; weiters, daß der Schwiegersohn Isak gerne geschrieben hätte, aber nicht könne, weil er lernen müsse. Aufgrund der Eile, denn der Bote wolle nicht warten, könne Chanoch seinem Schwiegervater keinen Brief schreiben, hoffe jedoch, daß dieser damit zufrieden sein werde, daß Ahron für einige Zeit zum Lernen verreisen werde. Zuletzt fragt er noch, ob die Juden Wiens von einer Seuche betroffen wären.

Nun folgen Briefe der Frau Chanochs und zweier Kinder an Ahron. In Brief Nr. 3B schreibt Bela, Ahrons Mutter, daß sie sich wegen des finanziellen Schadens des Sohnes sehr kränke und meint, daß sich Ahron an die Vorschläge des Vaters halten solle. Ahron hat in seinem Brief offenbar um einen Schlafpelz für seine Frau gebeten und Bela erkundigt sich nun, wie er aussehen soll. Weiters verspricht sie in ihrem kurzen Brief, die zugesagten Schleier so bald wie möglich zu schicken, und auch Windeln und „zichlich“.[54]

Der Bruder Ahrons, Jesaia, schreibt ebenso, jedoch offenbar auf Anweisung seines Vaters. Nach einer langen formelhaften Einleitung schreibt er:

> „*Ferner, geliebter Bruder*, sol ich enk schreiben von mein gesunt, des gleichen sol ich heren von enk zu aller zeit un' sdunt. *Ferner liber*

> bruder, sol ich enk schreiben *von* mein *Studium*, is *G. l.* {Gottlob} *in gutem Gange. Ferner*, liber bruder, sol ich enk vil *Neuigkeiten* schreiben, ich weis auf der zeit nischt zu schreiben. *Weiter*, liber bruder, sol ich dir schreiben *von allen Dingen*: der tet hat dir es geschrieben."[55]

Auch Ahrons Schwester Resel, verfaßte einen Brief. Sie beklagt sich, daß Ahron sie völlig vergißt, ihr nie schreibt und sie auch nicht grüßen läßt.[56]

Die Serie dieser Briefe zeigt nicht nur deutlich die wesentlichen Lebensinhalte dieser Familie, speziell des Vaters, sondern auch die Familienstruktur. Gelehrsamkeit und religiöses Studium sind für Chanoch Hammerschlag wichtiger als das Erlernen von Geldgeschäften, mit denen der Lebensunterhalt bestritten wurde. Seiner Meinung nach muß zuerst studiert und dann erst das Geld verdient werden, noch dazu hält er seinen Sohn für zu jung und ungeschickt mit Geldgeschäften. Es ist auch eine leise Verbitterung über den Schwiegervater Ahrons herauszulesen, da sich dieser offenbar nicht an die bei der Hochzeit getroffenen Vereinbarungen bezüglich des Studiums von Ahron hält. Wesentliche Dinge und Neuigkeiten sind nur im Brief des Vaters zu finden. Die Mutter schließt sich den Meinungen und Entscheidungen ihres Mannes an und ist für die alltäglichen Dinge zuständig, wie das Schicken von Stoffen als Teil des Hausrats. Der Bruder schreibt nur, weil ihm dies von seinem Vater aufgetragen wurde. Die Schwester zeigt eine emotionale Ebene, als sie sich beklagt, daß sie immer vergessen werde. Sie fordert mehr verwandtschaftliches Gefühl von ihrem Bruder ein, wie sich auch der Vater über die „Schreibfaulheit" des Sohnes beklagt.

Daß die Gelehrsamkeit ein wesentlicher Lebensinhalt war, zeigen auch einzelne Hinweise in anderen Schreiben. So gratuliert David, Sohn des Menachem Ulmo Klapzimer, seiner ehemaligen Schwiegertochter, die nun mit dem Vorsteher Jekel Schik in Wien verheiratet ist, zur Geburt ihres Sohnes und wünscht ihr formelhaft, daß sie ihn zum Torastudium und zu guten Werken erziehen soll.[57] Seinen bei seiner Mutter Esther lebenden Enkel ermahnt er in einem Brief, unablässig zu studieren, dem Lehrer und der Mutter gegenüber gehorsam zu sein, das Gebet mit großer Andacht zu verrichten und ernsthaft zu lernen und zu wiederholen.[58]

Ein anderer Verfasser möchte seinem Schwiegervater zeigen, wie fleißig er lernt, und teilt daher in einer kurzen Nachricht mit, daß das Studium einen guten Fortgang nehme und er sich nur deshalb so kurz fasse, weil er mit seinem Studium und mit dem Sohn des Adressaten beschäftigt sei, um ihn auf den geraden Weg zu führen.[59]

Geburt und Beschneidung

Interessant ist der Bericht von Samuel ben Gabriel an seinen Schwiegersohn Moses ben Pessach in Wien über die Geburt und Beschneidung von dessen neugeborenen Sohn Jakob:[60]

> „Ich bin mit Gabriel[61] leb in der kamer gelegen, hab nit gehert as sie krischen hat, als nit ein *Viertelstunde* gewert, is sie *G. l.* {Gottlob} schaun genesen gewesen. Aso hab ich mut gehat, zu *beschneiden* in der alt nei schul, den Sachor[62] drinen lasen auf rufen, hat man gleich *Sonntag die Vorsteher und die übrigen Würdenträger* drinen gemacht, hab es misen in Meisls schul lasen beschneiden (...). Aso haben mir *G. l.* {Gottlob} ein schene Beschneidung gemacht, al der welt gebeten, wer bilich is gewesen, nimant der heim gelasen, 42 per schaun sein nit men as 20 kumen (...). Mir haben es auf kargst, as mir kent haben, angrifen, aber *G. l.* {Gottlob} nischt ab gangen, wen du gleich selber hie werst gewesen. *Alles Gute in Fülle* gehat, vleisch un' visch. Dein mum Nechama *s. l.* {soll leben} is mit gewesen helfen ein kaufen, hat uns doch bei *10* schok kost (...). Schendel *s. l.* {soll leben} hat wol ein wenig schmerzen geliten mit dem seigen, ver hof wirt *s. G. w.* {so Gott will} ales bes hin wek sein. Hat noch harte knospen in bristen, wen man was, got zu vor, der zu wist, as sie kent zu treiben, wer gut.“[63]

Der werdende Vater befand sich gerade in Wien, als sein Sohn im Haus seiner Eltern geboren wurde. Da er sich nicht selbst um die religiösen Gebote kümmern konnte, übernahm der Großvater des Neugeborenen die Vorbereitung und Abhaltung der Beschneidung. Das Fest wurde zwar nach Möglichkeit sparsam ausgerichtet, doch war alles Notwendige vorhanden, so daß niemand den Vorwurf von übertriebener Sparsamkeit oder gar Geiz erheben konnte.

Interessant sind die Hinweise auf das Miterleben der Geburt durch den Schwiegervater der Gebärenden wie auch durch deren

Sohn sowie auf die offenbar rasche Geburt und die nachfolgenden gesundheitlichen Probleme der Frau.

Heirat und Ehevermittlung

Eine völlig andere Thematik behandeln die Briefe Nr. 20A, 20B und 21, die sich mit der Eheschließung einer Tochter von Jomtov Lipman Heller befassen. In Brief Nr. 20A von „Lipman Levi Heler"[64] an die in Wien lebende Tante seiner Frau, Edel, Witwe des Ahron Malkes, antwortet er auf einen Brief Edels bezüglich der Heiratsvermittlung für eine seiner Töchter. Er äußert sich sehr zufrieden mit der vereinbarten Mitgiftsumme von 1.000 Gulden, fragt jedoch, ob es nicht möglich wäre, diese noch auf 800 Gulden zu reduzieren. Dies würde das Vermittlungshonorar für Edel nicht verändern, eher noch erhöhen. Lipman stellt fest, daß der in Aussicht genommene Heiratskandidat glücklicherweise kein Geld brauche, aber ohne Mitgift wolle er seine Tochter doch nicht in die Ehe schicken. Daneben erwähnt er noch einen weiteren möglichen Ehemann, der vom Alter her besser zu seiner Tochter passen würde, und legt diese Entscheidung vertrauensvoll in Edels Hände.

Lipmans Frau Rechel schreibt ebenso kurz an ihre Tante.[65] Sie gibt ihrer Hoffnung Ausdruck, daß die Tante alles zur Zufriedenheit regeln werde, als ob Rechel sich der Sache selbst annehmen würde. Sie berichtet weiters, daß sich Edels Tochter Malka häufig bei ihnen im Haus aufhalte und daß eine weitere Tochter namens Esther geheiratet und eine „gute Partie" gemacht habe.

Der dritte Brief in dieser Angelegenheit ist von Israel Isserl Lipschitz, dem Mann von Edels Tochter Malka.[66] Er meint zur Heiratsvermittlung, daß sie gehört hätten, der ursprüngliche Heiratskandidat sei krank, er hätte einen „besen kopf"[67] und auch einen Bruch, so daß zu befürchten sei, daß er kein starker Junge wäre. Deshalb hätte sich Lipman Heller besonnen und zeige nun mehr Interesse für den zur Auswahl stehenden jüngeren Buben, der noch dazu altersmäßig besser zu der erst neunjährigen Tochter passen würde. Israel rät seiner Schwiegermutter:

„Der halben last nit ab un' ret {redet} wider stark des halben, der mit *wenigstens* eiers lang ausen bleiben nit gar um sunst wer (...)".[68]

Neben dieser Heiratsangelegenheit kommen finanzielle Transaktionen innerhalb der Familie zur Sprache. Außerdem bittet er sie bei Abraham Ries um Fürsprache für seinen Vater. Abraham Ries, häufig auch Abraham Öttingen genannt, war als Schwiegersohn des Veit Munk einer der vermögendsten und einflußreichsten Wiener Juden um 1620.[69]

Während des Abfassens dieses Schreibens erhielt Israel einen Brief seiner Schwiegermutter und antwortete sofort. Noch einmal kommt die Heiratsvermittlung zur Sprache. Es stellte sich heraus, daß die Gerüchte über den einen Heiratskandidaten nicht zutrafen und Lipman Heller deshalb weiter vollstes Vertrauen in Edel haben werde. Sie solle die Sache nun zu Ende bringen, damit der Fall erledigt sei. Weiters läßt er sich noch im Namen seiner Frau für ein übersandtes Leinenhemd und einen Rock bedanken. Gleichzeitig bittet er darum, nichts mehr für seine Frau in Wien zu kaufen, da sie selbst sagt, daß man ihr nichts recht machen könne. Abschließend meint er noch einmal zur Ehevermittlung:

"Liebe mum, last nit anderst tun, es sei den das *Vermittlungsgeld* vor an zu geben, nit anderst, den ich ver mein, mir haben es wol verdint."[70]

An der Serie dieser drei Briefe zeigt sich die Inanspruchnahme von Familienmitgliedern zur Ehevermittlung. Dafür wurde ein Honorar gezahlt, noch dazu, wenn es sich – wie in diesem Fall wahrscheinlich – um eine professionelle Heiratsvermittlerin handelte. Weiters wird der Versuch deutlich, für die Kinder – sowohl bezüglich der sozialen Stellung wie auch des finanziellen Hintergrunds – eine „gute Partie" zu ermöglichen.[71] Daneben fällt das geringe Alter der zukünftigen Braut wie auch des möglichen Bräutigams auf. Somit wurde vorerst eine Eheanbahnung vermittelt, die Hochzeit sollte erst einige Jahre später stattfinden.[72]

Eheschließung ist nicht nur in diesen drei Briefen ein wesentliches Thema. Auch in einigen anderen zeigt sich die Heirat als wichtiger Punkt im familiären Leben. So schreibt der Prager Jude Baruch Reiniger an seine Tochter und seinen Schwiegersohn in Wien, daß Traune, eine weitere Tochter, bald heiraten wird:

„(...) un' nemt ein fein jungen. Er is mein bruder Abram weibs bru-

> der son, der vater hat geheisen Leb, er heist Hoschea un' hat epes *einen Besitz* an haus un' *einen Besitz* auf den tendel mark un' ein kram *auf dem Fleischmarkt* un' ich sol mit geben 250 (…)".[73]

Er erkundigt sich, ob ihm der Schwiegersohn nicht ein wenig aushelfen könnte, da es um sein eigenes Vermögen zu diesem Zeitpunkt nicht zum Besten bestellt sei, außerdem alle Kinder krank gewesen seien und Traune am schwersten. Bevor Baruch alle grüßen läßt, schreibt er noch:

> „Traune lat dich ser beten, du solst ir nit ver gesen, wen sie schon solt hiz *Hochzeit* haben, doch wer ich im doch musen die helft von der *Mitgift* schuldig bleiben, bis *G. g. s. e.* {Gott, gelobt sei er} wert weiter helfen."[74]

Hier zeigt sich, daß die Hilfe geradezu eingefordert wird und zwar mit einer Formulierung, die ein schlechtes Gewissen beim Empfänger verursachen soll, wenn er sich nicht seiner kleinen Schwägerin annimmt.

Ein weiteres Beispiel für die Art der Eheanbahnung und auch die Werte, die dabei wichtig waren, ist Brief Nr. 29.[75] Dieses Schreiben von Juda Löb an seinen Onkel Abraham Cohen-Rapa befaßt sich mit dem Gerücht, daß Abrahams Schwiegervater einen kenntnisreichen Schwiegersohn aus einer alten Familie suche. Juda Löb hätte einen solchen zur Hand:

> „Nun is hie ein Aschkenesle, lernt hie, is *sehr kenntnissreich* un' *sehr klug, schön von Gestalt*, ganz jung, is iber *15 Jahre* nit alt, is von *alt angesehener Familie*, es heist Lipman, *Sohn des Ha-Raw Rabbi Sanwel, Sohn des Morenu ha-Raw Rabbi Ascher, genannt Rabbi Lemlin, gewesenen Oberrabbiners in den schwäbischen Landen, Sohnes des vornehmen Simeon Günzburg.*"[76]

Der Verfasser zählt in Folge die weitere Verwandtschaft und ihre Funktionen auf. Außerdem sei der Vater sehr reich und habe nur noch zwei weitere Söhne, so daß der Sohn sowohl von ihm wie auch vom Großvater mütterlicherseits ausreichend erben werde.

> „Der vater wil in geben noch *tausend Gulden* un' *dein Schwiegervater* sol geben *25 hundert bar* un' ein *Halbscheidvertrag* auf *3 tausend.*"[77]

Der Empfänger soll mit dem Schwiegervater darüber sprechen, jedoch niemanden zusätzlich miteinbeziehen. Sollte der Schwiegervater kein Interesse haben, dann soll Abraham Cohen-Rapa die

Sache einem anderen vorschlagen. In diesem Schreiben zeigt sich noch deutlicher als in der Ehesache des Jomtov Lipman Heller, daß Heirat in allen Belangen als einträgliches Geschäft gesehen wurde, das dem jeweiligen Kind, aber auch der Familie insgesamt nützen sollte, da die Beziehungen und die Stellung der neuen Verwandtschaft in Zukunft hilfreich sein konnten.[78] Es ging nicht um Sympathie oder eine emotionale Bindung des Paares, sondern um einen gleichbleibenden sozialen und finanziellen Status oder sogar dessen Verbesserung.

Ergebnisse und Ausblick

Die Inhalte der Briefe bringen bezüglich der familienhistorischen Aspekte keine neuen Erkenntnisse über die jüdische Familie im frühen 17. Jahrhundert, sie bestätigen jedoch eindrücklich die bisher gewonnenen Ergebnisse. Die Brieftexte spiegeln wider, was Jacob Katz in seinem Buch „Tradition and Crises“ über die jüdische Familie am Ende des Mittelalters berichtet.[79] Es zeigen sich Kleinfamilien – Vater, Mutter, Kinder; Dienstboten werden kaum erwähnt, obwohl sie vorhanden waren – mit regem Kontakt zur Verwandtschaft, deren Mitglieder – vor allem frisch verheiratete Paare und Kinder aus Vorehen – für gewisse Zeiten in die Familie aufgenommen wurden.

Die Briefe weisen weiters auf die engen Verbindungen zwischen der großen Prager und der relativ kleinen Wiener Gemeinde im frühen 17. Jahrhundert hin. Die ab den siebziger Jahren des 16. Jahrhunderts wieder entstehende Wiener jüdische Gemeinde bestand zu einem Teil aus Juden, die ursprünglich aus Prag gekommen waren oder zumindest dorthin verwandtschaftliche Beziehungen unterhielten.

Durch die Schilderung von Sorgen, Nöten, Ängsten und Problemen wird ein kurzer Augenblick realen Lebens faßbar. Als wesentliche Themen kristallisieren sich familiäre Hilfsbereitschaft, Eheschließung, Gelehrsamkeit und verschiedene Geschäfte heraus. Daneben zeigen sich Familienstrukturen, die Rollenverteilung innerhalb der Familie und die Auswirkungen politischer Ereignisse auf das Alltagleben der Prager und Wiener Juden.

Jüdisches Familienleben in der Frühen Neuzeit stellt sich als komplexes Verhältnis von nahen und entfernt verwandten Familienmitgliedern dar, als Geben und Nehmen in einer relativ abgeschlossenen Gemeinschaft, die über die Grenzen der jüdischen Gemeinde einer Stadt hinaus in andere Gemeinden hineinreichte.

Wie sehr sich die jüdischen Familienstrukturen und Erwartungshaltungen an die Familie von der christlichen Gesellschaft unterschieden oder mit dieser vergleichbar sind, ist nicht feststellbar. Hierzu fehlen Einzeluntersuchungen, die Auskünfte geben könnten, ob aufgrund verschiedener gesellschaftlicher Voraussetzungen und der ausgegrenzten jüdischen Existenz in einem Ghetto, wie es in Prag existierte, familiäre Entwicklungen gleichläufig oder unterschiedlich waren. Die Analyse der Privatbriefe hinsichtlich der familiären Aspekte ist somit als Ansatz zu verstehen, neue Erkenntnisse über die Familie, im speziellen die jüdische Familie, in der Frühen Neuzeit zu präsentieren.

Anmerkungen

1 Alfred LANDAU, Bernhard WACHSTEIN, Jüdische Privatbriefe aus dem Jahre 1619. Wien – Leipzig 1911 (Quellen und Forschungen zur Geschichte der Juden in Deutsch-Österreich 3), S. XIX-XX.

2 Zum Beispiel Franz KOBLER, Juden und Judentum in deutschen Briefen aus drei Jahrhunderten. Wien 1935, der wiederum auf den allgemein interessanten Inhalt verweist und vier Briefe (S. 19-25) in sprachlich modernisierter Version wiedergibt. Erika TIMM, Zwei neuaufgefundene jiddische Briefe von 1602 und ihre Bedeutung für die Sozial- und Sprachgeschichte. In: Aschkenas. Zeitschrift für Geschichte und Kultur der Juden 4/2 (1994), S. 449-468, zieht die Edition von LANDAU, WACHSTEIN als Vergleichsmaterial für die sprachliche Analyse heran.

3 LANDAU, WACHSTEIN, Privatbriefe (wie Anm. 1), S. XVI.

4 Ebda, S. XXVI.

5 Ebda, S. XVI.

6 Zu formalen Kriterien der Briefe, zu einzelnen Verfassergruppen sowie eine sprachliche Analyse siehe ebda, S. XX-XLVI.

7 LANDAU, WACHSTEIN haben für 13 Briefe mit Sicherheit Frauen als Schreiberinnen nachgewiesen, sechs Briefe wurden sicherlich von Männern aufgezeichnet. Für die restlichen Briefe bleibt eine Unsicherheit in dieser Frage

bestehen. Vgl. ebda, S. XX-XXI.

8 Leb Lucerna bzw. Jehuda Löb Maor Katan war der Bruder Mirjams und damit Sohn des Arztes Moses Maor Katan. Er lebte in Wien und starb 1635. Siehe zu seiner Person Bernhard WACHSTEIN, Die Inschriften des alten Judenfriedhofes in Wien. 1. Teil: 1540 (?) - 1670. Wien - Leipzig 1912 (Quellen und Forschungen zur Geschichte der Juden in Deutsch-Österreich 4/1), S. 162-164, Nr. 210, und für weitere genealogische Erklärungen LANDAU, WACHSTEIN, Privatbriefe (wie Anm. 1), S. 1-2, Anm. 1 und 4.

9 Siehe S. 54-55.

10 LANDAU, WACHSTEIN, Privatbriefe (wie Anm. 1), Brief Nr. 1, S. 1-3, hier S. 2. Die Wiedergabe der Textstellen aus einzelnen Briefen folgt der Transkription durch LANDAU, WACHSTEIN. Ergänzungen in eckigen Klammern sind ebenso von LANDAU, WACHSTEIN wie kursiv gesetzte Worte, die die übersetzten hebräischen Teile der Briefe wiedergeben. Ergänzungen in geschwungenen Klammern geben Auflösungen von Abkürzungen oder Erklärungen zu Worten nach LANDAU, WACHSTEIN wieder. Nur die Großschreibung am Satzanfang wurde von der Verfasserin eingefügt. Auslassungen durch die Verfasserin sind durch (...) gekennzeichnet. Im übrigen ist der Hinweis von LANDAU, WACHSTEIN, daß manche Textstellen erst verständlich werden, wenn sie laut gesprochen werden, höchst nützlich für den Umgang mit dem Material.

11 Ebda, S. 3.

12 Ebda.

13 Siehe dazu Sabine HÖDL, Zur Geschichte der Juden in Österreich unter der Enns 1550-1625. Unveröff. Diss., Wien 1998, S. 230-234 und den Stammbaum im Anhang, ebda, S. 288.

14 LANDAU, WACHSTEIN, Privatbriefe (wie Anm. 1), Brief Nr. 2, S. 4-7, hier S. 5.

15 Ebda.

16 Ebda, S. 6.

17 Wiedergegeben nach Sylvie Anne GOLDBERG, Crossing the Jabbok. Illness and Death in Ashkenazi Judaism in Sixteenth- through Nineteenth-Century Prague. Berkeley - Los Angeles - London 1996, S. 227-228: Rulings and Practices of the Sages of our Community of Prague, issued in the Month of Tishri 5372 [1611]. A Prague ruling of 1611: I. RIVKIND, *Reshumot.*

18 LANDAU, WACHSTEIN, Privatbriefe (wie Anm. 1), Brief Nr. 45A, S. 89-92, hier S. 90.

19 Ebda, Brief Nr. 46, S. 93-97, hier S. 94.

20 Ebda, Verzeichnis Nr. 47, S. 97-98. Siehe dazu auch die Erklärungen von LANDAU, WACHSTEIN auf S. XXIX.

21 Siehe S. 64 mit Anm. 54.

22 LANDAU, WACHSTEIN, Privatbriefe (wie Anm. 1), Brief, Nr. 10, S. 29-30, hier S. 29.

23 Siehe dazu ebda, Brief Nr. 3A und 3B, S. 7-15 (Geschäfte, Studium); ebda,

Brief Nr. 20A und 20B, S. 49-50 (Eheschließung) und ebda, Brief Nr. 45A und 46, S. 89-92 und 93-97 (Geschäfte).

24 Brief der Henele, Tochter des Abraham ha-Levi Heler, an ihre Schwester Bona und deren Mann Simon Wolf Auerbach, ebda, Brief Nr. 6A, S. 18-21, und Brief derselben an die Kinder ihrer Schwester, ebda, Brief Nr. 6B, S. 22-24; Brief der Blümel, Tochter des Juda Flekels SgL, an ihren Bruder Schechna, ebda, Brief Nr. 37, S. 76-77; Briefe der Sarel an ihren Mann Löb Sarel Gutmans, ebda, Brief Nr. 45A und 46, S. 89-92 und 93-97.

25 Siehe S. 53.

26 Siehe Anm. 14.

27 Vgl. dazu Jacob KATZ, Tradition and Crisis. Jewish Society at the End of the Middle Ages. New York 1993, S. 126.

28 LANDAU, WACHSTEIN, Privatbriefe (wie Anm. 1), Brief Nr. 22, S. 55-57, hier S. 56.

29 Ebda, Brief Nr. 37, S. 76-77, hier S. 77.

30 Ebda, Brief Nr. 12, S. 32-33.

31 Ebda, Brief Nr. 35, S. 74-75.

32 Ebda, Brief Nr. 34, S. 72-74, hier S. 73.

33 Ebda, S. 74. „Ari" meint wohl den Namen der Familie, über die die Tochter Bescheid wissen möchte.

34 Vgl. dazu KATZ, Tradition (wie Anm. 27), S. 128-129.

35 Tamara K. HAREVEN, Formen, Funktionen und Werte. In: Tamara K. HAREVEN, Michael MITTERAUER, Entwicklungstendenzen der Familie. Wien 1994 (Wiener Vorlesungen im Rathaus 43), S. 14-38, hier S. 23.

36 Siehe S. 53-55 und 57-58.

37 Brief des Juda Löb an seinen Vater Moses Jeremia Gerschon Cohen-Rapa und seine Stiefmutter Bela in Wien, LANDAU, WACHSTEIN, Privatbriefe (wie Anm. 1), Brief Nr. 28, S. 61-63, hier S. 62; zwei zusammenhängende Briefe des Salomon Auerbach an seinen Sohn Pinchas und dessen Frau Gutrud, ebda, Brief Nr. 11, S. 30-32, hier der zweite Brief, S. 31.

38 Freiherr von KRAFFT-EBING, Zur Geschichte der Pest in Wien 1349-1898. Vortrag gehalten im Wiener Volksbildungsverein am 17. 1. 1899. Leipzig – Wien 1899, S. 15: „Von da ab [1570] bis 1679 war Wien von dieser schrecklichen Heimsuchung [der Pest] verschont." Hilde SCHMÖLZER, Die Pest in Wien. „Deß wütenden Todts ein umbständig Beschreibung ...". Wien 1985, S. 70: „1586 starben alle Schwestern des Wiener Himmelpfortklosters, 1625 flüchtete Kaiser Ferdinand II. aus Wien nach Wiener Neustadt und 1630 mußten wegen einer Epidemie neuerlich Universitätsferien verordnet werden."

39 Britta Sigrid OBERTHALER, „... bißweilen muß Gott an den bösen Leuthen Rach nehmen ...". Die sozialdisziplinierenden Auswirkungen der Pest als „Strafe Gottes". Unveröff. Diplomarbeit, Wien 1991, S. 5, Erlaß von Infektionsordnungen für Wien im 17. Jahrhundert: 1614, 1617, 1627, 1630, 1644,

1653, 1654, 1655, 1656, 1659, 1679 und 1680. „Wenn auch nicht jede Seuche so viele Opfer forderte (...) zeugen die häufigen Pesterlässe vom fast ständigen Auftreten der Pest (...)".

40 LANDAU, WACHSTEIN, Privatbriefe (wie Anm. 1), Brief Nr. 13, S. 33-35, hier S. 34. Der 12. Tischri [5380] war der 20. September 1619, ein Freitag.

41 Ebda, Brief Nr. 45A, S. 89-92, hier S. 92. Auch im Schreiben des Salomon Auerbach an seinen Sohn Pinchas und dessen Frau Gutrut, ebda, Brief Nr. 11, S. 30-31, hier S. 30, werden an Blattern Verstorbene erwähnt.

42 Brief des Secharja, genannt Mendel, Sohn des Benjamin, an seine Schwester Bela und ihren Mann Gerschon Cohen-Rapa, ebda, Brief Nr. 27, S. 60-61, hier S. 60.

43 Siehe dazu ausführlicher Karl GUTKAS, Niederösterreich im Dreißigjährigen Krieg. St. Pölten 1987 (Wissenschaftliche Schriftenreihe 80), S. 9-13; Heinrich LUTZ, Reformation und Gegenreformation. München – Wien 1982, 2. Aufl. (Oldenbourg Grundriß der Geschichte 10), S. 104-105; Erich ZÖLLNER, Geschichte Österreichs. Von den Anfängen bis zur Gegenwart. Wien 1990, 8. Aufl., S. 210-212. Weiters auch HÖDL, Geschichte (wie Anm. 13), S. 12-14.

44 LANDAU, WACHSTEIN, Privatbriefe (wie Anm. 1), Brief Nr. 45A, S. 89-92, hier S. 91. Der hier genannte Heidelberger König war Friedrich V. von der Pfalz, Führer der 1608 gegründeten protestantischen Union, den die böhmischen Landstände im August 1619 zum König krönten.

45 Ahron Maor Katan schreibt von Gründen, „die ich iber feld nit will schreiben", ebda, Brief Nr. 2, S. 4-7, hier S. 5. Ein weiterer Hinweis im Brief von Henele, Tochter des Abraham ha-Levi Heler an ihre Nichten und Neffen in Wien. Ebda, Brief Nr. 6B, S. 22-24, hier S. 23: „(...) das nischt im *geheimen* bleibt (...)". Secharja, genannt Mendel, schreibt an seine Schwester Bela und deren Mann Gerschon Cohen-Rapa in Wien: „Sonst libe schwester, wis, das ich hab *die [Geheim-]sprache* verloren, was ich mit dir mit anander hab, drum tu nit anders un' schik mir es mit imanten gewis wider her *die* [*Geheim-*]*sprache*, den man kann nit aso ales teisch {deutsch} iber feld schreiben (...)." Ebda, Brief Nr. 27, S. 60-61, hier S. 60.

46 Ebda, Brief Nr. 45A, S. 89-92, hier S. 91.

47 Vorfälle von Plünderungen durch Soldaten während des Dreißigjährigen Krieges sind bekannt. Vgl. GOLDBERG, Crossing (wie Anm. 17), S. 59 mit Anm. 60. Ob es von seiten der christlichen Bewohner Prags um 1619 gegen die Juden gerichtete Aktionen gab, ist nach der Literatur nicht eruierbar.

48 Brief der Kele, Tochter des Auberl Auerbach, an ihren Oheim Israel Auerbach, LANDAU, WACHSTEIN, Privatbriefe (wie Anm. 1), Brief Nr. 7A, S. 24-25, hier S. 25.

49 HÖDL, Geschichte (wie Anm. 13), S. 208. Dort auch weiterführende Literatur zur Thematik.

50 Manfred VASOLD, Pest, Not und schwere Plagen. Seuchen und Epidemien vom Mittelalter bis heute. München 1991, S. 136.

51 LANDAU, WACHSTEIN, Privatbriefe (wie Anm. 1), Brief Nr. 3A, S. 7-14, hier S. 7-8.

52 Morenu: „Ein Gelehrtentitel, der Talmudbeflissenen von einem Rabbiner verliehen wird, und der ihrem Namen beim Aufruf zur Toravorlesung in der Synagoge und bei schriftlichen Anreden oder Erwähnungen des Namens (...) vorgesetzt wird." Jüdisches Lexikon IV/1, Sp. 290 und 293.

53 LANDAU, WACHSTEIN, Privatbriefe (wie Anm. 1), Brief Nr. 3A, S. 7-14, hier S. 13.

54 Ebda, Brief Nr. 3B, S. 14. Ein Schlafpelz war ein mit Fell gefütterter Schlafrock. Jacob und Wilhelm GRIMM, Deutsches Wörterbuch, Bd. 15, Sp. 304. „Zichlich" dürfte eine Form des Wortes Zieche (f.) bzw. Züche (f.) sein, das eine sackartige Hülle, im besonderen für Betten, d. h. einen Bettüberzug bezeichnet. Ebda, Bd. 31, Sp. 893 ff. und Bd. 32, Sp. 255 f.

55 LANDAU, WACHSTEIN, Privatbriefe (wie Anm. 1), Brief Nr. 4, S. 15-16, hier S. 15.

56 Ebda, Brief Nr. 5, S. 16-17, hier S. 16.

57 LANDAU, WACHSTEIN, Privatbriefe (wie Anm. 1), Brief Nr. 18A, S. 44-45.

58 Ebda, Brief Nr. 18B, S. 45-47, hier S. 46.

59 Meir Epstein an seinen Schwiegervater Löb Sarel Gutmans, ebda, Brief Nr. 45B, S. 93.

60 Ebda, Brief Nr. 32, S. 69-72.

61 LANDAU, WACHSTEIN gehen davon aus, daß es sich bei Gabriel um Samuels Sohn handelte, siehe ebda, S. 69, Anm. 6. Es ist jedoch wahrscheinlicher, daß er der Sohn von Samuels Tochter Schöndel und ihrem Mann Moses ben Pessach war, der nach dem Großvater, d. h. dem Vater Samuels, genannt wurde.

62 Ebda, S. 70, Anm. 8: „Am Freitagabend vor der Beschneidung wurden die in der Schule Anwesenden nach dem Gottesdienste durch den Schames zum ‚Sachor' in das Haus des Kindesvaters eingeladen, wo eine Bewirtung der Gäste stattfand."

63 Ebda, S. 69-70. Die im letzten Satz genannten Verhärtungen in der Brust weisen auf einen Milchstau bei der Mutter hin. Da der Text schwer verständlich ist, hier einige Angaben zu einzelnen Worten: krischen = gekreischt, geschrien, vielleicht als Substantiv „Kreißen" aufzufassen; hat man gleich *Sonntag die Vorsteher und die übrigen Würdenträger* drinen gemacht" = Abhaltung einer Vorsteherwahl; per schaun = Personen; men = mehr; kargst = aufs sparsamste; seigen = säugen, stillen; wen man was, (...), der zu wist, as sie kent zu treiben, wer gut = wenn man jemanden wüßte, der weiß, wie man [den Milchstau] auflösen, beseitigen kann, wäre es gut.

64 Ebda, Brief Nr. 20A, S. 49. Rabbi Jomtov Lipman Heller, Schüler des Hohen

Rabbi Löw von Prag, wurde 1594, mit 18 Jahren, Assistent des Prager Rabbiners und blieb dies bis 1624. In diesem Jahr wurde er als Rabbiner nach Nikolsburg berufen, danach nach Wien, wo er bis 1627 amtierte. 1627 wurde er als Rabbiner nach Prag geholt, wo er ab 1609 ein eigenes Haus besaß. Bereits nach einem halben Jahr in Prag wurde er mit schweren Vorwürfen konfrontiert, die zu seiner Verhaftung und einem Prozeß wegen angeblicher Schmähung des christlichen Glaubens führten. Diese Vorfälle beschrieb er in seinem autobiographischen Bericht *Megilath ebah*. Nachdem er die Todesstrafe in eine Geldstrafe umwandeln konnte und diese bezahlt hatte, ging er nach Polen. Siehe dazu GOLDBERG, Crossing (wie Anm. 17), S. 69-70 mit weiterführender Literatur und Nennung der Hauptwerke des Rabbiners; LANDAU, WACHSTEIN, Privatbriefe (wie Anm. 1), S. 49, Anm. 1; HÖDL, Geschichte (wie Anm. 13), S. 171, Anm. 610.

65 LANDAU, WACHSTEIN, ebda, Brief Nr. 20B, S. 50.

66 Zu den genealogischen Beziehungen siehe HÖDL, Geschichte (wie Anm. 13), S. 287-289, Stammbäume der Familie Theomim/Munk.

67 LANDAU, WACHSTEIN, Privatbriefe (wie Anm. 1), Brief Nr. 21, S. 51-55, hier S. 52.

68 Ebda.

69 HÖDL, Geschichte (wie Anm. 13), S. 232.

70 LANDAU, WACHSTEIN, Privatbriefe (wie Anm. 1), S. 55.

71 Zu den Voraussetzungen für eine Ehe und deren Zustandekommen siehe ausführlich KATZ, Tradition (wie Anm. 27), S. 116-124.

72 Ebda, S. 116.

73 LANDAU, WACHSTEIN, Privatbriefe (wie Anm. 1), Brief Nr. 14, S. 35-37, hier S. 36. Der „tendel mark" war der sogenannte Tandelmarkt in Prag. Er „befand sich in der Galli-Gasse an der Nordseite der St. Gallus-Kirche. In einigen Häusern hatten die Juden Gewölbe und Verschläge zum Lagern der Waren gemietet. In den Laubengängen dieser Häuser und in ihrer Nähe hatten sie ihre Kramstellen, Sitzstühle und Buden, wo sie ihre Waren feilhielten. Dafür mußten sie den Hausbesitzern eine sicher nicht unbeträchtliche Summe bezahlen. Auch der Altstädter Magistrat ließ sich die Handelsbefugnis für den Tandlmarkt gut bezahlen. Der Verkauf von Pelzwerk, Kleidungsstücken und anderen Waren waren ihnen durch Sonderprivilegien gestattet." Milada VILÍMKOVÁ, Die Prager Judenstadt. Brno 1990, S. 75.

74 LANDAU, WACHSTEIN, Privatbriefe (wie Anm. 1), S. 36-37.

75 Ebda, S. 64 (unvollständig) und Nachtrag zu Alfred LANDAU, Bernhard WACHSTEIN, Jüdische Privatbriefe aus dem Jahre 1619. Wien - Leipzig 1911 (Quellen und Forschungen zur Geschichte der Juden in Deutsch-Österreich 3), mitunter dem Buch beigebunden, S. d-f.

76 LANDAU, WACHSTEIN, ebda, S. e.

77 Ebda. Ein Halbscheidevertrag ist eine Urkunde, „durch welche der Vater sei-

ner Tochter die Hälfte eines einfachen männlichen Erbteiles (...) verschreibt". Ebda, S. 10, Anm. 21, mit weiteren Ausführungen zu diesem Rechtsinstitut.

78 Als Beispiel siehe dazu die Verbindungen der Familie Munk in Wien in HÖDL, Geschichte (wie Anm. 13), S. 232.

79 KATZ, Tradition (wie Anm. 27), Kapitel 14, The Family, S. 113-124, und Kapitel 15, The Extended Family, S. 125-131.

80 Zu einzelnen aus Prag stammenden Wiener Juden siehe HÖDL, Geschichte (wie Anm. 13), S. 230-232 (Familie Munk).

Hofjudenfamilien unter dem Einfluß von Akkulturation und Assimilation

Rotraud Ries

Die jüdische Familie als Forschungsobjekt steht im Schnittpunkt – oder doch eher im Windschatten – der mit jüdischen Themen befaßten Historiographie und der modernen sozialhistorischen Familienforschung. Sie wird von beiden nicht sonderlich beachtet und belegt damit einmal mehr die Wahrnehmungsstörungen zwischen den Forschungen zur jüdischen Geschichte der Vormoderne in Deutschland und moderneren geschichtswissenschaftlichen Diskursen wie der Sozial-, Alltags- und Mentalitätsgeschichte und der Historischen Anthropologie.[1] Ein schlechter Forschungsstand in der jüdischen Familiengeschichte braucht also, trotz einiger Fortschritte der letzten Jahre,[2] kaum noch eigens betont zu werden.

Dies gilt auch für eine systematische Analyse der Hofjudenfamilien, obwohl die Hofjuden selbst zumindest innerhalb des Forschungsfeldes „Jüdische Geschichte in der frühen Neuzeit" vergleichsweise intensiv bearbeitet worden sind.[3] Dabei hat vor allem die ältere jüdische Biographie-Forschung und Familiengeschichte bis in die dreißiger Jahre hinein wichtige Informationen zusammengetragen. Diese wurden in den letzten zwanzig Jahren in den zum Teil für ein breiteres Publikum geschriebenen Biographien über die bekanntesten und schillerndsten Figuren und in den Ausstellungskatalogen aufgewärmt oder neu gesichtet und durch neue Recherchen ergänzt.[4] Die intensivierten regionalen und lokalen Forschungen haben gerade auch zu weniger bekannten und bedeutenden Hofjuden und ihren Familien in zumeist kleinen Territorien einiges Neue beigetragen.[5] Das umfangreiche, wegen seiner teilweise antisemitischen Stoßrichtung nur als Materialsammlung brauchbare Standardwerk von Heinrich Schnee bietet hingegen Informationen zu den Hofjudenfamilien nur dann, wenn sie in den etatistischen Kontext des Werkes gehören, also etwa wenn die Söhne eines Hofjuden als dessen Nachfolger antreten konnten.[6]

Hofjuden waren jüdische Kaufleute, deren Geschick, Durchsetzungsvermögen, Diensteifer und Risikobereitschaft, Herkunft und Beziehungen ihnen ermöglichten, in ein auf Kontinuität angelegtes Dienstleistungsverhältnis zu einem höfisch strukturierten Herrschaftszentrum zu treten. Ihr Wirken konzentrierte sich auf die Territorialfürstentümer des Deutschen Reiches, mithin auf den mitteleuropäischen Raum zwischen etwa 1650 und 1820. Ihr Tätigkeitsspektrum reichte von einfachen Hoflieferungen und Dienstleistungen bis hin zur Finanzorganisation des Staates, umfaßte Heereslieferungen, Subsidiengeschäfte, Luxus- und Juwelenlieferungen, den Betrieb von Münzprägestätten, diplomatische Missionen und vieles andere.

Die Familiengeschichte hat zwischen dem Platz, den die Familie im „gesellschaftlichen Produktions- und Verteilungssystem" einnahm und der „Qualität familialen Lebens und Arbeitens" einen engen Konnex nachweisen können.[7] So gingen Annäherungen an die christliche Hofgesellschaft, Grenzverwischungen, über den Durchschnitt hinausreichende rechtliche Entfaltungsmöglichkeiten und ein Lebensstil, der den durch Hofgeschäfte erworbenen Reichtum dazu nutzte, sich mit manchen Attributen adeligen Lebens und Repräsentierens auszustatten, an den Hofjudenfamilien nicht spurlos vorüber. Und dies zu einer Zeit, als allmählich wachsende innerjüdische Traditionskritik und Haskala, säkularer Rationalismus und Aufklärung begannen, die bisherigen starren Grenzen zwischen Judentum und Christentum, zwischen dem Religiösen und dem Säkularen aufzuweichen und lang tradierte gesellschaftliche Wahrnehmungs- und Bewertungsmuster in Frage zu stellen.

Früher als andere Familien konnten die Hofjudenfamilien zum Ort des Wandels werden. Dies zeigen in einer mitunter besonders dramatischen Form die Strukturen, Bedingungen und Mechanismen des Wandlungsprozesses der Judenschaft und der jüdischen Familie. Den Auswirkungen von Akkulturation und Assimilation in den Hofjudenfamilien kommt somit für die Erforschung dieses Wandlungsprozesses eine größere Bedeutung zu, als dies die kleine Gruppe der jüdischen Wirtschaftselite zunächst vermuten lassen würde.

Leider ist die Auswertung der verfügbaren Daten noch nicht

weit genug vorangeschritten, um hier statistische Ergebnisse zum Wandel innerhalb der Hofjudenfamilien präsentieren zu können.[8] Und selbst wenn: Die Quantifizierung, die erst durch eine qualitative Analyse Gewicht erhält, kann immer nur ein erster Schritt sein.[9] Die Erhebung etwa der Zahl konvertierter Hofjuden-Nachkommen ist nur sehr bedingt aussagekräftig, solange nicht die Rahmenbedingungen für Konversionen, die sich in dem Zeitraum zwischen 1650 und 1820 wesentlich verändert haben, miteinbezogen werden. So ist die Taufe eines Hofjuden-Sohnes, d. h. einer Person der 2. Generation, um 1700 anders zu bewerten als die einer vergleichbaren Person um etwa 1820. Wenn also die Zahl der Konversionen um 1700 niedriger ausfällt als um 1820 – und das ist ein Faktum –, so hat das nur sehr bedingt etwas damit zu tun, daß hier Hofjuden-Nachkommen der 2. Generation miteinander verglichen werden. Aus den genannten Gründen soll meine Annäherung an die Hofjudenfamilien deren Struktur sowie Funktion gelten und auf dieser Basis anhand von Beispielen Aspekte des Wandels in den Familien beleuchten.[10]

Hofjuden rekrutierten sich in der Regel aus der jüdischen Oberschicht, für deren Entstehung und Ausdifferenzierung in der 2. Hälfte des 17. Jahrhunderts Glikl bas Juda Leib oder Glückel von Hameln als beredte Zeugin zur Verfügung steht.[11] Sie selbst gehörte, wenn auch am unteren Rande, dieser Oberschicht an. Sie belegt in ihrer Schilderung die wichtigen Kennzeichen der jüdischen Oberschicht: Wirtschaftlich-finanzieller Erfolg, eine solide Ausbildung, hohes Ansehen, Mobilität sowie regionale und überregionale verwandtschaftliche Verbindungen. Eine strenge Trennung zwischen Gelehrten- und Wirtschaftselite ist nicht gegeben. Die Wirtschaftselite bestand sowohl aus Hofjuden wie aus den wirtschaftlich besonders erfolgreichen Kaufleuten der Handelsmetropolen, allen voran Frankfurt und Hamburg.[12]

Die verwandtschaftliche Vernetzungen innerhalb der Oberschicht – das Grundgerüst des Organisationsvorteils und damit des wirtschaftlichen Erfolges der Hofjuden – war kein Spezifikum derselben. Glikl belegt durch den zentralen Stellenwert, den die Verheiratung ihrer Kinder hatte, und das Ansehen der Familien, mit denen sie sich verband, daß auch sie eine entsprechende „Heiratspolitik" betrieb. Diese umfaßte – Glikl brachte immerhin zwölf Kinder bis ins heiratsfähige Alter – bereits verwandte Familien im Raum Hameln/Hannover, in Kleve und Berlin und griff neu in die jüdische Oberschicht Frankens mit ihren Verbindungen nach Wien aus. Die älteren Söhne – auch das eine Strategie der persönlichen Vorsorge – wurden als Stütze der Mutter am Ort gehalten und mit Töchtern aus den angesehensten jüdischen Familien in Hamburg vermählt. Nur die jüngste Tochter fiel aus diesem Heiratsmuster heraus, da ihr Stiefvater in Metz Konkurs gemacht hatte und die Mutter Glikl mittlerweile verarmt war.[13] Auch die Struktur der Hofjudenfamilien unterschied sich nicht von der anderer Familien der jüdischen Oberschicht.

Familie als Begriff

Doch was heißt in diesem Kontext überhaupt „Familie"? Es sind darunter vier verschiedene Personeneinheiten subsumiert:[14]

1. Die Kernfamilie, die aus einem Elternpaar und einer unterschiedlichen Anzahl von Kindern bestand, möglicherweise auch Kinder umfaßte, die einer der beiden Elternteile bereits mit in die Ehe gebracht hatte. Dies ist z. B. bei dem Hannoverschen Hofjuden Leffmann Behrens der Fall, der Mitte der 1650er Jahre die verwitwete Jente Hameln, eine Schwägerin Glikls, heiratete. Diese hatte bereits sechs Kinder aus ihrer ersten Ehe und sollte zusammen mit Leffmann Behrens weitere drei Kinder haben. Nach ihrem Tod 1695 heiratete Leffmann noch ein zweites und ein drittes Mal.[15] Eheliche Partnerschaften, der konjugale Kern der Familie, erwiesen sich angesichts niedrigerer Lebenserwartung also mitunter als relativ fragil; eine Reihe von Verbindungen konnte einander ablösen.[16]

2. Als Familie wird auch die Verwandtschafts-Familie bezeichnet, d. h. Blutsverwandte der Kernfamilie, auf deren Reichweite hier nicht weiter eingegangen werden kann. Versorgungsbedürftige, alte oder kranke Personen aus der Verwandtschaft, vor allem alte Eltern, Geschwister, Tanten, Onkel etc. fanden sich angesichts fi-

nanzieller Potenz und großzügiger räumlicher Möglichkeiten bevorzugt bei den Hofjuden ein. Hinzu kamen jung verheiratete Kinder, denen oft vertraglich Wohnrecht und Lebensunterhalt für mindestens zwei Jahre bei einem der Elternpaare eingeräumt wurde.[17] In Leffmann Behrens Haus in Hannover beispielsweise finden wir seinen Schwiegervater Joseph Hameln und dessen Frau bis zu deren Tod, später dann Leffmanns Tochter Gnendel mit ihrem Ehemann, dem berühmten Rabbiner und Bibliotheksbesitzer David Oppenheimer.[18]

3. Zum Haushalt gehörten außer der Kernfamilie und einigen Verwandten die im Hause lebenden und in der Regel auch dort tätigen Bedienten, Knechte, Mägde, Ammen, Privatlehrer und gelegentlich Rabbiner. Hinzu kamen noch nicht verwandte Kinder oder Waisenkinder, die in den Haushalt aufgenommen worden waren.[19] In partiell struktureller Nähe zu den nichtjüdischen Familien hing auch die Haushaltsgröße der jüdischen Familien in der frühen Neuzeit nicht so sehr von der Fruchtbarkeit ab, sondern vom Vermögen und der gesellschaftlichen Macht, die es erlaubten, „mehr als nur die Nachkommenschaft unter einem Dach zu versammeln".[20]

4. Zur Familie als Schutzeinheit zu zählen – und dies ist natürlich eine Besonderheit der jüdischen Familien – sind schließlich weitere Personen, die außerhalb des Haushalts wohnten: Mitarbeiter im Geschäft – Geschäftsdiener, Geschäftsführer, Schreiber, Buchhalter etc. –, deren Rang und Selbständigkeitsgrad gegenüber der christlichen Verwaltung bewußt verschleiert wurden. Gerade die Größe der Schutzeinheit zeigt sich nämlich abhängig vom Grad der Ansiedlungsrestriktionen: Wo z. B. wie in Wien oder Dresden ausschließlich Hofjuden zugelassen waren, versteckten sich unter deren Schutz eine ganze Reihe weiterer, zum Teil mit ihnen verwandter Personen oder Familien. So ist es zu erklären, daß „Familiengrößen" von 40, 60 oder sogar mehr Personen zustandekamen.[21]

Die Kernfamilie stellt mithin nicht allein den biologischen, sondern auch den ökonomischen und gesellschaftlich-kulturellen Nukleus der Haushalts- und Schutzeinheit dar, an deren Spitze nach Maßgabe der bei Christen wie Juden gleichermaßen verbreiteten patriarchalischen Familienstruktur der (Ehe-)Mann als Haushaltungsvorstand figurierte.

Wandlungsprozesse

Wandel ist zeitabhängig, und die Dimension Zeit bzw. Zeiteinheit übersetzt auf die Familie verweist auf die Generation. Im Falle der Hofjuden möchte ich mich deshalb zunächst der ersten Generation widmen, den Aufsteigern. Dem Zeitraster folgend muß man hier sogar von Generationen sprechen, denn der Aufstieg der Hofjuden vollzog sich regional variierend im Laufe eines Jahrhunderts zwischen etwa 1660 und 1760. Vor allem die süd- und südwestdeutschen Territorien weisen hier eine gewisse Entwicklungsverzögerung auf, die auch Auswirkungen auf den Verlauf der Akkulturation hatte.

In der Regel gehörten die Aufsteiger den regionalen jüdischen Eliten an, waren folglich gut ausgebildet, mobil und verfügten über die für die Oberschicht typischen weiträumigen verwandtschaftlichen Vernetzungen. Um in Kontakt mit dem Hof oder seinen Beamten zu treten und vor allem, diesen Kontakt zu stabilisieren, gehörte weiters ein gewisses Quantum Glück, Hartnäckigkeit und insbesondere ökonomische Professionalität, wenn nicht Genialität, die auf entsprechende Bedürfnisse auf seiten des Fürsten, seines Hofes und Heeres stießen.[22] Konkret bedeutete dies, daß der Jude bereits nach seiner religiösen Ausbildung jung mit einer ebenfalls sehr jungen Frau verheiratet wurde, die seinem Status und seiner Vermögenslage entsprach. Nach der Heirat lebte er noch mindestens zwei Jahre bei Eltern oder Schwiegereltern, um weiter zu lernen oder erste geschäftliche Erfahrungen zu sammeln. Das nötige Kapital, um sich danach geschäftlich selbständig zu machen, hatten er und seine Frau bei der Eheschließung erhalten, durch Beziehungen konnten sie über weitere ökonomische Ressourcen verfügen. Nun kam es auf seine Geschicklichkeit an, wie er diese Voraussetzungen gewinnbringend nutzen konnte.

Kennzeichen gerade der Aufsteigergeneration war die starke Dynamik ihrer Geschäftsentwicklung, die sich ökonomische Bedürfnisse oder wenigstens Scheinbedürfnisse von Hof und Heer zunutze machte und damit auch einiges Veränderungspotential in die Familie einbrachte.

Die häufige Abwesenheit des Familienoberhaupts in geschäftlichen Angelegenheiten war für jüdische Kaufleute gleich welcher Stellung normal. Deshalb wird zu Beginn des Aufstiegsprozesses auch die Frau des Hofjuden während der Abwesenheit des Mannes mit dem Geschäft befaßt gewesen sein, bevor das Kontor durch kompetente Mitarbeiter an Umfang und Selbständigkeit gewann. Dadurch wurde die Frau, wie auch tendenziell ihr Mann, wieder eher abkömmlich.

Die Dynamik beschränkte sich nicht auf Geschäft und Kontor, sondern ließ mit steigenden ökonomischen Möglichkeiten auch Haushalt und Raumbedarf wachsen: Das Haus des Hofjuden benötigte mit zunehmenden Aufgaben und einer vielleicht ebenfalls wachsenden Kinderzahl mehr Personal, wurde zum Treffpunkt nicht nur für Geschäftspartner, sondern hier lebten über längere Zeiträume Rabbiner, wurden Reisende und Arme regelmäßig unterstützt und fanden sich gelegentlich zu Festen sogar hochrangige christliche Besucher ein.[23] Reichtum und Privilegien erlaubten den Hofjuden, umfangreiche Immobilien zu erwerben, Häuser, wenn nicht Paläste zu bauen und Gärten mit Fontänen und Statuen anzulegen. Auch im Inneren wurden diese Häuser architektonisch und künstlerisch so gestaltet und ausgestattet, wie es die Hofgesellschaft in ihren Anwesen vormachte.[24]

Kontrapunktiert – wenn nicht kompensiert – wurde dieser zum Teil demonstrativ zur Schau gestellte und auch von jüdischer Seite bisweilen heftig kritisierte Luxus[25] durch ein ernstgemeintes Engagement für die jüdische Gemeinschaft. Dieses wurzelte in der traditionellen Verpflichtung der Reichen zur Wohltätigkeit und nutzte die wirtschaftlichen und politischen Potenzen der Hofjuden zugunsten der Judenschaft: Sein Erfolgsspektrum reichte von Siedlungserleichterungen und -neugründungen über eine erhebliche Verbesserung der gemeindlichen Infrastruktur, der Finanzierung und Ausstattung von Synagogen und Lehrhäusern, der Einsetzung von Stiftungen, der Förderung hebräischer Drucke und der Übernahme von Führungspositionen innerhalb der Gemeinden und der Landjudenschaften. Insgesamt haben die Hofjuden nicht unerheblich zur Konsolidierung jüdischer Gemeinden und jüdischer Kultur in der frühen Neuzeit beigetragen.[26] Ein wirkliches Ausscheren der Aufsteiger aus der Tradition oder sogar der formale Bruch mit dem Judentum durch die Taufe blieb die absolute Ausnahme.

Was bedeutete dieses veränderte Ambiente für die Hofjudenfamilien? Sowohl der Hofjude selbst als auch seine Frau als Partnerin des Aufsteigers wußten um die Schwierigkeiten, Risiken und Fragilitäten eines solchen Aufstiegs und Geschäftserfolgs. Nicht erst das dramatische, aber unrepräsentative Ende von Jud Süß führte allen vor Augen, wie schnell ein solcher Erfolg in sich zusammenstürzen konnte. Auch andere, wie die Familie Oppenheimer, Esther Liebmann sowie die Brüder Isaac und Gumpert Behrens erlebten den Zusammenbruch von Kredit und Geschäft, Verhaftung und Prozeß, mithin die Vernichtung ihrer und ihrer Familie Existenz.[27]

Frauen

Viele Hofjudenfrauen, die ich hier als Partnerinnen der Aufsteiger bezeichne, nutzten wie ihre Männer den gewachsenen Handlungsspielraum, um ihrerseits durch Wohltätigkeit und fromme Werke den ethischen Auftrag des Judentums zu erfüllen.[28] Leider wissen wir jedoch viel zu wenig über sie und ihre Lebensgestaltung. Ein Gegenbeispiel, dem ich vorläufig keine Repräsentativität zumessen möchte, liefert Deborah Simons, die zweite Frau des Braunschweiger Hofjuden Alexander David, die keineswegs Partnerin des Aufstiegs war, sondern sich als junge Frau „ins gemachte Nest" setzte. Sie scheint sich eher mit Konsum beschäftigt zu haben – in der älteren Literatur wird ihr Leichtsinn und Verschwendungssucht unterstellt.[29]

Die wirtschaftlichen Entfaltungsmöglichkeiten von Frauen, speziell Kauffrauen in der frühen Neuzeit, sind noch kaum systematisch erforscht. Unter ihnen hatten die Witwen den größten (dokumentierten) Handlungsspielraum.[30] Dies trifft auch für Jüdinnen zu, die sich von ihren männlichen Kaufmannskollegen vor allem in der bescheideneren Dimension und Reichweite ihrer Geschäfte unterschieden, weil ihnen aufgrund des Erbrechts in der Regel wesentlich weniger Kapital zur Verfügung stand und sich für sie die Risiken von Geschäftsreisen allein aus Gründen des Geschlechts potenzierten.[31]

Daß es nur sehr wenige Hofjüdinnen gab, hat mit diesen geschlechtsspezifischen wirtschaftlich-strukturellen Unterschieden zu tun, begründet sich jedoch genauso damit, daß sich die Frauen der Hofjuden nicht mehr mit Geschäftsdingen befassen mußten und dadurch in diesem Bereich Kompetenzen verloren. Schließlich könnte es für Frauen – sowohl wegen ihrer Religion als auch wegen ihres Geschlechts diskriminiert – besonders schwierig gewesen sein, am Hof als Geschäftspartnerin akzeptiert zu werden. Ausnahmen bestätigen natürlich auch hier die Regel: Frauen wie Esther Liebmann oder Cäcilia Hinrichsen, die nach dem Tod ihrer Männer deren Rolle für den Hof übernahmen, oder einige kleinere Hoflieferantinnen mit begrenztem Handlungsradius.[32] Schließlich Madame Kaulla, als verheiratete Frau die bedeutendste Hofjüdin schlechthin, die ihren männlichen Kollegen als Finanzgenie in nichts nachstand. Lediglich pro forma repräsentierte ihr Bruder Jakob nach außen als Kopf der gemeinsamen Firma.[33]

Die zweite Generation

Deutlicher als bei den Frauen zeigten sich Veränderungen bei den Kindern, d. h. der zweiten Generation. Die Kinder der Aufsteiger wuchsen in einem Ambiente auf, das sich von der geschlossen jüdischen Atmosphäre in den Familien ihrer Eltern mehr oder weniger unterschied, je nachdem, wann der Aufstieg stattfand und wie schnell sich der Lebensstil änderte. Am Beispiel der Familie des Alexander David nach der Mitte des 18. Jahrhunderts zeigt sich, daß gerade die jüngeren Söhne – hineingeboren in die bereits lange arrivierte Familie und in sorglos scheinendem Luxus lebend – für ein Ausscheren aus der jüdischen Tradition anfällig waren.

Auch die zweite Generation erhielt ihre Ausbildung zunächst

nach dem traditionellen Oberschicht-Muster: die Söhne zuerst durch Privatlehrer und dann auf einer meist auswärtigen Jeschiwa. Über die Ausbildung der Töchter sind wir nicht unterrichtet. Möglicherweise nahmen auch sie an dem Privatunterricht teil und erhielten zusätzlich, wie bereits Glikl von ihrer Stiefschwester berichtet,[34] Musik- und Sprachunterricht, z. B. in Französisch. Geschlechtsspezifische Differenzen in der Akkulturation, wie sie besonders in den jüdischen Salons in Berlin oder Wien sichtbar werden, deuten sich hier bereits an.[35]

In welchem Tempo und Ausmaß sich säkulare Bildungsinhalte durchsetzten, läßt sich schwer abschätzen. Der Besuch christlicher Gymnasien ist nicht vor dem Ende des 18. Jahrhunderts nachzuweisen, ebenso der Universitätsbesuch in Fächern außerhalb der Medizin. Einige Medizinstudenten nutzten jedoch im 18. Jahrhundert ihren Aufenthalt an der Universität, um neben der Medizin auch Fächer wie Philosophie oder Literatur zu studieren.[36] Durch die Praxis im Geschäft dürften die Söhne von ihren erfahrenen Vätern sowie deren Schreibern und Übersetzern so viel an Mathematik, Buchhaltung, Vertragsrecht, Verhandlungsführung, lateinischer Schrift und deutscher Sprache, vielleicht auch deutscher Schriftfertigkeit erlernt haben, wie sie für das Geschäft benötigten. Der steigende Umgang mit der lateinischen Schrift im 18. Jahrhundert läßt sich zumindest an der Sicherheit der Unterschriften ablesen. Mit einigem Abstand folgten in diesem Prozeß auch die Frauen.

Mindestens einen der Söhne oder Schwiegersöhne versuchte der Hofjude rechtzeitig als Geschäftserben und Nachfolger unterzubringen, andere Söhne wirkten als Kompagnons oder auswärtige Geschäftspartner und Hofjuden an anderen Höfen. Ihre Ausgangslage war damit eine andere als die ihres Vaters: Der Nachfolger hatte keine Aufbauarbeit mehr zu leisten, auch wenn sein Geschäftsrisiko in Abhängigkeit von den Launen der Konjunktur und des Fürsten so groß wie das seines Vaters und Vorgängers blieb. Schon als Mitarbeiter des Vaters mußte der Sohn erst einmal seine Fähigkeiten unter Beweis stellen und sich gegen die zum Teil übermächtige Stellung des Patriarchen und genialen Finanziers behaupten. Längst nicht alle Söhne zeigten sich dieser Aufgabe gewachsen, so daß keine Hofjudenfamilie ihre Bedeutung an einem Hof über mehr als zwei oder drei Generationen halten konnte. Die Kontinuitäten bezogen auf die Schutzeinheit oder das Geschäft zeigten jedoch größere Stabilität.[37]

Die auswärtigen Söhne, wenn auch auf anderen persönlichen Fundamenten und bereits durch das Vorbild des Vaters in das Geschäft gewachsen, leisteten an einem neuen Ort Aufbauarbeit und konnten dort ein ähnliches Profil entwickeln wie die Väter. Ihr Weg dorthin war jedoch bereits geebnet, die erforderlichen Beziehungen zum neuen Wirkungsort kamen entweder durch eine Heirat oder geschäftliche Kontakte des Vaters zu dem jeweiligen Hof zustande. Die Zusammenarbeit mit dem Bruder und der Familie am Ursprungsort blieb eng, wie etwa das Beispiel Wolf Wertheimers zeigt.[38]

Nicht für alle der zahlreichen Söhne und Schwiegersöhne, weniger noch für die Enkel der Aufsteiger, das heißt die dritte Generation, standen vergleichbare Posten zur Verfügung. Insgesamt ergibt sich jedoch ein Bild verdichteter regionaler Präsenz: Neben höfischen Repräsentanten sind sie in den großen Handelsstädten zu finden, doch auch als eher bescheidener wirksame Geschäftsleute und seit dem Beginn des 19. Jahrhunderts als Bankiers.

In diesem Kontext der Verdichtung scheinen die im 17. Jahrhundert noch den gesamten Raum des Deutschen Reiches umspannenden, zum Teil auch darüber hinausreichenden Beziehungen und Vernetzungen der jüdischen Oberschicht im Laufe des 18. Jahrhunderts an Reichweite und wirtschaftlicher Bedeutung verloren zu haben. Nur vereinzelt überschritten Heiratsverbindungen und Geschäftsbeziehungen noch die Großräume, die die geographische Orientierung der jüdischen Gesellschaft strukturierten und in deren Zentrum gleichsam als Schnittmenge Frankfurt/ Main und der fränkische Raum lagen.[39] Sowohl die Verdichtung jüdischer Siedlung als auch die allmähliche Ausweitung des Berufsspektrums machten die überregionale Mobilität und Suche eines Heiratspartners weitgehend überflüssig. Gleichzeitig ließ die allmähliche Verschmelzung des jüdischen mit dem nicht-jüdischen Wirtschaftssystem die Pflege eigener Netzwerke entbehrlich werden.

Es war keine dauerhafte Zukunftssicherung für die Nachkommen, Hofjude zu sein, denn spätestens in der dritten Generation stellten sich die Weichen: Die einen wurden als nachgeborene Söhne oder nach geschäftlichem Mißerfolg, Rausschmiß oder ähnlichem wieder in den Status eines einfachen jüdischen Kaufmanns oder zu Schlimmerem zurückversetzt, wobei ein Wiederaufstieg späterer Generationen nicht ausgeschlossen war,[40] die anderen führten ihre Akkulturationserfolge aus dem Hofjuden-Milieu hinaus. Sie heirateten in den Adel ein, ließen sich als Großgrundbesitzer nobilitieren und wurden zu Unternehmern, Bankgründern und Staatsbeamten, die meisten von ihnen konvertierten.

Der bereits in der ersten Generation einsetzende Akkulturationsprozeß in den Hofjudenfamilien steht in keiner ursächlichen Verbindung zur Krise des traditionellen Judentums und der Haskala, da es die ersten Hofjuden durchaus verstanden, ihren luxuriösen Lebensstil mit den jüdischen Traditionen in Einklang zu bringen.[41] Das Aufeinandertreffen beider Entwicklungslinien seit der Mitte des 18. Jahrhunderts machte die Oberschicht jedoch besonders anfällig dafür, Traditionen zu hinterfragen und aufzugeben, sich an dem Vorbild der christlichen Umgebung zu orientieren, deren Maßstäbe gesellschaftlicher Anerkennung zu übernehmen und sogar das Judentum als unzeitgemäß hinter sich zu lassen.

Der Akkulturationsvorgang innerhalb der Hofjudenfamilien intensivierte sich von Generation zu Generation, da jede folgende bereits an einem anderen Punkt startete als die vorherige. Der Entwicklung liegt also eine Eigendynamik zugrunde, die durch die generelle Beschleunigung der Akkulturations- und Modernisierungsprozesse in der Aufklärungszeit verstärkt wurde. Die Aufsteiger der 2. Hälfte des 18. Jahrhunderts oder um 1800 legten den gleichen Akkulturationsweg zurück wie ihre Vorgänger, jedoch in einer kürzeren Zeit.

Bedingungen und Ausformungen von Akkulturationsvorgängen sollen im folgenden anhand von drei Beispielen illustriert werden.

Alexander David (1687-1765) und seine Familie

Alexander David kam im Jahr 1707 als traditionell gebildeter junger Mann und frisch verheiratet von Halberstadt nach Braunschweig. Trotz der Widerstände in der Stadt baute er sich eine geachtete Stellung als Hofjude auf und kam zu Wohlstand. Er gründete eine Gemeinde, die er jahrzehntelang führte und die lange Zeit sehr klein blieb. Die von ihm gestiftete Synagoge beschenkte er aus seiner Sammlung von Kultgeräten und Manuskripten.[42]

Zumindest seine jüngeren Kinder wuchsen bereits in einem selbstverständlichen Luxus auf, der ihnen möglicherweise den Blick auf die Notwendigkeit eigener Professionalisierung als Kaufleute versperrte. Sie erwiesen sich jedenfalls nach dem Tod des Vaters als ausgesprochen naiv und ungeschickt darin, sich mit dem ererbten Vermögen eine Existenz aufzubauen. Stärkeren Einfluß auf sie hatte hingegen der enge und vertraute Umgang mit den führenden Beamten der Regierung, die sich - deshalb die vielen Quellen - immer wieder genötigt sahen, sich mit den Söhnen des geachteten Kammeragenten zu beschäftigen.

Philipp Alexander David, eines der jüngeren Kinder aus erster Ehe, nutzte diese Kontakte, als er 1752, im Alter von etwa 26 Jahren, seine Absicht bekanntgab, sich taufen zu lassen.[43] Sein Fall belegt in fast noch klassischer Weise die entsolidarisierende Wirkung einer Konversion. Philipp wußte um die Folgen: den Zusammenbruch seines Geschäfts durch Aufkündigung der Beziehungen aller jüdischen Geschäftspartner, das Auseinanderbrechen seiner Ehe und Kernfamilie und die - so nahm er es zumindest wahr - lebensbedrohliche Feindschaft seiner gesamten Großfamilie. Lediglich seine in Braunschweig mit dem späteren Nachfolger seines Vaters verheiratete Schwester entzog ihm bei der Abwicklung seiner Geschäfte nicht ganz ihre Hilfsbereitschaft. Seine Frau wandte sich gänzlich von ihm ab, kehrte ins Elternhaus nach Kassel zurück, kämpfte vor Gericht um ihren Besitz und verlangte die sofortige Scheidung. Das Schicksal ihrer vier kleinen Kinder, die auf Regierungsanweisung vorläufig im Hause Alexander Davids untergebracht wurden, thematisierte sie in ihren Supplikationen nur ganz am Rande.

Philipps Absichten waren durchaus ernstzunehmen, auch wenn er letztlich von seinen Plänen wieder Abstand nahm. Er war in seinem jüdischen Glauben verunsichert, suchte nach religiöser Selbstvergewisserung und prüfte deshalb die Überzeugungskraft der christlichen Religion. Doch auch hier blieben letztlich schwere Zweifel, weshalb er zum Judentum zurückkehrte. Mit seiner Kernfamilie wieder vereint, mit der Großfamilie ausgesöhnt, zog er bezeichnenderweise nach Altona, wo es – anders als in Braunschweig – ein jüdisches Gemeindeleben gab, das ihn in seiner neu gefundenen Überzeugung bestärken konnte.[44]

Zwei seiner wesentlich jüngeren Stiefbrüder gingen Jahre später, etwa im gleichen Alter, einen ähnlichen Weg. Der ältere, Herz Alexander, studierte über Jahre die christliche Religion und rechtfertigte dies auch gegenüber der Regierung mit der großen Bedeutung einer Konversion. Nach fünf Jahren ließ er sich 1777 wirklich taufen. Auch ihn versuchten Angehörige mit Drohungen von seinem Vorhaben abzubringen; die entsolidarisierende Wirkung seiner Taufe hatte jedoch schon deutlich nachgelassen.[45] Der jüngste Bruder Simson, als Freund Lessings ebenfalls zu den für diese Zeit typischen, autodidaktisch gebildeten Intellektuellen zu rechnen, ließ sich zu Beginn der neunziger Jahre taufen und entfaltete anschließend als Karl Julius Lange in Berlin eine rege publizistische Tätigkeit. Karrieregesichtspunkte mögen angesichts eines bislang wenig glücklichen Lebensweges bei ihm eine Rolle gespielt haben.[46]

Die Oberschicht in Berlin

Im zweiten Beispiel geht es nicht um eine einzelne Familie, sondern um die spezifischen Entwicklungen in Berlin. Sie sind, da relativ außergewöhnlich, in ihrer Gesamtheit nicht auf andere Städte zu übertragen, verdeutlichen jedoch die im Akkulturationsprozeß wirksamen familienrelevanten Faktoren. Die Sonderstellung Berlins definierte sich durch folgende Kriterien:

– Berlin war Ausgangspunkt und Zentrum der Haskala, der jüdischen Aufklärungsbewegung, die sich nicht auf den engen Kreis der Intellektuellen beschränkte. Die Berliner Juden wurden also früher als andere vom Wandel erfaßt und übernahmen eine gewisse Vorreiterrolle.[47]

– Die Judenschaft der Stadt wies einen großen Anteil sehr wohlhabender Familien, also Oberschichtsangehöriger auf.[48] Viele von ihnen standen in irgendeiner Weise in Kontakt mit dem Hof oder Regierungsstellen, ohne daß man sie deshalb direkt als Hofjuden bezeichnen könnte.[49]

– Berlin beherbergte die höchste Zahl von Intellektuellen in den Städten des Deutschen Reiches.[50]

– Vor allem in den Salons entstand in den letzten beiden Jahrzehnten des 18. Jahrhunderts ein Forum relativ ungezwungener Begegnungen zwischen reichen, gebildeten Jüdinnen, jüdischen und nicht-jüdischen Intellektuellen und Adeligen.

– Zur gleichen Zeit gerieten festgefügte gesellschaftliche Regeln in Bewegung, es herrschte eine relativ lockere Sexualmoral. Zwischen Christen und Juden entstand eine vergleichsweise hohe Zahl außerehelicher Beziehungen mit zahlreichen illegitimen Nachkommen in allen Bevölkerungsschichten.[51]

Konsequenzen für die Familien blieben nicht aus, wobei sich im Prozeß der Akkulturation und Assimilation deutliche geschlechtsspezifische Unterschiede zeigten. Die männlichen Oberschicht-Angehörigen waren zunächst und vor allem mit ihren Geschäften befaßt; daneben suchte sich mancher autodidaktisch säkulares Wissen anzueignen. Je nach Interesse und Kenntnisstand nahmen sie an den Diskussionen der Maskilim (Aufklärer) teil, d. h. an den von diesen und nichtjüdischen Intellektuellen der Aufklärung geschaffenen privaten und halböffentlichen Foren der Begegnung. Eine vollständige und gleichwertige Anerkennung in der christlichen Gesellschaft blieb jedoch selbst einem Mann wie Moses Mendelssohn versagt. Handlungspotential entfalteten die Männer der Oberschicht, indem sie ihr traditionelles Engagement für Gemeinschaftsbelange nun in den Dienst aufklärerischer oder reformerischer Arbeit stellten: Hierzu gehört etwa die Gründung und Finanzierung der Berliner Freischule, die Unterstützung der Maskilim und schließlich der politische Kampf für die Emanzipation.[52]

Für die Einstellung zur jüdischen Tradition konnte jeder nur individuell eine Lösung finden, die nicht einmal für seine Familie verbindlichen Charakter einnahm. Kennzeichnend ist, daß jede Generation sich weiter von der Tradition entfernte als die vorige. Das Ausscheren aus dem Judentum, wie es gerade in der Oberschicht so zahlreich vorkam, war dann nur noch ein kleiner, konsequenter Schritt. Die Vorreiterrolle der Berliner Juden im Modernisierungsprozeß erwies sich also als tendenziell gefährlich für den Bestand der jüdischen Gemeinde.[53] Genau wie bei manchen Hofjudenfamilien setzte ihre Traditionskritik ein und entfaltete individuell-zentrifugale Kräfte, bevor eine Reformdebatte an Boden gewonnen hatte und in der Lage war, Identifikationsangebote für ein modernisiertes Judentum zur Verfügung zu stellen. Die dramatische Verunsicherung der Männer der jüdischen Oberschicht, die traditionell die Führungspositionen in der jüdischen Gemeinde innehatten, zeigt sich besonders deutlich in dem rational kaum nachvollziehbaren berühmten Angebot, das David Friedländer Probst Teller unterbreitete: Den Übertritt jüdischer Hausväter zum Protestantismus unter der Bedingung, die christlichen Dogmen nicht anerkennen zu müssen.[54]

Entsprechend ihrer gesellschaftlichen Rolle vollzog sich die Akkulturation der Frauen eher im privaten Bereich, sieht man einmal von der Teilnahme am entstehenden öffentlichen Berliner Theater- und Musikleben ab. Gerade die jungen Mädchen der Oberschicht wurden in ihrem Bildungsdrang von ihren Vätern unterstützt und erhielten intensiver als ihre Brüder Privatunterricht in modernen Sprachen, Kunst, Musik und Literatur.[55] Im Hause ihrer Eltern oder denen der Eltern ihrer Freundinnen begegneten sie jüdischen und nichtjüdischen Intellektuellen, Schriftstellern und Künstlern, von denen sie überaus beeindruckt wurden. In ihrem Akkulturationswillen stießen sie jedoch auch schnell an die von den Eltern gesetzten Grenzen, so bei der Lektüre verbotener Bücher wie etwa Goethes „Die Leiden des jungen Werther". Vor allem aber hatten sie sich zu fügen, daß der Vater – wie üblich – den Ehemann auswählte und sie jung verheiratete.[56] Spannungen, Widersprüche und Ungleichzeitigkeiten des Akkulturations- und Emanzipationsprozesses werden hier deutlich.

Brendel Mendelssohn – Dorothea Schlegel

Brendel war das älteste Kind Moses Mendelssohns und wurde von ihrem Vater in ungewöhnlichem Umfang in säkularen Fächern unterrichtet.[57] Dabei gelang es ihm offenbar nicht, an seine Kinder die von ihm gelebte Verbindung zwischen Aufgeklärtheit und absoluter Gesetzestreue als überzeugendes Lebenskonzept zu vermitteln. Zunächst folgte die Tochter jedoch den Vorstellungen des Vaters und heiratete 1783 mit 19 Jahren den finanziell erfolgreichen, intellektuell jedoch desinteressierten Simon Veit. 1790 und 1793 wurden ihre beiden Söhne geboren. Um die gleiche Zeit blühten die Salons der reichen und gebildeten Jüdinnen auf, in denen auch Brendel verkehrte. Im Salon von Henriette Herz traf Dorothea, wie Brendel sich seit einiger Zeit nannte, 1797 zum ersten Mal den Schriftsteller Friedrich Schlegel und wurde noch im gleichen Jahr seine Geliebte. Nach ihrer Scheidung 1799 zog sie gemeinsam mit ihrem jüngeren Sohn und Schlegel erst nach Jena, dann nach Paris. Dort ließ sie sich 1804 protestantisch taufen und heiratete Schlegel. Die beiden arbeiteten in einer romantisch verklärten traditionellen Rollenverteilung schriftstellerisch eng zusammen. In Köln trat das Ehepaar 1808 zum Katholizismus über, auch die Söhne ließen sich zwei Jahre später katholisch taufen. Erst nach Jahrzehnten konnte Dorothea wieder mit ihren Geschwistern Kontakt aufnehmen.

Brendel/Dorothea ist – wie das Berliner Beispiel insgesamt – ein Extremfall, repräsentiert jedoch damit die Grundproblematik, wie sie sich verschärft bei den Salondamen zeigte. Viele von ihnen verließen ihren jüdischen Ehemann, um nach der dafür erforderlichen Taufe einen Adeligen zu heiraten und begaben sich damit erst einmal in die Isolation.[58] Die jungen Frauen suchten eine eigene Rolle in Abweichung von der Tradition, die noch weniger als die ihrer Brüder und Männer in einen Modernisierungsprozeß der Judenschaft einzubinden war, da sie in ihr weder eine öffentliche noch eine selbstbestimmte Rolle innehatten.

Diese Differenzen zwischen Männern und Frauen hatten nicht nur das Potential, Ehe und Familie zu sprengen, sondern sind auch der Grund dafür, daß die Quote der Konversionen bei den Frauen zwischen 1770 und 1806 über derjenigen der Männer lag.[59]

Die Kinder wuchsen in die geschilderte Atmosphäre der Verunsicherung hinein, sahen die Familie durch Konversion und/oder Scheidung der Eltern auseinanderbrechen und besaßen kein Fundament jüdischer Tradition mehr, das ihnen unbedingte Sicherheit hätte geben können. Auf der anderen Seite erlebten sie eine nie gekannte Offenheit gegenüber der christlichen Gesellschaft. Manche besuchten bereits christliche Schulen und Universitäten. Auch sie mußten jedoch die Grenzen des Emanzipationsprozesses und ihrer persönlichen Ambitionen sowie die für ihre Generation charakteristischen Widersprüche erfahren. Diese ließen nun vermehrt die jungen Männer anfällig dafür werden, die Taufe als „Entreebillett" für die Anerkennung in der Gesellschaft zu benutzen.[60]

Die allmähliche Akzeptanz von Individualität und Pluralität nahm den Konversionen einen Teil ihrer Sprengkraft und entsolidarisierenden Wirkung in den Familien. Kommunikation und Kontakt blieben jedoch besonders zwischen den Generationen beeinträchtigt.[61]

Madame Kaulla

Nur kurz möchte ich den beiden Beispielen aus dem eher protestantischen, aufgeklärten Norden ein letztes aus dem Südwesten gegenüberstellen, das für die enorme Zeitspanne der Akkulturation und ihre Auswirkungen auf die Familie steht. Während sich nämlich in Berlin in Familie und Gemeinde bereits die Krise entfaltete,[62] gelang in Donaueschingen, Hechingen und dann in Stuttgart der Familie Kaulla unter Führung von Chaile, genannt Madame, gerade erst der Aufstieg als Hofjuden in spätabsolutistischer Umgebung: Wie andere süddeutsche Hofjuden (Seligmann, Hirsch) profilierten sie sich durch Heereslieferungen während der Napoleonischen Kriege, übermittelten Subsidien und tätigten andere Geldgeschäfte. 1800 wurde Jakob Kaulla zum Hofbankier ernannt und stellte zusammen mit seiner Schwester im Jahr 1802 die Hälfte des Gründungskapitals für die Württembergische Hofbank, in Wirklichkeit die privilegierte Privatbank der Kaullas.[63] Madame lebte streng traditionell, was durch ihren Grabstein auf dem Hechinger jüdischen Friedhof und durch zahlreiche Stiftungen vor allem in Hechingen belegt ist.[64] Ihre Söhne und Nachkommen blieben bis auf drei Ausnahmen am Ende des 19. Jahrhunderts dem Judentum treu, mancher engagierte sich in der Gemeindeverwaltung und Kultushierarchie oder für das Emanzipationsgesetz von 1828. Sie heirateten in die ebenfalls noch im Judentum verbliebenen süddeutschen jüdischen Oberschichtfamilien ein, obwohl ihre Nobilitierungsambitionen lange an den in Württemberg besonders restriktiv gehandhabten Nobilitierungsverfahren scheiterten.[65]

Wann und inwieweit sich das Leben der Familie Kaulla veränderte, ist aus den bisherigen Publikationen nicht ersichtlich. Entscheidend für die Beharrung scheint mir jedoch bei aller Bedeutung möglicher äußerer Einflüsse die Zeitverzögerung. Als die Familie Kaulla nach Stuttgart kam und dort ihren wirtschaftlichen Erfolg feiern konnte, hatte die Restaurationsphase auch in Berlin bereits die Zeit aufklärerischer Zirkel und der Salons abgelöst, die so vieles angestoßen hatten, was sich dann wie von selbst weiterentfaltete.[66]

Diese Form der Krise und extremen Verunsicherung ist sowohl den früh abgestiegenen als auch den spät aufgestiegenen Hofjudenfamilien erspart geblieben.

Als Institution wurde die Familie durch die Akkulturation auch bei den Hofjuden nicht infrage gestellt. Viele einzelne Familien erfuhren jedoch durch den für die Oberschicht spezifischen, zum Teil Hofjuden-spezifischen Akkulturationsprozeß Erschütterungen in Zusammenhalt und Funktion. Individuell unterschiedliche Lösungsstrategien im Modernisierungskonflikt bewirkten eine Vielzahl von Friktionen und Irritationen.

In diesem Zusammenhang verlor die Familie zunächst einmal an zentraler Bedeutung und erhielt durch neue Assoziationen Gleichgesinnter verstärkt Konkurrenz. Mittel- und langfristig gewann sie jedoch nach Austrag der Krise an Bedeutung zurück, die sich allerdings entlang der verschiedenen konfessionellen Orientierungen pluralistisch neu strukturierte.[67] Da die Hofjuden jedoch zu den

Auslaufmodellen des 19. Jahrhunderts gehörten, ist von Hofjudenfamilien korrekterweise in diesem Zusammenhang kaum noch zu sprechen.

Anmerkungen

1 Rotraud RIES, Eine Chance zur Überwindung der Dichotomien: Zu den Impulsen moderner geschichtswissenschaftlicher Diskurse für die Geschichte der deutschen Juden in der frühen Neuzeit. In: Aschkenas 10 (2000), im Druck. Die anglo-amerikanische Forschung ist hier, wie so oft, einen Schritt weiter. Vgl. etwa die methodisch vorbildliche Studie von David NIRENBERG, Communities of Violence: Persecution of Minorities in the Middle Ages. Princeton, N. J. 1996. Für den engeren zeitlichen Fokus des Themas sind besonders die Studien von Jacob KATZ wegweisend gewesen, siehe Anm. 2 und 41.

2 Hierzu zählen Steven M. COHEN, Paula E. HYMAN (Hrsg.), The Jewish Family. Myths and Reality. New York - London 1986, und - im weiteren Sinne - die Forschungen zur Geschlechtergeschichte. Vgl. Julius CARLEBACH (Hrsg.), Zur Geschichte der jüdischen Frau in Deutschland. Berlin 1993; Judith R. BASKIN (Hrsg.), Jewish Women in Historical Perspective. Detroit 1991. In diesen Sammelbänden ist die frühe Neuzeit besonders schlecht repräsentiert. Siehe jedoch demnächst: Monika RICHARZ (Hrsg.), Die Welt der Glückel Hameln - Jüdische Existenz in der frühen Neuzeit. Hamburg 1999 (im Druck). Grundlegend zur Familiengeschichte der frühen Neuzeit: Jacob KATZ, Family, Kinship and Marriage among Ashkenazim in the Sixteenth to Eighteenth Centuries. In: Jewish Journal of Sociology 1 (1959), S. 4-22. Zu Jugendlichen: Elliot HOROWITZ, Jüdische Jugend in Europa: 1300-1800. In: Giovanni LEVI, Jean-Claude SCHMITT (Hrsg.), Geschichte der Jugend, Bd. 1: Von der Antike bis zum Absolutismus. Frankfurt/Main. 1996, S. 113-165; Selma STERN, Die Entwicklung des jüdischen Frauentypus seit dem Mittelalter. In: Der Morgen 1 (1925), S. 324-337, 496-516, 648-657; Anne SHEFFER, Beyond Heder, Haskalah and Honeybees: Genius and Gender in the Education of Seventeenth- and Eighteenth-Century Judeo-German Women. In: Peter J. HAAS (Hrsg.), Recovering the Role of Women. Power and Authority in Rabbinic Jewish Society. Atlanta, Georgia 1992 (South Florida Studies in the History of Judaism), die leider die hier relevante Zeit nicht mehr abdeckt.

3 Vgl. Rotraud RIES, Hofjuden als Vorreiter? Bedingungen und Kommunikationen, Gewinn und Verlust auf dem eiligen Weg in die Moderne. In: Hans-Otto HORCH, Robert JÜTTE (Hrsg.), Wandlungsprozesse im Judentum durch Aufklärung (im Druck).

4 Siehe dazu Max GRUNWALD, Samuel Oppenheimer und sein Kreis. Ein Kapitel aus der Finanzgeschichte Österreichs. Wien - Leipzig 1913 (Quellen und Forschungen zur Geschichte der Juden in Deutsch-Österreich 5); David KAUFMANN, Samson Wertheimer, der Oberhoffactor und Landesrabbiner (1658-1724) und seine Kinder. Wien 1888 (Zur Geschichte jüdischer Familien 1); David KAUFMANN, Max FREUDENTHAL, Die Familie Gomperz. Frankfurt/Main 1907; Gerhard STEINER, Drei preußische Könige und ein Jude. Erkundungen über Benjamin Veitel Ephraim und seine Welt. Berlin 1994 (Schriften der Stiftung „Neue Synagoge Berlin-Centrum Judaicum"); Hellmut G. HAASIS, Joseph Süß Oppenheimer, genannt Jud Süß. Finanzier, Freidenker, Justizopfer. Reinbek 1998; Amos ELON, Der erste Rothschild. Biographie eines Frankfurter Juden. Reinbek 1998; Felicitas HEIMANN-JELINEK, Österreichisches Judentum zur Zeit des Barock. In: Kurt SCHUBERT (Hrsg.), Die Österreichischen Hofjuden und ihre Zeit. Eisenstadt 1991 (Studia Judaica Austriaca 12), S. 8-62; Georg HEUBERGER (Hrsg.), Die Rothschilds, Bd. 1-2. Begleitbuch und Essayband zur Ausstellung „Die Rothschilds - Eine europäische Familie" im Jüdischen Museum der Stadt Frankfurt am Main, 11. 10. 1994-27. 2. 1995, Sigmaringen 1994; Vivian B. MANN, Richard I. COHEN (Ed.), From Court Jews to the Rothschilds. Art, Patronage and Power 1600-1800. (Published in conjunction with the exhibition „From Court Jews…", Jewish Museum, New York, Sept. 1996-Jan. 1997), München - New York 1996.

5 Vgl. zuletzt die Aufsätze von Erika BOSL, Franziska JUNGMANN-STADLER und Alain RUIZ in: Manfred TREML, Wolf WEIGAND (Hrsg.), Geschichte und Kultur der Juden in Bayern, Bd. 2: Lebensläufe. Unter Mitarbeit von Evamaria BROCKHOFF, München 1988 (Veröffentlichungen zur Bayerischen Geschichte und Kultur 18); Brigitte STREICH, Der Hoffaktor Isaac Jacob Gans (1723/34-1798). Ein Celler Jude am Ende des Ancien Régime. In: Juden in Celle. Biographische Skizzen aus drei Jahrhunderten. Hrsg. von der Stadt Celle, Celle 1996 (Celler Beiträge zur Landes- und Kulturgeschichte, Schriftenreihe des Stadtarchivs und des Bomann-Museums 26), S. 67-87; Sabine ULLMANN, Zwischen Fürstenhöfen und Gemeinde: Die jüdische Hoffaktorenfamilie Ulmann in Pfersee während des 18. Jahrhunderts. In: Zeitschrift des Historischen Vereins für Schwaben 90 (1997), S. 159-185; Elisabeth HANSCHMIDT, Jakob Löb Eltzbacher in Neuenkirchen. Bankier und Wechselier der Fürsten von Kaunitz-Rietber. In: Die Juden der Grafschaft Rietberg. Beiträge zur Synagogengemeinde Neuenkirchen. Hrsg. vom Heimatverein Neuenkirchen und der Stadt Rietberg, Rietberg 1997, S. 50-69; Klaus POHLMANN, Der jüdische Hoffaktor Samuel Goldschmidt aus Frankfurt und seine Familie in Lemgo (1670-1750). Detmold 1998 (Panu Derech - Schriften der Gesellschaft für Christlich-Jüdische Zusammenarbeit in Lippe 15).

6 Heinrich SCHNEE, Die Hoffinanz und der moderne Staat. Geschichte und System der Hoffaktoren an deutschen Fürstenhöfen im Zeitalter des Absolutismus. Nach archivalischen Quellen. Bd. 1-6, Berlin 1953-1967.

7 Karin HAUSEN, Familie und Familiengeschichte. In: Wolfgang SCHIEDER, Volker SELLIN (Hrsg.), Sozialgeschichte in Deutschland. Entwicklungen und Perspektiven im internationalen Zusammenhang, Bd. 2: Handlungsräume des Menschen in der Geschichte. Göttingen 1986, S. 64-89, hier S. 81.

8 Im Rahmen des von Prof. Battenberg geleiteten DFG-Projekts „Die Rolle der Hofjuden im Akkulturationsprozeß der Juden des deutschsprachigen Raumes" wurde eine komplexe sozialbiographische Datenbank entwickelt, mit deren Hilfe sowohl systematische als auch statistisch-quantitative Auswertungen vorgenommen werden können. Darüber hinaus bietet sie die Möglichkeit, von jeder beliebigen Person aus ohne weitere Bearbeitungsschritte Ausschnitte des verwandtschaftlichen Netzwerks der frühneuzeitlichen jüdischen Elite darzustellen. Zur Zeit ist jedoch aufgrund der begrenzten Kapazitäten des Projekts erst ein Teil der verfügbaren Informationen über die Hofjudenfamilien in diese Datenbank eingegeben. Der vorliegende Aufsatz ist im Kontext dieses Projekts entstanden.

9 Vgl. HAUSEN (wie Anm. 7), S. 71 f.

10 Natürlich profitiert die Forschung zur jüdischen Wirtschaftselite von der vergleichsweise günstigen Quellensituation, die es ermöglicht, Verwandtschaftssysteme zu rekonstruieren (siehe dazu HAUSEN, ebda S. 73), wie dies für die Mittel- und die Unterschicht kaum möglich ist. Von hier ausgehend wäre die Konzeptualisierung einer modernen jüdischen Familiengeschichte wünschenswert, die von den Erfahrungen der historischen Familienforschung seit Anfang der siebziger Jahre profitiert, aus dem Vergleich und den Differenzen mit deren Ergebnissen Konturen gewinnt und diese zugleich auch wieder inspiriert. Denn auch die Juden waren ein Teil der Gesellschaft, jüdische Familien lebten am gleichen Ort und im gleichen Ambiente wie christliche Familien und sahen sich doch aufgrund der Religionsdifferenz und der rechtlichen Sonderstellung in ihrem Familienleben vor andere „Aufgaben" gestellt und wählten deshalb differente Optionen für „Beständigkeit und Strategien" der Lebensgestaltung. Vgl. Winfried FREITAG, Haushalt und Familie in traditionalen Gesellschaften: Konzepte, Probleme und Perspektiven der Forschung. In: Geschichte und Gesellschaft 14: Familie, Haushalt, Wohnen (1988), S. 5-37, hier S. 36. Siehe zu den Etappen der historischen Familienforschung ebda, S. 6 ff.; Andreas GESTRICH, Geschichte der Familie im 19. und 20. Jahrhundert, München 1999 (Enzyklopädie deutscher Geschichte 50), S. 55 ff., 75 ff. Grundlegend: Michael MITTERAUER, Historisch-anthropologische Familienforschung. Fragestellungen und Zugangsweisen. Wien – Köln 1990 (Kulturstudien. Bibliothek der Kulturgeschichte 15); Heidi ROSENBAUM, Formen der Familie. Untersuchungen

zum Zusammenhang von Familienverhältnissen, Sozialstruktur und sozialem Wandel in der deutschen Gesellschaft des 19. Jahrhunderts. Frankfurt/Main. 1982; Martine SEGALEN, Die Familie. Geschichte, Soziologie, Anthropologie. Frankfurt - New York 1990.

11 Die Memoiren der Glückel von Hameln. Aus dem Jüdisch-Deutschen von Bertha PAPPENHEIM, Weinheim 1994. Dazu zuletzt Natalie ZEMON DAVIS, Drei Frauenleben. Glikl, Marie de l'Incarnation, Maria Sibylla Merian. Berlin 1995.

12 Siehe demnächst Rotraud RIES, Status und Lebensstil. Jüdische Familien der sozialen Oberschicht zur Zeit Glikls. In: RICHARZ, Die Welt der Glückel Hameln (wie Anm. 2).

13 Vgl. ebda und DAVIS, Drei Frauenleben (wie Anm. 11), S. 273, Anm. 48.

14 Vgl. KATZ, Family (wie Anm. 2), S. 4 ff. Zur Begriffsgeschichte siehe Jean-Louis FLANDRIN, Familien. Soziologie - Ökonomie - Sexualität, Frankfurt/Main - Berlin - Wien 1978, S. 13 ff.

15 Bernd SCHEDLITZ, Leffmann Behrens. Untersuchungen zum Hofjudentum im Zeitalter des Absolutismus. Hildesheim 1984 (Quellen und Darstellungen zur Geschichte Niedersachsens 97), S. 26.

16 Zur Vielfalt der Familienmodelle und der starken personellen Fluktuation siehe FREITAG, Haushalt (wie Anm. 10), S. 9 ff.; André BURGUIÈRE, Francois LEBRUN, Die Vielfalt der Familienmodelle in Europa. In: André BURGUIÈRE u. a (Hrsg.), Geschichte der Familie. Bd. 2: Neuzeit. Darmstadt 1997, S. 13-118, hier S. 60 ff.

17 KATZ, Family (wie Anm. 2), S. 4 f.

18 Memoiren der Glückel von Hameln (wie Anm. 11), S. 134; SCHEDLITZ, Leffmann Behrens (wie Anm.15), S. 18 und 24.

19 KATZ, Family (wie Anm. 2), S. 4.

20 BURGUIÈRE, LEBRUN, Vielfalt (wie Anm. 16), S. 39.

21 Alfred F. PRIBRAM (Hrsg.), Urkunden und Akten zur Geschichte der Juden in Wien. Erste Abteilung, allgemeiner Teil 1526-1847 (1849), Bd. 1-2. Wien - Leipzig 1918 (Quellen und Forschungen zur Geschichte der Juden in Deutsch-Österreich 8), Bd. 1, S. 301 und 333 ff.; GRUNWALD, Oppenheimer (wie Anm. 4), S. 207 mit Anm. 2 und S. 253, Anm. 3.

22 Zur Bedeutung der Hofjuden für die Territorialfürsten siehe Michael GRAETZ, Court Jews in Economics and Politics. In: MANN, COHEN, From Court Jews to the Rothschilds (wie Anm. 4), S. 27-43; Selma STERN, The Court Jew. A Contribution to the History of Absolutism in Europe. Nachdr., New Brunswick - Oxford 1985 (Judaica Series), S. 15 ff.

23 Zu Samson Wertheimer siehe KAUFMANN, Wertheimer (wie Anm. 4), S. 63 f. mit Anm. 3. Zu Elias Gomperz siehe Memoiren der Glückel von Hameln (wie Anm. 11), S. 136. Zu Leffmann Behrens siehe. SCHEDLITZ, Leffmann Behrens (wie Anm. 15), S. 142 und 216, Anm. 2.

24 Die Häuser der Wiener Hofjuden beschrieb der Reisende Abraham Levi, zitiert bei KAUFMANN, ebda, S. 46 ff. Zu Behrend Lehmanns Anwesen in Dresden siehe SCHNEE, Hoffinanz (wie Anm.6), Bd. 2, S. 175 f. Der Immobilienbesitz der Familie Itzig in Berlin bei Steven M. LOWENSTEIN, Jewish Upper Crust and Berlin Jewish Enlightenment: The Family of Daniel Itzig. In: Frances MALINO, David SORKIN (Hrsg.), From East and West. Jews in a Changing Europe, 1750-1870. Oxford 1991, S. 182-201, hier S. 186 f.

25 Vgl. Mordechai BREUER, Frühe Neuzeit und Beginn der Moderne. In: Mordechai BREUER, Michael GRAETZ, Deutsch-Jüdische Geschichte in der Neuzeit, Bd. 1: Tradition und Aufklärung 1600-1780. München 1996, S. 85-247, hier S. 124 f.

26 Ebda, S. 118 ff.

27 Zu Jud Süß siehe zuletzt Hellmut G. HAASIS, Joseph Süß Oppenheimers Rache. Erzählung. Biographischer Essay. Dokumente aus der Haft und dem Prozeß. Mit Illustrationen von Jona Mach und historischen Stichen. Blieskastel 1994; DERS., Jud Süß Oppenheimer (wie Anm. 4), S. 320 ff.; GRUNWALD, Oppenheimer (wie Anm. 4), S. 123 ff. und 150 ff.; Deborah HERTZ, The Despised Queen of Berlin Jewry, or the Life and Times of Esther Liebmann. In: MANN, COHEN, From Court Jews (wie Anm. 4), S. 67-77, hier S. 67 f.; SCHEDLITZ, Leffmann Behrens (wie Anm. 15), S. 154; SCHNEE, Hoffinanz (wie Anm. 6), Bd. 2, S. 48 ff. Über seine Gefangenschaft hat Isaac Behrens einen ausführlichen Bericht verfaßt: Isaak M JOST (Hrsg.), Eine Familien-Megillah aus der ersten Hälfte des 18. Jahrhunderts. Nach dem jüdisch-deutschen Urtext vom Jahr 1738. Getreulich ins Hochdeutsche übertragen von I. M. Jost. In: Jahrbuch für die Geschichte der Juden 1 (1861), S. 39-82.

28 Beispiele: GRUNWALD, Oppenheimer (wie Anm. 11), S. 38; KAUFMANN, Wertheimer (wie Anm. 11), S. 99 f.; SCHEDLITZ, Leffmann Behrens (wie Anm. 15), S. 25; Leopold LÖWENSTEIN, Geschichte der Juden in der Kurpfalz. Nach gedruckten und ungedruckten Quellen dargestellt. Frankfurt/Main 1895 (Beiträge zur Geschichte der Juden in Deutschland 1), S. 175, Anm. 2 und S. 214.

29 Gutman RÜLF, Alexander David, braunschweigischer Kammeragent von 1707-1765. In: Braunschweigisches Magazin 1907 (1907), S. 25-33. Neudr. in: Brunsvicensia Judaica. Braunschweig 1966, S. 9-22, hier S. 21; wiederholt von Ralf BUSCH, The Case of Alexander David of Braunschweig. In: MANN, COHEN, From Court Jews (wie Anm. 4), S. 59-65, hier S. 65.

30 Vgl. Heide WUNDER, „Er ist die Sonn', sie ist der Mond". Frauen in der Frühen Neuzeit. München 1992, S. 123 ff., besonders S. 126 ff.

31 Memoiren der Glückel von Hameln, (wie Anm. 11), S. 236.

32 HERTZ, Despised Queen (wie Anm. 27), S. 74 ff.; SCHNEE, Hoffinanz (wie Anm. 6), Bd. 2, S. 298 ff.

33 Vgl. Heinrich SCHNEE, Die Hoffaktoren-Familie Kaulla an süddeutschen Fürstenhöfen. In: Zeitschrift für Württembergische Landesgeschichte 20 (1961/1962), S. 238-267. Ein „Familienbild" in fast dynastischer Komposition (von ca. 1797) zeigt bezeichnenderweise Madame Kaulla, ihren Bruder Jakob Kaulla und dessen Sohn Salomon Jakob, der später Hofagent und Hofbankier in Stuttgart wurde. WUNDER, „Er ist die Sonn', sie ist der Mond" (wie Anm. 30), Abb. S. 128.

34 Memoiren der Glückel von Hameln (wie Anm. 11), S. 33; vgl. SHEFFER, Beyond Heder (wie Anm. 2), S. 91 und 101.

35 Vgl. Deborah HERTZ, Die jüdischen Salons im alten Berlin. Frankfurt/Main 1991. Für die genaueren Nachweise muß man auf das amerikanische Original der Arbeit von Hertz zurückgreifen: Deborah HERTZ, Jewish High Society in Old Regime Berlin. New Haven – London 1988. Eine ähnliche Differenzierung findet sich auch in der Ausbildung nichtjüdischer Jugendlicher im entstehenden Bildungsbürgertum. Vgl. Reinhard SIEDER, Sozialgeschichte der Familie. Frankfurt/Main 1987, S. 138.

36 Vgl. Monika RICHARZ, Der Eintritt der Juden in die akademischen Berufe. Jüdische Studenten und Akademiker in Deutschland 1678-1848. Tübingen 1974 (Schriftenreihe wissenschaftlicher Abhandlungen des Leo Baeck Instituts 28), S. 13, 56 ff., 62, 64.

37 Beispiele: Zur Abfolge der Familien Behrens und David in Hannover, Herz Samson und Israel Jacobson in Braunschweig siehe SCHNEE, Hoffinanz (wie Anm. 6), Bd. 2. Zu Samuel Oppenheimer, Samson Wertheimer und der Familie Arnsteiner in Wien siehe. GRUNWALD, Oppenheimer (wie Anm. 11), S. 172, 247, Anm. 1 und S. 258; HEIMANN-JELINEK, Österreichisches Judentum (wie Anm. 4) , S. 24 f. und 45.

38 Barouh MEVORAH, The Imperial Court-Jew Wolf Wertheimer as Diplomatic Mediator (during the War of the Austrian Succession). In: Hierosolymitana 23 (1972), S. 184-213, hier S. 184 und 186.

39 Vgl. RIES, Status und Lebensstil (wie Anm. 12).

40 Vgl. zu den Nachkommen des Leffmann Behrens SCHNEE, Hoffinanz (wie Anm. 6), Bd. 2, S. 63 ff.

41 Jacob KATZ, Aus dem Ghetto in die bürgerliche Gesellschaft. Jüdische Emanzipation 1770-1870. Frankfurt/Main 1986, S. 45 ff. Katz widerspricht damit erneut Azriel SHOHET, Im chilufe tekufot. Reschit ha-Haskala be-Jehadut Germanja (Im Wandel der Zeiten. Der Anfang der Haskala im deutschen Judentum). Jerusalem 1960. Er wollte den gewandelten Lebensstil der jüdischen Oberschicht bereits als gewichtiges Zeichen für den beginnenden Wandel der jüdischen Gesellschaft gewertet wissen. Vgl. Jacob TOURY, Neue hebräische Veröffentlichungen zur Geschichte der Juden im deutschen Lebenskreise. In: Bulletin des Leo Baeck Instituts 4 (1961). S. 55-73; BREUER, Frühe Neuzeit (wie Anm. 25), S. 122 ff. Zur Krise vgl. Michael GRAETZ, Jü-

dische Aufklärung. In: BREUER, GRAETZ, Deutsch-Jüdische Geschichte (wie Anm. 25), S. 251-355.

42 SCHNEE, Hoffinanz (wie Anm.6) , Bd. 2, S. 86 ff.; RÜLF, Alexander David (wie Anm. 29); Hans-Heinrich EBELING, Die Juden in Braunschweig. Rechts-, Sozial- und Wirtschaftsgeschichte von den Anfängen der Jüdischen Gemeinde bis zur Emanzipation (1282-1848). Braunschweig 1987 (Braunschweiger Werkstücke 65; R.A: Veröffentlichungen aus dem Stadtarchiv und der Stadtbibliothek 22), S. 169 ff. Rolf HAGEN, Die Entstehung der Judaica-Sammlung des Braunschweigischen Landesmuseums. In: Tora-Wimpel. Zeugnisse jüdischer Volkskunst aus dem Braunschweigischen Landesmuseum. Braunschweig 1978 (Veröffentlichungen des Braunschweigischen Landesmuseums 17), S. 7-12, hier S. 7 ff.; demnächst Rotraud RIES, Between Two Cultures: Identity Crises within the Families of 18th Century Court Jews. In: Proceedings of the 12th World Congress of Jewish Studies, Jerusalem 2000 (im Druck).

43 Nach Staatsarchiv Wolfenbüttel (im folgenden: StA Wfb.), 2 Alt 13214; RIES, ebda.

44 Vgl. Günter MARWEDEL, Die aschkenasischen Juden im Hamburger Raum (bis 1780). In: Arno HERZIG (Hrsg.), Die Juden in Hamburg 1590 bis 1990. In Zusammenarbeit mit Saskia ROHDE, Hamburg 1991, S. 41-60, hier S. 46 und 50.

45 StA Wfb. 2 Alt 13277.

46 Vgl. Günter SCHULZ, Aus Alexander Davesons Frühzeit. In: Mika'el 2 (1973), S. 61-76, hier S. 61 f. und 64.

47 GRAETZ, Jüdische Aufklärung (wie Anm. 41), S. 251 ff. Vgl. auch Michael A MEYER, Von Moses Mendelssohn zu Leopold Zunz. Jüdische Identität in Deutschland 1749-1824. München 1994.

48 Steven M. LOWENSTEIN, The Berlin Jewish Community. Enlightenment, Family and Crisis, 1770-1830. New York - Oxford 1994 (Studies in Jewish History), S. 26 ff.; HERTZ, Salons (wie Anm. 35), S. 71 ff. Zu Einzelbeispielen: STEINER, Benjamin Veitel Ephraim (wie Anm. 4); Dolf MICHAELIS, The Ephraim Family, Teil 1 und 2. In: Leo Baeck Institut Yearbook 21 (1976), S. 201-228 und 24 (1979), S. 225-246; LOWENSTEIN, Jewish Upper Crust (wie Anm. 24), S. 182-201; Karoline CAUER, Oberhofbankier und Hofbaurat. Aus der Berliner Bankgeschichte des XVIII. Jahrhunderts. Frankfurt/Main o. J. [1972].

49 Da eine scharfe Trennung zwischen Hofjuden und Nicht-Hofjuden innerhalb der Berliner Oberschicht kaum noch zu ziehen ist, beziehe ich bei diesem Beispiel die gesamte Oberschicht mit ein.

50 HERTZ, Salons (wie Anm. 35), S. 52, 101, 319; auch zum Folgenden S. 103 ff.

51 LOWENSTEIN, Berlin Jewish Community (wie Anm.48), S. 111 ff.

52 MEYER, Von Mendelssohn (wie Anm. 47), S. 67, 72 f., 75 ff.; Petra WILHELMY-

DOLLINGER, Emanzipation durch Geselligkeit. Die Salons jüdischer Frauen in Berlin zwischen 1780 und 1830. In: Marianne AWERBUCH, Stefi JERSCH-WENZEL (Hrsg.), Bild und Selbstbild der Juden Berlins zwischen Aufklärung und Romantik. Beiträge zu einer Tagung. Berlin 1992 (Einzelveröffentlichungen der Historischen Kommission zu Berlin 75), S. 121-138, hier S. 125.

53 Vgl. LOWENSTEIN, Berlin Jewish Community (wie Anm. 48), S. 127 f.

54 MEYER, Von Mendelssohn (wie Anm. 47), S. 81 ff.; LOWENSTEIN, ebda, S. 93.

55 Vgl. Carola STERN, „Ich möchte mir Flügel wünschen". Das Leben der Dorothea Schlegel. Reinbek 1990; HERTZ, Salons (wie Anm. 35), S. 134 f. (am Beispiel der Henriette Herz) und 223 ff.

56 HERTZ, ebda, S. 230 ff. Vgl. auch WILHELMY-DOLLINGER, Emanzipation (wie Anm. 52), S. 124 ff.

57 Hierzu STERN, Dorothea (wie Anm 55) und HERTZ, ebda, S. 143 ff. und 208 f.

58 HERTZ, ebda, S. 144 und 238.

59 HERTZ, ebda, S. 266 f. u. 334, Abb. 15; LOWENSTEIN, Berlin Jewish Community (wie Anm. 48), S. 122 ff.

60 HERTZ, ebda, S. 334, Abb. 15; LOWENSTEIN, ebda, S. 126 ff.

61 HERTZ, ebda, S. 248 f.

62 Siehe LOWENSTEIN, Berlin Jewish Community (wie Anm. 48), S. 69 ff.

63 SCHNEE, Hoffaktoren-Familie Kaulla (wie Anm. 33) , besonders. S. 243 und 248 f.

64 Stiftungen in Hechingen: Hospiz für arme jüdische Vaganten, Lehrhaus für junge Juden (1803); Kapital für den Synagogenbau in Hechingen; Familienstiftung (1821) für die Aussteuer armer Verwandter; noch 1867 Talmudstiftung eines Nachkommen. Siehe SCHNEE, ebda S. 251 ff. und 261 ff.; Heinrich KOHRING, Die Inschriften der Kaulla-Grabdenkmäler auf dem jüdischen Friedhof in Hechingen. Text und Übersetzung sowie philologischer und inhaltlicher Kommentar. In: Zeitschrift für Hohenzollerische Geschichte 108 (1985), S. 171-213.

65 Maria ZELZER, Weg und Schicksal der Stuttgarter Juden. Ein Gedenkbuch. Hrsg. von der Stadt Stuttgart, Stuttgart 1964 (Sonderband der Veröffentlichungen des Archivs der Stadt Stuttgart), S. 20 ff.; SCHNEE, ebda, S. 256 ff. und 262.

66 HERTZ, Salons (wie Anm. 35), S. 283 ff.; LOWENSTEIN, Berlin Jewish Community (wie Anm. 48), S. 95 ff., besonders S. 109 ff.

67 Vgl. STERN, Dorothea (wie Anm. 55), S. 306.

Von Großhändlern und Gehilfen

Aspekte der Sozialgeschichte Wiener jüdischer Familien im 19. Jahrhundert

Tina Walzer

Die vorliegende Arbeit fußt auf einem breit angelegten Forschungsprojekt zur Sozialgeschichte der Juden in Wien zwischen 1784 und 1874, das am Institut für Geschichte der Juden in Österreich bearbeitet wird. Der Umstand, daß bis zum jetzigen Zeitpunkt noch nicht alle relevanten Quellen in der personenbezogenen Datenbank des Projektes statistisch erfaßt worden sind, läßt am ehesten die Bezeichnung „Zwischenbericht zum aktuellen Forschungsstand“ zu.

Zunächst soll versucht werden, die hier vorgestellten Personengruppen unter Heranziehung unterschiedlicher Aspekte zu umschreiben sowie auf die zeitliche Dynamik der beobachteten Erscheinungen einzugehen. Hierzu gehört die Frage sowohl nach den Herkunftsländern und dem zeitlichen Rahmen der Zuwanderung nach Wien als auch nach den rechtlichen Einschränkungen bestimmter Zuwanderungsmotive.

Eine zentrale Rolle im Erklärungsmodell spielt naturgemäß die wirtschaftliche Ausgangsbasis der Immigranten. Sie bestimmte primär die Berufsfelder der Wiener jüdischen Bevölkerung. Sie wirkte aber auch auf das Verhältnis zu religiösen Fragen, kulturellen Traditionen und Werten sowie zur Umwelt ein. Gerade die Bereitschaft jüdischer Immigranten zur Annäherung an die Wiener Gesellschaft ist ein Spezifikum des untersuchten Zeitraumes. Marsha Rozenblit unterscheidet sehr klar zwischen Akkulturation und Assimilation und beschreibt den Spielraum zwischen ihnen anhand unterschiedlicher Merkmale, bei denen das Festhalten an bzw. die Aufgabe von kulturellen und religiösen Wertvorstellungen im Vordergrund stehen.[1]

Um die Wechselwirkungen zwischen Migrationsmotiven, rechtlichen Voraussetzungen der Ansiedlung, beruflichen Karrieren und

Familienmustern aufzuzeigen, sollen zwei Berufsgruppen herausgegriffen und näher beleuchtet werden: Großhändler und Bankiers einerseits sowie Handelsgehilfen und Handelsangestellte andererseits. Bankiers und Angestellte wurden deshalb ausgewählt, weil beide Berufsgruppen in besonderer Weise gesellschaftlich aktiv waren, aber ganz unterschiedliche Linien verfolgten. Die Wahl dieser Gruppen ermöglicht einen einigermaßen differenzierten Blick auf die vielfältigen sozialen Verhältnisse, in denen Juden in Wien während des 19. Jahrhunderts lebten. Gleichzeitig soll auch deutlich werden, welche Veränderungen im Laufe des Jahrhunderts in wirtschaftlicher wie auch gesellschaftlicher Hinsicht stattfanden und inwieweit sie jüdische Familienstrukturen direkt oder indirekt beeinflussen konnten. Gerade die Polarisierung in arme und reiche Juden, wie sie uns als Hauptargument antisemitischer Rhetorik nur zu vertraut ist, läßt eine Korrektur notwendig erscheinen. Die soziale Bandbreite des Wiener Judentums reichte jedenfalls über Hausierer und Millionäre hinaus. Daß die Realität jüdischen Alltags in Wien noch weit komplexer war, als sich in gebotener Kürze darstellen läßt, sei an dieser Stelle noch einmal deutlich betont.

Folgende Fragenkomplexe stehen hinter der Schilderung der Wiener Verhältnisse: Wanderten Familien geschlossen zu oder immigrierten eher Einzelpersonen? Unterhielten die Immigranten Kontakte zu Familienangehörigen, Verwandten oder Geschäftspartnern in ihren Herkunftsorten? Ist zwischen der Startposition der Zuwanderer in Wien und ihrem Ansiedlungsverhalten ein Zusammenhang herstellbar? Dies sind Fragen, die die näheren Umstände der Zuwanderung klären helfen. In Hinblick auf das Berufsspektrum steht die Entwicklung wirtschaftlicher Chancen und Betätigungsmöglichkeiten und deren legislative, gesellschaftliche und ökonomische Voraussetzungen im Vordergrund.

Das Spannungsfeld um Akkulturation und Verbürgerlichung kann von sozialen, wirtschaftlichen, kulturellen sowie religiösen Gesichtspunkten aus faßbar gemacht werden. Die Auswirkungen dieser Phänomene auf Familienstrukturen lassen sich anhand von Beobachtungen zur Kinderzahl, zur Rolle der Frau in der Familie oder zum Umgang mit Schulbildung und mit Traditionen ablesen.

Zuwanderung

Das ausschlaggebende Motiv für die Zuwanderer aus Böhmen, Mähren, Ungarn und Gebieten des Osmanischen Reiches im hier untersuchten Zeitraum war zweifelsohne der Ausbau von Geschäftsverbindungen. Im Mittelpunkt dieser Untersuchung stehen also soziale Gruppen, die im Gegensatz zu den ab der Jahrhundertmitte auftretenden Pogromflüchtlingen aus Galizien und der Bukowina bereits in ihren Herkunftsländern wirtschaftlich etabliert waren. Sie brachten somit ganz andere soziale Voraussetzungen für die Integration in das Wiener Umfeld mit. Diese Immigranten waren, schon alleine um den Erfolg ihrer Unternehmungen zu garantieren, von vornherein kulturell anpassungswillig. Überdies waren sie in der Mehrzahl religiös reformorientiert.

Bei der Entwicklung der obersten sozialen Schicht jüdischer Einwanderer sind zwei Phasen zu unterscheiden. Zu Beginn des 19. Jahrhunderts konnten sich ausschließlich finanziell potente, wirtschaftlich unabhängige Familien aus dem Umkreis der früheren Hofjuden gesellschaftlich und wirtschaftlich in Wien etablieren. Ab der Jahrhundertmitte gelang auch Familien, deren Oberhäupter sich aus Angestelltenverhältnissen bei den Erstgenannten emanzipieren konnten, der Schritt zur wirtschaftlichen Selbständigkeit und damit zum Erfolg. Als Vertreter der ersten Gruppe wären etwa die miteinander verschwägerten Familien Arnstein und Eskeles zu nennen, für die zweite Gruppe sei exemplarisch auf Josef Ritter von Wertheimstein, den ehemaligen Prokuristen des Bankhauses Rothschild, verwiesen.[2]

In die zweite Phase ist auch der Aufstieg jener Großhändler einzuordnen, die zwar schon früh nach Wien zugewandert waren, deren wirtschaftliche Konsolidierung sich jedoch über einen längeren Zeitraum erstreckte. Charakteristischerweise wurde von ihren Mitgliedern nicht die Nobilitierung angestrebt. Nachdem die nobilitierten Großhändler ihren Tätigkeitsbereich in den Bankensektor bzw. in die Industrie verlegt hatten, hielten die vorgenannten die traditionellen Strukturen des Handels aufrecht und übernahmen damit deren wirtschaftliche Funktionen. Diese obere jüdische Mittelschicht gewährleistete die Versorgung des Wiener Marktes mit primären Verbrauchsgütern wie Lebensmitteln. Zusätzlich beschleunigte sie dadurch auch die wirtschaftliche Entwicklung als solche, da sie in ihrer Fähigkeit, Kontinuitäten aufrechtzuerhalten, in der an Wandel reichen Epoche der Emanzipation, Modernisierung und Industrialisierung ökonomisch wie auch gesellschaftlich einen stabilisierenden Faktor darstellte.[3]

Rechtliche Rahmenbedingungen

Beginnend mit den legislativen Maßnahmen Josephs II., die unter dem Namen „Toleranzedikt“ bekannt sind, änderten sich die Parameter der gesamtgesellschaftlichen Entwicklungsperspektiven für Juden. Die wirtschaftspolitischen Überlegungen waren, ganz im Sinne physiokratischer Theorien, auf deren Einbindung in sogenannte „produktive“ Beschäftigungsbereiche gerichtet. Tatsächlich ist das Erfolgspotential der Reformideen später an den vielfältigen Tätigkeiten geadelter jüdischer Unternehmer in der Textilindustrie, im Finanzsektor, im Eisenbahnbau, im Kohlebergbau wie auch in der Eisen- und Stahlindustrie abzulesen.[4]

Die Schaffung neuer ökonomischer Betätigungsfelder sowie das Forcieren einer breit gestreuten, allgemeinen schulischen Ausbildung sollten die Integration von Juden in die bürgerliche Gesellschaft vorantreiben.[5] Angestrebtes Ziel war nicht die Stärkung einer wie auch immer gearteten jüdischen Position, sondern vielmehr das Aufgehen jüdischer Identitäten in der umgebenden christlichen Gesellschaft.[6] Zwar war die weitere Entwicklung der Judengesetzgebung durch die Abkehr und Verzögerung der josephinischen Reformideen geprägt, doch zeichnete sich ab den 1840er Jahren eine Trendwende ab, die mit der formalrechtlichen Gleichsetzung von Juden als Staatsbürger im Staatsgrundgesetz von 1867 ihren definitiven Endpunkt fand.

Die einflußreichsten jüdischen Schichten stellten sich ganz hinter die Ziele des Toleranzedikts. Ihre ökonomische Abhängigkeit von Aufträgen des Hofes förderte zusätzlich den Wunsch, die Nobilitierung als Weg der Integration in die Wiener bürgerliche Gesellschaft zu beschreiten. Diese Strategie stellte weniger eine für jüdische Gesellschaftsschichten charakteristische Handlungsweise dar, sondern entsprach einer allgemein zu beobachtenden Tendenz innerhalb des sich gerade erst entwickelnden Wiener Bürgertums.

Zu dessen Werteskala gehörte nicht die Schaffung eigener Werte oder einer eigenen Infrastruktur, sondern die Stabilisierung von gesellschaftlichem Status, der seinen Ausdruck in einer möglichst weitgehenden Angleichung an die adelige Gesellschaft des Wiener Hofes finden sollte.

Die lange Phase des Neoabsolutismus förderte feudale Herrschaftsstrukturen weit über deren wirtschaftlich opportune Bedeutung hinaus. Die politischen Entscheidungsträger dieser Epoche hemmten damit langfristig die Entwicklung eines tragfähigen Bürgertums, so daß die Sozialstruktur auch in der cisleithanischen Reichshälfte der Habsburgermonarchie in keiner Weise den gleichzeitigen gesellschaftlichen Entwicklungen in den westeuropäischen Staaten entsprechen konnte.[7] Jüdische Unternehmer bewegten sich im Spannungsfeld zwischen einer von feudalen Prinzipien dominierten Wirtschaftspolitik und den nur langsam Fuß fassenden bürgerlichen Reformideen.

Die Entwicklung vollzog sich ausgehend vom rechtlich stark eingeschränkten Typus des Hoffaktors über jenen des Großhändlers hin zum Großbankier und verlief parallel zum Industrialisierungsprozeß mit seinen spezifischen Anforderungen an die Marktverhältnisse.[8] Das statistische Zahlenmaterial zur Beschäftigungsstruktur der Wiener Juden untermauert diese Beobachtung.[9]

Umgang mit Tradition

In Hinblick auf familiäre Strukturen, insbesondere die Komponente des Umgangs mit Traditionen, trifft die Feststellung Bergers zu, daß bereits überwundene Normen im Sozialverhalten der Betroffenen weit länger sichtbar blieben.[10] Im konkreten Fall trafen ältere Formen traditioneller Wertvorstellungen auf den für diese Epoche charakteristischen konservativen Trend. Monika Richarz weist auf die besondere Bedeutung der Tendenz zur Akkulturation in den jüdischen Spitzenschichten hin und zeigt anhand der Haltung zur Religionsausübung sowie der Rollenverteilung von Männern und Frauen die vielfältigen, durchaus nicht spannungsfreien Verbindungen zwischen jüdischen Familienkonzepten und der Verbürgerlichung auf. Gerade die Aufgabe der Frau, über die Kindererziehung den Fortgang der Akkulturation zu gewährleisten, verdient in diesem Zusammenhang besondere Beachtung.[11]

Für den Typus der gebildeten jüdischen Frau nehmen in Österreich die Teilnehmerinnen am Kreis um Fanny Arnstein die Position von Vorreiterinnen ein, obwohl ein Phänomen wie deren berühmter Salon für die Wiener Verhältnisse lange Zeit ein singuläres Ereignis blieb.

Nicht zu leugnen ist jedoch ein anderer Aspekt, der den weiblichen Angehörigen jüdischer Oberschichten die Aneignung bürgerlicher Bildungsideale und der zugehörigen Inhalte bereits im frühen 19. Jahrhundert ermöglichte. Die gute Ausbildung der Töchter garantierte ihren Eltern nämlich in Hinblick auf ihre eigenen Akkulturationswünsche hohes Sozialprestige. Ihr Ziel war nicht etwa die Berufstätigkeit der Töchter, sondern diese sollten das Rüstzeug erwerben, ihren vielfältigen Repräsentationspflichten in angemessener Weise nachkommen zu können. Außerdem diente die Ausbildung der Töchter auch einem handfesten finanziellen Zweck: Sie sollte das Zustandekommen vorteilhafter Eheverbindungen garantieren.[12]

Im Durchschnitt waren daher jüdische Frauen dieser sozialen Schicht besser gebildet als christliche.[13] Der Zugang zur Bildung verschaffte ihnen neben gesellschaftlichen Verpflichtungen und der Ausfüllung neuer Rollenbilder auch die Möglichkeit, in ihren Alltag kreative Elemente einzubringen. So verfügten sie über die Möglichkeit, durch die öffentliche Kultivierung des Diskurses über Lektüre in sogenannten „Lesezirkeln“ das kulturelle Leben aktiv mitzugestalten.[14]

Jüdische mittelbürgerliche Schichten um die Jahrhundertmitte wiederum hatten sich zwar nicht das Ziel der vollständigen Assimilation gesteckt, schätzten jedoch Bildung als solide Basis für die gesellschaftlichen und wirtschaftlichen Entwicklungsmöglichkeiten ihrer Kinder. In der zweiten oder dritten Generation dieser Zuwanderer nahm dann die Zahl der in freien Berufen Tätigen entsprechend stark zu. Die ab der Jahrhundertmitte Geborenen bildeten somit das Bindeglied zu den im Entstehen begriffenen urbanen Berufen.[15] Gerade in der dritten Generation trat allerdings auch auf, was man ursprünglich hatte vermeiden wollen: Ein starker Trend zur Konversion zum Christentum.

Heiratsverhalten und Familienplanung

Bereits jetzt läßt sich aus dem Datenmaterial ablesen, daß sich in Wien tendenziell mehr jüdische Männer als Frauen aufhielten, was sich in erster Linie aus den oben geschilderten Zuwanderungsmotiven erklärt. Die Zahl der Unverheirateten überwog jene der Verheirateten um mehr als zwei Drittel. Die Zahl der männlichen ledigen Zuwanderer ist unter den zwischen 1793 und 1848 Geborenen am höchsten, also jener Gruppe, die aufgrund der gesetzlichen Erleichterungen erstmals in der Lage war, ihre Karriere durch den Schritt in die Reichshaupt- und Residenzstadt zu fördern. In derselben Altersgruppe fällt die Dominanz der verheirateten Frauen auf. Offenbar hängt dies mit der um die Jahrhundertmitte vergleichsweise optimalen Chance für eine wirtschaftliche und soziale Etablierung zusammen, die noch nicht durch das Überhandnehmen sozialer Mißstände gebremst war und daher Eheschließungen und Familienplanung möglich machte. In die Zeit der späten 1860er Jahre fällt auch die höchste Zahl der Geburten innerhalb der untersuchten Gruppen.

Vor der endgültigen Durchsetzung bürgerlicher Werte war das Heiratsverhalten vom Ideal der Großfamilie mit möglichst hoher Kinderzahl geprägt. Daher kamen nur Eheverbindungen in Betracht, die den entsprechenden finanziellen Aufwand zu garantieren schienen.[16] Ziel jeder Eheschließung war die Ausweitung der elterlichen Geschäftsbeziehungen durch Verheiratung der Kinder mit Geschäftspartnern oder Verwandten in Wien bzw. im westlichen Ausland. Die Wahl eines jüdischen Ehepartners war vor allem in Verbindungen zwischen Familien, die ihre Basis in unterschiedlichen Ländern hatten, ein Element jüdischer Identitätsbildung.[17]

Marion Kaplan beschreibt sehr anschaulich die Beteiligung verschiedener Familienmitglieder an der Auswahl jener potentieller Heiratskandidaten, von denen man hoffte, sie würden den Zielen der Familie förderlich sein.[18] Eheschließungen zwischen Verwandten folgten üblicherweise wirtschaftlichen Überlegungen. Vor allem wenn sich eine Familie in einer pekuniär schwierigen Lage befand, wurde auf solche Entscheidungen zurückgegriffen, um die Aufsplitterung des Kapitals zu verhindern. Überdies konnte man ohne entsprechende Mitgift auch kaum auf vermögende Heiratspartner hoffen.[19] Die Befolgung solcher Prämissen führte im Zuge der verstärkten Zuwanderung ab dem letzten Drittel des 19. Jahrhunderts und der damit verbundenen Verschlechterung der sozialen Lage breiter jüdischer Bevölkerungsschichten zur Abnahme der Eheschließungen.[20]

Die Kinderzahl der mittleren und oberen Schichten war von einer sehr bewußten Geburtenregelung bestimmt, die sich wesentlich früher als in der christlichen Bevölkerung durchgesetzt hatte. Motive dafür waren einerseits die Idealvorstellung von der bürgerlichen Kleinfamilie, andererseits ist der finanzielle Aspekt dieser Familienstrategien nicht zu unterschätzen.[21]

Wohnverhalten

Das Wohnverhalten der Wiener jüdischen Bevölkerung war Ausdruck sozialer Strategien. Nobilitierte Familien sowie Assimilationswillige zogen es vor, in der Nähe der alten Adelspalais, also innerhalb der Stadtmauern im heutigen ersten Bezirk, zu wohnen, und verliehen so ihrem sozialen Streben auch geographisch Ausdruck. Die jüdischen Auftraggeber der im letzten Viertel des 19. Jahrhunderts erbauten Ringstraßenpalais waren zwar noch diesem Motiv verpflichtet, standen in ihrer Entwicklung allerdings schon der nachfolgenden, jüdisch bewußten Unternehmergeneration näher.[22]

Ein zusätzlicher Aspekt für die Ansiedlung in Ringstraßennähe für diese späte Zeit war das Bedürfnis nach Abgrenzung. Die bereits etablierten großbürgerlichen jüdischen Schichten, die in vielen

Fällen am gleichzeitigen wirtschaftlichen Aufschwung partizipieren konnten, suchten mit der Nähe zur christlich dominierten, liberal geprägten Wiener bürgerlichen Gesellschaft, die die Stadterweiterungsprogramme initiiert hatte, eine auch optisch wahrnehmbare Abgrenzung gegenüber den nun bereits massiv zuwandernden jüdischen Unterschichten.[23] Gleichzeitig dachte man, solchermaßen der antisemitisch motivierten, diskriminierenden Behandlung als Juden entgegentreten zu können.

Das Wohnverhalten läßt sich ebenso als Indikator für den Status niederer sozialer Schichten nachweisen. So ist beispielsweise innerhalb des zweiten Wiener Gemeindebezirks, der Leopoldstadt, eine sehr starke Binnenmobilität nachzuweisen. Wohnadressen an der Donaukanalfront hatten wesentlich höheres Prestige als solche mitten im Bezirk.[24] Der innerjüdische Charakter dieses in allererster Linie von Juden bevorzugten Siedlungsgebiets wurde durch entsprechende Einrichtungen infrastrukturell gewahrt, etwa durch die Ballung jüdischer Institutionen und Lebensmittelgeschäfte in bestimmten Straßenzügen.[25]

Der Grund für die Bevorzugung des zweiten Bezirks als erster Wohnadresse für jüdische Neuzuwanderer lag im Bedürfnis nach sozialen Kontakten und in der Suche nach der Sicherheit einer vertrauten Umgebung.[26] Der Erhalt gruppeninterner Kontakte spielte beim Aufbau und der Absicherung der wirtschaftlichen Basis für die Neuankömmlinge eine nicht unbedeutende Rolle. Diese erhofften sich damit – mit einiger Aussicht auf Erfolg – eine Verbesserung ihrer Geschäftsbedingungen.[27]

Handelsgehilfen und Handelsangestellte

In dieser Gruppe ist die frühe Form der Handelsgehilfen von der gegen Ende des Jahrhunderts auftauchenden Form der Handelsangestellten zu trennen.[28]

Die Tätigkeit als Handelsgehilfe umfaßte sowohl körperliche Hilfsdienste als auch Büroarbeit in einem Geschäft oder Gewerbebetrieb. Aus dem bisher aufgearbeiteten Datenmaterial ist bereits klar ersichtlich, daß Gehilfen in der Regel jung und unverheiratet zuwanderten.[29] Die hohe Zahl lediger jüdischer Männer, die sich ständig in Wien aufhielten, ist durch den andauernden Zuzug erklärbar. Das Ziel der Handelsgehilfen war der Aufbau einer Existenz in Wien und schließlich die selbständige Betriebsführung. Eine Heirat wurde erst nach Erreichen der Selbständigkeit angestrebt. Hier wurde Ehepartnerinnen, die bereits aus Wien gebürtig waren, der Vorzug gegeben, da man dadurch den erreichten sozialen Status zu festigen suchte. In der Mehrzahl der Fälle stellte sich die Frage nach der Gründung einer Familie jedoch gar nicht, da nur wenigen die wirtschaftliche Konsolidierung gelang.

Verheiratete Gehilfen treten im Datenmaterial eher selten auf. In solchen Fällen kamen die Ehemänner kurz nach der Hochzeit, die noch in ihrem Herkunftsort stattgefunden hatte, nach Wien. Die Ehefrauen blieben noch bis zur gelungenen wirtschaftlichen Etablierung der Männer in der Ursprungsgemeinde. Sie zogen somit erst relativ spät nach Wien zu. Nach ihrer Ankunft stand die Familienplanung im Zentrum des ehelichen Lebensinteresses. Dieser Umstand erklärt das statistisch nachweisbare, im Vergleich zu anderen Berufsgruppen höhere Alter der Ehefrauen von Angestellten bei der Geburt ihres ersten Kindes. Nach dem Erreichen eines gewissen sozialen Status zogen oft zusätzlich die Eltern oder andere Verwandte nach Wien. Dadurch ergab sich die Gründung relativ großer Haushalte in dieser Berufsgruppe.

Ledige Frauen kamen so gut wie nie alleine, etwa mit dem Ziel, hier Arbeit zu suchen, nach Wien.

Im Gegensatz zu den Handelsgehilfen waren Handelsangestellte nur noch als Bürokräfte in der Verwaltung von Betrieben tätig. Diese Berufsform setzte sich erst im letzten Drittel des 19. Jahrhunderts in Wien durch und hing mit dem fortschreitenden Industrialisierungsprozeß und den damit verbundenen Strukturänderungen in der Arbeitsorganisation und -verwaltung zusammen. Typisch für die strukturellen Verhältnisse in Wien war die Dominanz der Textilindustriebetriebe,[30] in denen die meisten Angestellten beschäftigt waren.[31]

Vor allem Angehörige der unteren Mittelschichten entschieden sich für den Berufsweg des Angestellten; das Bedürfnis nach Absicherung überwog vermutlich das Streben nach gesellschaftlichem Aufstieg.[32] Ein Angestellter in einem Privatbetrieb konnte in der Regel mit einer guten sozialen Absicherung rechnen. Er verfügte über ein fixes Einkommen, das diese Sicherheit primär garantierte. Dies war wohl ein Hauptmotiv für die Entscheidung, das traditionelle Ziel der wirtschaftlichen Selbständigkeit aufzugeben.[33]

Als Angestellter war man allerdings gezwungen, sich an fixe Arbeitszeiten zu halten. Die damit verbundenen Probleme werden am Beispiel des Schabbat am deutlichsten, denn kultische Vorschriften konnten oftmals aufgrund von Arbeitsvorgaben nicht mehr befolgt werden. Die Auswirkungen auf das Gesellschaftsbild dieser jüdischen Angestellten waren weitreichend. Bürgerliche Wertvorstellungen konnten damit in sonst auffallend konservative untere soziale Schichten eindringen, die unter anderen Umständen ihren kulturell traditionsbewußten bzw. in religiöser Hinsicht orthodoxen Charakter bewahrt hätten.[34]

Männliche und weibliche Rollenverteilung

Die Umschichtungen hatten vor allem auf die Rollenverteilung zwischen Mann und Frau innerhalb von Ehe und Familie tiefgreifende Auswirkungen. Das bürgerliche Muster, nach dem Männern der öffentliche Bereich zufiel, während Frauen auf den häuslichen verwiesen wurden, setzte sich durch. Aufgrund der beruflich bedingten räumlichen Trennung der Ehepartner während des Arbeitsalltags wurde das Bewahren von Traditionen zum verbindenden Glied ihrer nunmehr getrennten Lebenswelten.[35] Dies war auch Ausdruck des Bemühens, zum Akkulturationsdruck des Berufs ein Gegengewicht zu schaffen. Die relative soziale Absicherung machte eine vollständige Assimilierung an die christliche Umgebung auch nicht mehr erstrebenswert, zumal einerseits der zunehmende Antisemitismus, andererseits die fortschreitende Organisierung von Arbeitnehmern in Vereinen und Interessensvertretungen den innerjüdischen Zusammenhalt förderten.[36]

Zuwandernde junge Männer, die eine Angestelltentätigkeit anstrebten, kamen zunächst oft bei Familienangehörigen – in der Regel ihre Arbeitgeber – unter. Andernfalls zog man eine Unterkunft bei anderen, nichtverwandten jüdischen Familien vor. Nur wenn diese Möglichkeiten ausfielen, wohnten die Neuankömmlinge auch bei christlichen Familien. Bemerkenswerterweise spielte in dieser Berufsgruppe der gemeinsame Herkunftsort von Unterkunftgebern und Untermietern keinerlei Rolle mehr.[37] Regionale Bindungen waren für diese soziale Schicht weder in bezug auf die Wahl ihrer Ehepartner noch in Hinblick auf eine berufliche Karriere für den Gewinn an Sozialprestige ausschlaggebend.

Die Beliebtheit dieser Unterbringungsstrategie schlägt sich auch statistisch nieder. In einem Drittel aller jüdischen Haushalte lebten Personen, die nicht dem Familienverband angehörten.[38] Diese Beobachtung trifft in noch stärkerem Maße auf sozial schlechter gestellte Personen zu. Mit dem ab den 1880er Jahren massiven Zuzug von Angehörigen jüdischer Unterschichten aus den östlich gelegenen Provinzen der Habsburgermonarchie stieg unter den Zuwanderern aus den alten Herkunftsländern die Angst vor antisemitischen Übergriffen, denen man durch die Nähe zu etablierten Schichten zu entgehen versuchte. Außerdem lehnten Christen die Aufnahme jüdischer Untermieter zunehmend ab.[39]

Resultat dieser Entwicklungen, die allerdings erst in der Zeit vor 1914 ins Bewußtsein einer breiten Öffentlichkeit gelangten, waren desolate Wohnverhältnisse und ein unbeschreibliches soziales Elend. Durch das Benutzen dieser Phänomene zur Austragung tagespolitischer Konflikte entstand in nachhaltiger Weise der Eindruck, alle in Wien lebenden Juden müßten in derartigen Zusammenhängen gesehen werden. Der Umstand, daß die Verhältnisse dieser ärmsten jüdischen Schichten auch in die Belletristik Eingang fanden – man denke an Joseph Roths Essay über die Juden in der Leopoldstadt –, förderte die einseitige Meinungsbildung zusätzlich. Daher ist es nach wie vor ein Desiderat, mit Hilfe differenzierter Fragestellungen Forschungsergebnisse zu liefern, die das einseitige Bild von „den Wiener Juden" abbauen helfen und auf die Vielfalt und Lebendigkeit jüdischer Alltagswelten hinweisen.

Anmerkungen

1 ROZENBLIT orientiert sich an den Theorien des Soziologen Milton Gordon, die er in seinem Werk „Assimilation in American Life" formuliert hat. Vgl. Marsha L. ROZENBLIT, Die Juden Wiens 1867-1914. Assimilation und Identität. Wien - Köln - Graz 1989, S. 9 f.

2 Vgl. William O. MCCAGG, Austria's Jewish Nobles. In: Leo Baeck Institute Year Book (im folgenden: LBI YB) 34 (1989), S. 163-186, hier S. 172 und 174 f.

3 Vgl. Péter HANÁK, Jews and the Modernization of Commerce in Hungary, 1760-1848. In: Michael K. SILBER (Hrsg.), Jews in the Hungarian Economy 1760-1945. Jerusalem 1992, S. 23-39, hier S. 37 f.

4 Vgl. dazu William O. MCCAGG, Jewish Wealth in Vienna, 1670-1918. In: SILBER, ebda, S. 53-91, hier S. 88.

5 Vgl. Michael K. SILBER, A Jewish Minority in a Backward Economy: an Introduction. In: SILBER, ebda, S. 3-22, hier S. 7.

6 Eine kritische Haltung gegenüber den josephinischen Reformen und deren von ideologischen Vereinnahmungen geprägten Rezeptionsgeschichte nimmt Häusler ein: Wolfgang HÄUSLER, Konfessionelle Probleme in der Wiener Revolution von 1848. In: Kurt SCHUBERT (Hrsg.), Das Judentum im Revolutionsjahr 1848. Wien 1974 (Studia Judaica Austriaca 1), S. 64-77, hier S. 67.

7 Vgl. dazu immer noch grundlegend Jürgen HABERMAS, Strukturwandel der Öffentlichkeit. Untersuchungen zu einer Kategorie der bürgerlichen Gesellschaft. Neuwied - Berlin 1962, S. 76-94, in den Kapiteln zur Entwicklung in England und Frankreich. Sein Befund über die Verhältnisse in Deutschland ist für den Vergleich mit den habsburgischen Ländern aufschlußreich.

8 Vgl. MCCAGG, Jewish Wealth (wie Anm. 4), S. 70 f. mit einem Überblick über diese Entwicklung.

9 So Ákos LÖW, Die soziale Zusammensetzung der Wiener Juden nach den Trauungs- und Geburtsmatrikeln 1784-1848. Wien 1951, S. 155-157, der sich auf die ersten zu diesem Thema erschienenen Arbeiten bezieht. Allerdings lassen die derzeitigen Forschungen im Hinblick auf untere soziale Schichten eine maßgebliche Korrektur bei der Gewichtung wie auch bei der Bewertung der Wirtschaftssektoren erwarten. Die sozialhistorisch orientierten Forschungen rücken ganz andere soziale Gruppen in den Mittelpunkt ihrer Aufmerksamkeit als die von differierenden gesellschaftlichen Interessen gefärbten Pionierarbeiten. Besser und heutigen Fragestellungen dienlicher daher Peter SCHMIDTBAUER, Zur sozialen Situation der Wiener Juden im Jahre 1857. In: Kurt SCHUBERT (Hrsg.), Der Wiener Stadttempel 1826-1976. Wien 1978 (Studia Judaica Austriaca 6), S. 57-89, hier S. 63 ff.

10 Vgl. Heinrich BERGER, Jüdische Handwerker und ihr sozialer Hintergrund in Wien. In: Aschkenas 4/2 (1994), S. 337-364, hier S. 341.

11 Vgl. Monika RICHARZ, Berufliche und soziale Struktur. In: Steven M. LOWEN-

STEIN, Paul MENDES-FLOHR, Peter PULZER, Monika RICHARZ (Hrsg.), Deutsch-jüdische Geschichte der Neuzeit. Bd. 3: Umstrittene Integration 1871-1918. München 1997, S. 39-68, hier S. 66 f. zu Akkulturation und sozialer Strukturierung sowie im selben Band DIES., Frauen in Familie und Öffentlichkeit, S. 69-100, hier S. 69 ff., besonders S. 72.

12 Zu diesem Themenkomplex ROZENBLIT, Juden Wiens (wie Anm. 1), S. 127.

13 Ebda, S. 129.

14 Vgl. HABERMAS, Strukturwandel (wie Anm. 7), S. 46 ff.

15 Vgl. SILBER, Jewish Minority (wie Anm. 5), S. 12; auch ROZENBLIT, Juden Wiens (wie Anm. 1), S. 116.

16 Siehe dazu Marion A. KAPLAN, Frau, Familie und Identität im Kaiserreich. Hamburg 1997, S. 141.

17 SILBER, Jewish Minority (wie Anm. 5), S. 20.

18 KAPLAN, Frau (wie Anm. 16), S. 135 f.

19 Ebda, S. 164.

20 Monika RICHARZ, Die Entwicklung der jüdischen Bevölkerung. In: LOWENSTEIN u. a., Deutsch-jüdische Geschichte (wie Anm. 11), S. 13-38, hier S. 16.

21 Vgl. KAPLAN, Frau (wie Anm. 16), S. 64 f., die zusätzlich den Aspekt des Antisemitismus und der Strategien, diesem vorzubeugen, betont.

22 Vgl. ROZENBLIT, Juden Wiens (wie Anm. 1), S. 82.

23 Vgl. Ivar OXAAL, Walter R. WEITZMANN, The Jews of Pre-1914 Vienna. An Exploration of Basic Sociological Dimensions. In: LBI YB 30 (1985), S. 395-434, hier S. 406 f. Diese Beobachtung gilt auch für wirtschaftlich etablierte mittel- und kleinbürgerliche jüdische Schichten, die dann allerdings andere Wiener Bezirke wie den 6. oder 8. wählten. Vgl. BERGER, Handwerker (wie Anm. 10), S. 346.

24 Siehe dazu Elisabeth EMSENHUBER, Die Wiener Juden in der zweiten Hälfte des 19. Jahrhunderts. Soziale und familiäre Aspekte. Unveröff. Diss., Wien 1982, S. 57 und S. 68 f.

25 ROZENBLIT, Juden Wiens (wie Anm. 1), S. 92 f.

26 Ebda, S. 104.

27 BERGER, Handwerker (wie Anm. 10), S. 363.

28 Vgl. allgemein Albert LICHTBLAU, Antisemitismus und soziale Spannungen in Berlin und Wien 1867-1914. Berlin 1994 (Reihe Dokumente, Texte, Materialien 9, veröff. vom Zentrum für Antisemitismusforschung der TU Berlin), S. 177 f.

29 EMSENHUBER, Wiener Juden (wie Anm. 24), S. 50.

30 Vgl. MCCAGG, Jewish Wealth (wie Anm. 4), S. 68 f.

31 In diesem Industriezweig, der sich im Gegensatz zur eher rückständigen wirtschaftlichen Entwicklung Österreichs überraschend früh ausbildete, war der Übergang von der älteren Form des Handelsgehilfen zur jüngeren des Angestellten besonders facettenreich. Vgl. LICHTBLAU, Antisemitismus (wie

Anm. 28), S. 102.

32 Zur sozialen Einordnung der Angestellten in das jüdische soziale Spektrum vgl. ebda, S. 50, Anm. 13.

33 ROZENBLIT, Juden Wiens (wie Anm. 1), S. 63 und 67.

34 Ebda, S. 57.

35 KAPLAN, Frau (wie Anm. 16), S. 72 ff.

36 ROZENBLIT, Juden Wiens (wie Anm. 1), S. 78 f.

37 BERGER, Handwerker (wie Anm. 10), S. 351.

38 OXAAL, WEITZMANN, Jews (wie Anm. 23), S. 406.

39 BERGER, Handwerker (wie Anm. 10), S. 343.

Jüdische Kindheit zwischen Tradition und Assimilation

Sándor Holbok

Das Kind in der jüdischen Familie

Die traditionelle jüdische Familie war reich an Kindern. Viele Kinder zu haben bedeutete, daß die Eltern gesegnet waren, sie brachten den Eltern Glanz und gesellschaftliche Anerkennung und galten als eine Art langfristige Investition zum Ruhm und Nutzen der Familie.

Keine Art der Verhütung war zugelassen, so daß religiöse Familien mit mehr als zehn Kindern keine Einzelerscheinung waren. Die in der Mitte des 19. Jahrhunderts in Eisenstadt geborene Rabbinerstochter Esther Calvary, geb. Hildesheimer, hatte z. B. elf Geschwister.[1]

Im Gegensatz zu strenggläubigen Juden hatten großstädtische und assimilierte Reformjuden wesentlich weniger Kinder. Lily Prerauer aus Prag hatte vier Geschwister, die in den 1880er Jahren zur Welt kamen.[2] Die 1893 in Wien geborene Lily Bader hatte nur noch eine Schwester. Im Vergleich mit der christlichen Bevölkerung hatten in Wien und Budapest lebende Juden zwischen 1875 und 1914 weniger Kinder.[3]

Dem „Zeitgeist" folgend, gelangten die assimilierten Juden sehr rasch vom Kinderreichtum orthodoxer Familien zur modernen Familie mit wenigen Kindern. Wie in Deutschland haben wahrscheinlich „die jüdischen Familien als erste (...) im Dienste der Bewahrung und Sicherung ihres erreichten Sozialstatus eine intensive Geburtenkontrolle geübt".[4]

Die Zahl der außerehelichen Kinder und die Höhe der Kindersterblichkeit beweisen sowohl für Wien wie auch für Budapest, daß die jüdische Bevölkerung großen Wert auf optimale Umstände für ihre Nachkommen legte. Zwischen 1875 und 1914 kamen 28-44% der Wiener Neugeborenen außerehelich zur Welt, es gab jedoch nur 10-13% außerehelich geborene jüdische Kinder.[5] Für Budapest existieren ähnliche Angaben. Diese Entwicklungen dürften einerseits auf der Tatsache beruhen, daß es kaum jüdische Mägde gab – diese waren am meisten den Gefahren von außerehelichen Beziehungen ausgesetzt –, andererseits dürfte die strategische Familienplanung in jüdischen Ehen eine wichtige Rolle gespielt haben.

Männliche Kinder waren, den alten Vorstellungen entsprechend, willkommener als Mädchen. Nur aus einem Jungen konnte ein Rabbiner oder Gelehrter werden, womit in der traditionellen Gesellschaft großes Ansehen erworben werden konnte. Mädchen wurden manchmal als minderwertig betrachtet, vor allem aber wurden sie aufgrund der Mitgift, die der Vater bei ihrer Verheiratung in Form von Geld, Geschirr, Bettwäsche etc. als Fundament für den neuen Haushalt geben mußte, als finanzielle Belastung angesehen. Die Aussteuer für drei oder vier Töchter war für den Vater eine große Last. Wichtigstes Ziel war trotzdem, die Töchter gut zu verheiraten. Ihrer Erziehung wurde allerdings weniger Aufmerksamkeit geschenkt. Als z. B. der Großvater von Frau Szász bemerkte, wie begabt seine Enkelin in Hebräisch war, stellte er in einer typischen Reaktion fest: „Sorele, Sorele, wie schade, daß du bloß ein Mädchen bist, kein Knabe!“[6]

Beziehung der Eltern zu den Kindern

Der Vater beschäftigte sich kaum mit einem Kleinkind. Esther Calvary berichtete, daß der Vater eigentlich nur bei den Mahlzeiten zu sehen war. Ihre Mutter pflegte zu sagen: „Bis zu 2, 3 Jahren könnte man meinem Manne die Kinder vertauschen, und er würde es kaum merken.“[7]

Die Mutter kümmerte sich um die kleinen Kinder. Tagtäglich waren sie zusammen in der Wohnung, solange der Vater den Geschäften nachging oder unterwegs war. Die Mutter zeigte ihre Gefühle offener, erlaubte Spaß und spielte manchmal sogar selber mit. Esther Calvarys Mutter überraschte ihre gesamte Familie, als sie anläßlich des Purim-Festes auch eine Maske trug, außerdem nahm sie an verschiedenen Spielen teil.

Der Vater hielt lange Zeit Distanz zu den Kindern und beteiligte sich sehr selten an Spielen. Wenn Esthers Vater mitspielte, „dann war das Glück besonders groß", dauerte jedoch nicht lange an.[8]

Härtere Bestrafungen übernahm meistens der Vater, wenn die Mutter ein Erziehungsproblem nicht alleine lösen konnte oder wollte.

Das Interesse der Väter an ihren Söhnen begann meist dann, wenn es um religiöse oder profane Studien ging. Olly Schwarzens Vater verprügelte ihre Brüder, als sie in der Schule schlechte Noten bekamen. P. S.' Vater gab seinem Sohn Ohrfeigen, um ihn zu „überzeugen", daß er Schneider und nicht Maler werden sollte.[9]

Der strenge Vater des Orientalisten Ignaz Goldziher verlangte nicht nur gute Leistungen in der Schule, sondern auch ein vorbildliches Verhalten. Bereits mit vier (!) Jahren wurden an den später berühmten Akademiker von seinem Vater so hohe moralische Ansprüche gestellt, daß er in der Nacht weinte, weil er sich zu schwach fühlte, diesen hohen Erwartungen entsprechen zu können.[10]

In Familien, in denen der Vater fehlte, wie z. B. bei den Baders am Beginn des 20. Jahrhunderts, konnte sich nach dem Tod des Vaters auch die Mutter streng und „väterlich" verhalten. In dieser Familie übernahm eine Tante die Rolle der Mutter. Tante Julie „war verantwortlich für unsere tägliche Pflege", in ihrer Gesellschaft fühlten sich die Kinder wohl und waren unbefangen.[11]

In traditionellen Familien übernahm bei Abwesenheit der Eltern der älteste Bruder die elterliche Vollmacht. Wenn Esther Calvary ihrem ältesten Bruder Levy nicht gehorchen wollte, wurde sie mit dem biblischen „Ehre Vater und Mutter" zur Besinnung aufgefordert. Levy wurde als „Oberhaupt" der anderen Geschwister betrachtet und die Rechte des Erstgeborenen wurden weitgehend akzeptiert.[12]

Erziehung und Bildung

Das eigentliche Idealbild in der traditionellen jüdischen Gesellschaft war der „schene jid", der nach anderen Fähigkeiten und Eigenschaften bewertet wurde als die Idealbilder der Bauern- oder Kriegergesellschaft, in denen körperliche Kraft und Geschicklichkeit in der Hierarchie die oberste Stelle einnahmen. Nur die Kenntnis der heiligen Lehre wurde als immerwährend angesehen und hielt das Judentum aufrecht. Das Streben nach Bildung erwachte in jüdischen Familien nicht erst im späten 18. und beginnenden 19. Jahrhundert, wie bei bürgerlichen deutschen Familien,[13] richtete sich aber ab dieser Zeit neben den religiösen verstärkt auch auf profane Studien.

Traditionell wurden im Judentum vor allem diejenigen geschätzt, die durch fromme Religionsstudien weise wurden. Arme Familien gaben ihre letzten Groschen aus, um ihre Söhne zu unterstützen, damit diese nicht arbeiten mußten, sondern studieren konnten.

Reiche Kaufleute waren froh, wenn sie ihre Töchter mit einem jungen Rabbiner – auch wenn er arm war – verheiraten konnten. Dementsprechend wurde unter einem schönen Juden, dem „schenen jid", eine blasse, magere Gestalt verstanden.[14]

Kleine Buben wurden anfänglich manchmal von ihrem Vater unterrichtet. Dem 1835 geborenen Heinemann Rosenthal brachte der Vater „die Anfangsgründe des Lesens, Schreibens und Rechnens" bei, doch ersetzte den Vater bald ein jüdischer Hauslehrer. Diese führten sowohl in profane wie auch in religiöse Studien ein. „Fast gleichzeitig mit dem deutschen Alphabet erlernte ich das hebräische", erinnerte sich Rosenthal.[15]

Auch assimilierte großstädtische Juden verzichteten später nicht auf Privatlehrer für ihre Kinder. Der 1873 in Wien geborene Robert Lichtblau hatte mit seinen Geschwistern „von frühester Jugend [an] Tanzlektionen zu Hause und Miss O'Brien für Englisch und Mlle Piquerez für Francais".[16]

Aber auch Familien in schlechten materiellen Verhältnissen strebten nach einer guten Erziehung für ihre Kinder. Die zu Beginn des 20. Jahrhunderts in Budapest in armen Verhältnissen lebende Familie Präger wollte ihren Sohn durch einen Melamed[17] unterrichten lassen. Da sie diesem nicht viel bezahlen konnte, war der Sohn der letzte am Tag, der vom Melamed unterrichtet wurde. Der Lehrer schlief häufig vor Müdigkeit ein, was die religiösen Studien des jungen Präger negativ beeinträchtigte.[18]

War der Melamed weniger erschöpft, mußten die vier- bis fünfjährigen Kinder viel ertragen, da die Lehrmethoden hart waren.

Der 1850 geborene Ignaz Goldziher las schon mit vier Jahren hebräisch und lernte mit zehn Jahren von vier oder fünf Uhr morgens bis elf oder zwölf Uhr in der Nacht abwechselnd Religiöses und Allgemeines.[19]

In Orten, in denen nicht nur einzelne jüdische Familien lebten, gab es organisierte Lehranstalten. Bis zur Verbreitung der allgemeinen jüdischen Grundschulen in den sechziger bis achtziger Jahren des 19. Jahrhunderts wurde in erster Linie im sogenannten Cheder unterrichtet.

Chadarim waren religiöse Privatschulen mit durchschnittlich fünf bis zehn Buben. Zuerst wurde den vier- bis fünfjährigen Kindern das hebräische Alphabet beigebracht. Der zu Beginn des 20. Jahrhunderts in Südungarn lebende Zoltán S. erinnerte sich daran, daß er „mit fünf Jahren (...) bereits die wichtigsten jüdischen Gebete" konnte, und dank des Unterrichts lernte er „schneller Hebräisch lesen als ungarisch".[20] Nach dem Alphabet lernten die Kinder die Tora und sämtliche Gebete des Jahres für die einzelnen Feiertage. Etwa ab dem siebenten Lebensjahr studierten die Knaben die Bücher der Propheten und bestimmte Kapitel des Talmud.

Nach der Beendigung dieser Schule mit etwa 13 Jahren waren die Jungen reif für die Bar Mizwa, nach der sie als vollberechtigtes Mitglied der Gemeinde betrachtet wurden. Die weiteren Studien, sofern sie erwünscht waren, erfolgten in einer höheren Religionsschule, der Jeschiwa.

In einer Siedlung mit zahlreicher jüdischer Bevölkerung bestanden mehrere Chadarim. „Es herrschte unter diesen Schulleitern der lebhafteste Konkurrenzkampf. Ein Haupttrick des Schülerfangs war die Werbung durch hervorragende Schüler." Erfolgreich war jener Melamed, „dem es gelungen war, einen besonders begabten Schüler zu erwischen". Diesen führte er zu verschiedenen maßgeblichen Personen und ließ ihn „'verhören', als Beweis für seine gute Lehrmethode", berichtete Adele von Mises, die in der Mitte des 19. Jahrhunderts in Galizien lebte.[21]

Die Eltern konnten die Entwicklung der Ausbildung ihrer Kinder und die Effizienz der Lehrmethoden des Lehrers mitverfolgen, denn der Melamed ging mit den Kindern in das Elternhaus, um das erworbene Wissen den Eltern zu präsentieren.

> „In Gegenwart der Eltern hat er die Kinder geprüft, dann mußten sie zeigen, was sie gelernt haben während der Woche. Wenn die Kinder was können haben, dann hat (...) [der Melamed] sein Geld gekriegt."[22]

So selbstverständlich war es jedoch für vierjährige Knaben nicht, acht oder zehn Stunden in einer Stube zu sitzen und zu lernen. Die Methode des Lehrers, des Melamed, bestand deshalb darin, daß er „ein Gebetbuch auf die Knie legte und mit einem spanischen Rohr den Buchstaben zeigte, den ich benennen sollte. Sobald ich einen Fehler machte, bekam ich einen Klaps", schrieb Jacob König.[23]

Der zu Beginn dieses Jahrhunderts in Südungarn lebende Zoltán S. berichtete ebenso über körperliche Strafen: „Der Melamed, der Glaubenslehrer, schlug mich mit dem Riemen, wenn ich nicht schnell und klug genug antwortete."[24]

Der lange, ermüdende Religionsunterricht, wodurch „reizende, pausbäckige Landkinder sich unter der Fuchtel des Belfers im Handumdrehen in blasse, hohlwangige Burschen verwandelten, an denen man hauptsächlich die Peijes, das Jarmikl[25] (...) bemerkte",[26] war für die wenigsten Kinder attraktiv. Deswegen hatten die meisten Lehrer einen oder sogar mehrere sogenannte „Belfer", die unter anderen Aushilfsarbeiten frühmorgens die unwilligen Buben in den Cheder mitnahmen.

> „So wunderte man sich auch gar nicht, wenn man früh morgens mörderisches Geschrei auf der Gasse vernahm, sondern sagte verständnisvoll: Aha, ein Junge wird ins Cheder geschleppt!"[27]

Es gab neben dem Cheder als eine weitere Form der religiösen Schule die sogenannte Talmud-Tora-Schule. Der wichtigste Unterschied zwischen den beiden Schultypen war, daß „in die öffentliche Talmud-Tora-Schule, wo der Unterricht unentgeltlich war und die Schüler obendrein zu essen bekamen, (...) natürlich nur die armen Kinder" gingen.[28]

Sämtliche jüdischen Gemeinden waren verpflichtet, dafür zu sorgen, daß alle Knaben der Ortschaft Religionsunterricht erhielten. Das jüdische Wohlfahrtswesen sorgte, in verschiedenen Vereinen organisiert, für die Armen. Beispielsweise existierte beinahe in jeder

Gemeinde eine Chewra Kadischa, ein Beerdigungsverein, mit dessen Hilfe auch mittellose Juden ihre Verwandten begraben konnten. Ähnlich wurden auch die Talmud-Tora-Schulen von den Gaben der Gemeindemitglieder finanziert.

Parallel zum allmählichen Ausbau des staatlichen Grundschulsystems im Verlauf der zweiten Hälfte des 19. Jahrhunderts und vorrangig begründet durch die zunehmende Akkulturation der Juden erfolgte eine Anpassung der traditionellen jüdischen Schulformen an die modernen staatlichen Schulen. Damit wurde das Erlernen profaner Lehrinhalte institutionalisiert. Theodor König berichtete darüber:

> „(...) zu dieser Zeit konnten die Retzer Juden schon einen jüdischen Lehrer besolden (...), der befugt war, an der Schule zu unterrichten und den Schülern Noten in die Zeugnisse einzutragen, gleichberechtigt mit den öffentlich angestellten Lehrern."[29]

Der 1856 in Balassagyarmat[30] geborene Moritz Kohn schrieb in seinen Aufzeichnungen, daß die Gemeinde 1864 eine vierklassige Volksschule erbauen ließ und fünf Lehrer und zwei Lehrerinnen anstellte.[31]

Die religiösen Fächer spielten nur in der Anfangsphase eine wesentliche Rolle. Moritz Kohn erinnerte sich:

> „Wir mußten um 7 Uhr zum Beten gehen, dann nach Hause, um zu frühstücken. Um 8 Uhr begann der Unterricht und es dauerte bis 12 Uhr und am Nachmittag von 2 bis 6. (...) Von 8 bis 10 lernten wir das Chumas, die deutsche Übersetzung der Tora. Von 10 bis 11 hatten wir Deutsch, manchmal Ungarisch. Dann bis 12 hatten wir Raschi. [Bibelkommentare]. Zwischen 2 und 3 lernten wir hebräische Geschichte, dann zwei Stunden lang Rechnen, Grammatik und Schönschreiben. Nach 5 Uhr beteten wir und um 6 gingen wir nach Hause, aber wir mußten abends noch zurück in die Schule, noch Gemara [Talmud] lernen."[32]

In manchen Orten wurden der religiöse und der staatliche Unterricht aufeinander abgestimmt:

> „Die Kollision zwischen den Unterrichtszeiten der deutschen Volksschule und der jüdischen Schule wurde dadurch behoben, daß die jüdischen Schüler um 10 Uhr beziehungsweise 2 Uhr aus dem Volksschulunterricht entlassen wurden. Zwischen 10 bis 11 Uhr, ferner 2

> bis 3 Uhr wurde dann in der deutschen Schule Unterricht in der christlichen Religion und der Bibel erteilt.“[33]

Dies berichtete Eduard Silbermann über seine Schulzeit in den sechziger Jahren des 19. Jahrhunderts.

Kinder aus assimilierten jüdischen Familien wurden somit gemeinsam mit christlichen Schülern in allen profanen Fächern unterrichtet, nur die Religionsstunden fanden gesondert statt. Streng Orthodoxe vermieden jedoch weiterhin jeglichen Kontakt mit Christen oder auch Reformjuden. Sogar ihre eigene profane Grundschule blieb von der Glaubensschule getrennt. Zoltán S. erzählte von seiner Schulzeit zu Beginn des 20. Jahrhunderts:

> „In dem einen Gebäude war die Grundschule, die der orthodoxen Gemeinde, wo laut Lehrplan Lesen, Schreiben und alles, was zur Allgemeinbildung gehörte, gelehrt wurde. Gegenüber war ein anderes Gebäude, der Cheder, die Glaubensschule. (...) vormittags lernten wir vier Stunden allgemeinbildende Fächer, nachmittags (...) in der Glaubensschule (...) hebräisch Lesen und Schreiben und die hebräische Sprache. Das Übersetzen erfolgte auf oder von Jiddisch.“[34]

Religiöses Wissen und Studieren wurde als höchster Wert in der traditionellen jüdischen Gesellschaft angesehen. Diese Einstellung wurde nun auch auf das profane Wissen übertragen: „Wie ich mit geistlichem Eifer (...) die fünf Bücher Moses las, (...) ebenso war für mich das Lesen von Goethe und Schiller“, formulierte Zoltán S.[35]

Die beste Möglichkeit für den gesellschaftlichen Aufstieg war eine profunde Ausbildung, so daß Familien viel Geld und Schüler und Studenten viel Arbeit und Mühe in das Studium investierten. Somit ist es nicht verwunderlich, daß die Juden in allen Schultypen in Österreich-Ungarn überrepräsentiert waren, insbesondere in Gymnasien und Universitäten, seit sie zu diesen zugelassen worden waren. In Wien waren zwischen 1875 und 1914 etwa 25 bis 29 % der Gymnasiasten jüdisch.[36] In Budapest waren es 30 bis 38 %, was die Prozentverhältnisse im Vergleich zur Gesamtbevölkerung wesentlich überschritt.[37]

Ausbildung der Mädchen

Die Erziehung der weiblichen Kinder konzentrierte sich ursprünglich auf die Vorbereitung auf die Rolle der Ehefrau und Mutter. Religiöse Bildung war für Mädchen nur dort notwendig, wo es ihre Lebensbereiche betraf, so die Essens- und Haushaltsgebote, wie z. B. das Trennen des Geschirrs für Fleisch- und Milchgerichte.

> „Die Glaubensschule war nur den Knaben vorbehalten. Die Mädchen wurden zu Hause von ihrer Mutter etwas im Lesen und Schreiben unterrichtet. (...) Sie brauchten sich weder in der Tora noch im Talmud auskennen. Die Frauen hatten kein Recht, in Glaubensfragen mitzureden und es erregte Aufsehen, wenn eine Frau die fünf Bücher Moses las und nicht die jiddische Ausgabe für Frauen."[38]

Dieser Bericht zeigt, daß Frauen in vereinfachter Form und Sprache – also nicht in Hebräisch, sondern in Jiddisch oder in der Landessprache – auch religiöse Literatur zur Verfügung stand, wie dies seit dem 16. Jahrhundert üblich geworden war.

Esther Calvary besuchte die jüdische Schule, in der die Mädchen gemeinsam mit den Knaben in den allgemeinen Fächern unterrichtet wurden. Wenn die Jungen Religionsstunde hatten, wurde den Mädchen Handarbeitsunterricht erteilt, in dem sie bereits begannen, für ihre Ausstattung zu sorgen.[39]

Das Lesen galt für Knaben als Studieren, für Mädchen hingegen nur als Zeitverschwendung. Esther Calvary erzählte, daß die Mädchen nur mittags eine Stunde lesen durften, sonst nicht.[40] Aufgrund dieses geschlechtsspezifischen Bildungsunterschiedes zwischen jüdischen Mädchen und Jungen paßten sich die Mädchen rascher an die Kultur der christlichen Umwelt an. Frauen hatten „weniger Hemmungen als Männer, an der (...) Profankultur teilzunehmen".[41]

Wohlhabende Mädchen wollten jedoch manchmal nicht auf ernsthafte religiöse Studien verzichten und erhielten einen Hauslehrer. Adele von Mises hatte sogar mehrere Hebräischlehrer und andere Hauslehrer für Polnisch, Französisch, Handarbeiten und Kalligraphie. In ihrer galizischen Heimatstadt Brody wurden in den sechziger Jahren des 19. Jahrhunderts häufig Hauslehrer angestellt, da keinerlei Fortbildungsmöglichkeiten für Mädchen zur Verfügung standen.[42]

> „Bevor es in unserem Städtchen zur Eröffnung der vierklassigen Mädchenbürgerschule kam, an der die Mädchen Gelegenheit hatten, in Haushaltungsgegenständen und weiblichen Handarbeiten unterrichtet zu werden, blieben die jüdischen Mädchen bis zu ihrem 14. Lebensjahr an der jüdischen Volksschule, wo sie von einer tüchtigen Lehrerin (...) in den genannten weiblichen Gegenständen gediegenen Unterricht erhielten."

Die ersten staatlichen Mädchenlyzeen wurden in Österreich-Ungarn zu einem größeren Prozentsatz von jüdischen Mädchen besucht als im Vergleich Gymnasien von jüdischen Jungen. In manchen Jahren dieser Epoche stellten die jüdischen Schülerinnen die absolute Mehrheit der Besucherinnen von Lyzeen und Gymnasien in Budapest und Wien.[44]

Es ist durchaus auffallend, daß besonders große Bemühungen für das Studium der Mädchen in jenen Familien vorhanden waren, in denen wegen des fehlenden Vaters der Haushaltsvorstand eine Frau war, so z. B. die Großmutter von Adele von Mises oder die Mutter von Lily Bader.[45]

Vielleicht läßt sich aufgrund dieser Tatsache die Annahme nachweisen, daß sich in Familien, in denen die Frauen die führende Rolle innehatten, die Mädchen besser von den alten Klischees der Frauenrolle lösen konnten. Solche Frauen fanden sich im Vergleich zu christlichen vermehrt in jüdischen Familien, was wahrscheinlich durch die stärkere Emanzipation und den häufigeren Schulbesuch jüdischer Frauen zu begründen ist.

Religion und Identität

In traditionellen jüdischen Familien begegnete das Kind schon in seinem frühesten Alter der Religion, die das Leben der Familie umrahmte. Die täglichen Gebete und der wöchentliche Feiertag waren ein Teil der Existenz. Der Tagesablauf eines orthodoxen Juden war mit religiösen Verpflichtungen ausgefüllt. Zoltán S. berichtete darüber in seinem Interview:

„Mein Tag begann damit, daß ich gleich im Bett (...) das erste Gebet sprach, (...) mittags (...) Dankgebet, Mittagessen, wieder Dankgebet (...) dann zurück in die Schule, (...) nach der Glaubensschule gingen wir Kinder in die Synagoge, um das Nachmittagsgebet zu sprechen, (...) danach begann das Abendgebet, wonach das Abendbrot begann – natürlich mit Händewaschen, Dankgebet, Essen und erneutem Dankgebet (...) dann das letzte Gebet zum Schlafengehen."[46]

Den Kindern wurde plastisch von der Hölle erzählt und davon, daß im Paradies vom Fleisch des Leviathan-Fisches gegessen werden darf, so daß diese Bilder nicht mehr vergessen werden konnten.[47] Auch die Feierlichkeit und Innigkeit der Festtage hinterließen einen tiefen Eindruck. Spielerisch wurden die Kinder in bestimmte Festtagsvorbereitungen miteinbezogen. Vor Pessach mußte jeglicher Sauerteig aus der Wohnung entfernt werden. Nachdem die Mutter das ganze Haus gesäubert hatte, suchte der Vater als Vormund der Familie gemeinsam mit den Kindern nach Chamez (Sauerteig). Unauffällig ließ er einige Brösel fallen, damit die Suche der Kinder erfolgreich war.[48]

Nicht jedem Juden gelang es, die strengen religiösen Vorschriften einzuhalten. Da der Schabbat auf einen christlichen Arbeitstag fällt, war es besonders schwer, ihn einzuhalten.

Der Laden des Großvaters von Zoltán S. in einem kleinen Dorf war am Samstag offiziell geschlossen und niemand arbeitete darin, aber der Hintereingang war offen und die christlichen Bauern trugen sich selbst in das Schuldenbuch ein und nahmen mit, was sie brauchten.[49] Gábor Sándors Vater besaß in den dreißiger Jahren des 20. Jahrhunderts in einer ostungarischen Kleinstadt eine Werkstatt, die am Schabbat durch den Hintereingang zugänglich war. In der Werkstatt wurde gearbeitet und damit das religiöse Gebot gebrochen.[50]

In Großstädten hielten die assimilierten Juden ihre Läden häufig auch an Samstagen offen. Sándor Prägers Mutter stritt wiederholt mit ihrem Mann, weil er nach Beginn und vor dem Ende des Feiertags arbeitete.[51]

Für jüdische Schüler einer staatlichen Schule war auch problematisch, daß sie am Samstag nicht mitschreiben durften. Sie mußten von ihren christlichen Klassenkameraden am Sonntag die Hefte ausborgen, um den Stoff von Samstag nachtragen zu können.

Sándor Varga, der zu Beginn des 20. Jahrhunderts etwa 40 km von Györ (Raab) entfernt lebte, ging in Györ zur Schule. Er konnte nur für kurze Zeit am Wochenende nach Hause fahren, weil Juden am Schabbat das Reisen untersagt ist. Deshalb mußte er bei einer verwandten Familie in Györ übernachten. Weil er diese jedoch nicht mochte, brach er das Reiseverbot und fuhr zu seiner Familie nach Hause. Auch das Gebet gab er auf, denn „es war mir einfach peinlich, im Zug zu beten".[52]

Die Essensvorschriften waren leichter einzuhalten als das Ruhetagsgebot, doch konnten Gábor Sándor und seine Mutter eine kleine Kostprobe nicht ablehnen, die sie von den Nachbarn vom Schlachtfest (!) bekamen. Der Vater mochte darüber Bescheid wissen, drückte aber die Augen zu und nahm es nicht zur Kenntnis.[53]

Die Akkulturation ging allmählich vor sich. Die Großväter waren häufig noch strenggläubig, die Eltern jedoch weniger. Die Kinder nahmen dies auch wahr: „Papa war nicht sehr religiös, aber er bestand auf die Einhaltung einer ganzen Reihe von traditionellen Gebräuchen", erinnerte sich Meir Neeman.[54]

Lilli Prerauers Mutter kam aus einer streng religiösen Familie, trotzdem wurden weder die Freitagabende noch die jüdischen Feiertage gefeiert, obwohl der Vater Mitglied des Gemeindevorstandes war.[55]

Die 1811 in Königsberg geborene Fanny Lewald erfuhr überhaupt nur von einer jüdischen Nachbarin, „daß wir Juden wären und daß man mir dieses zu Hause verschweige, weil die andern Leute die Juden nicht leiden könnten".[56]

István Haraszti kam so weit, daß er seinen nicht mehr gebrauchten heiligen Gebetsriemen zum Zubinden des inneren Gummischlauches seines Fußballes benutzte.[57]

Christentum und das jüdische Kind

Auseinandersetzungen sowie Vorurteile zwischen Juden und Christen waren nicht einmal an Orten friedlicher Koexistenz gänzlich zu vermeiden. Die unterschiedliche Religion und Lebensform, die negativen historischen Erfahrungen und die rechtliche Ungleichheit führten zur Absonderung der Juden in Ghettos, und erst die Entwicklungen des 19. Jahrhunderts brachten eine Öffnung in die Außenwelt.

Nicht nur die Christen hielten die Juden für „Christusmörder" – was oft genug in den Religionsstunden vermittelt wurde – sondern auch die orthodoxen Juden bezeichneten die Christen aufgrund des Schweinefleischkonsums als „unrein" und stellten die „Gojim" mit dem mythologischen Bösen gleich.

„Das Böse waren immer die Andersgläubigen, böse, weil sie schlugen, böse, weil sie hetzten."[58] Diese Vorurteile stammten aus den bittersten eigenen Erfahrungen, weil die jüdischen Kinder in der südungarischen Kleinstadt, in der Zoltán S. lebte, häufig auf der Straße von christlichen Kindern geschlagen wurden.[59]

Begegnungen mit Wallfahrern oder Prozessionen sowie das Vorbeigehen an einer christlichen Kirche oder an einem Kreuz waren sehr unangenehm für so religiös erzogene Kinder wie Zoltán S. oder die Rabbinerstochter Esther Calvary. Sie senkten dann den Kopf und gingen schnell vorbei oder suchten einen längeren Umweg, um das peinliche Treffen zu vermeiden.[60]

Es gab jedoch nicht überall derartige Spannungen. Der 1825 in Sachsen geborene Heinemann Rosenthal berichtete: „Der Verkehr mit meinen andersgläubigen Spielgenossen war ein durchaus harmloser und freundlicher."[61]

Die städtischen und assimilierten Juden, aber auch die mit den Bauern Geschäftskontakte pflegenden Dorfjuden konnten sich auf Dauer vor den Auswirkungen des engen Zusammenlebens mit Christen nicht verschließen. Manche jüdische Familien stellten christliche Hausmägde oder Kindermädchen an, die den Kindern „ihre" Kirche zeigten.

Mit diesen angestellten Frauen mußte aufgrund der permanenten Kontrolle durch die christliche Umwelt besonders vorsichtig umgegangen werden.

> „Die christlichen Mädchen, die bei Juden dienten, mußte man jeden Sonntag und in der Fastenzeit auch öfter an Wochentagen in die Kirche schicken, sonst war es schlimm. Bei den Mädchen, die bei den

Barmherzigen oder dem Probst in die Kirche gingen, war weniger zu fürchten. Aber die Franziskaner waren schlimm (...).“[62]

Jüdische Kinder wollten wie ihre christlichen Klassenkameraden Weihnachtsgeschenke erhalten, wie die 1844 in Eppingen geborene Clara Geissmar berichtete:

„Wenn ich am Weihnachtsabend, der mir nichts brachte – weil meine Eltern den Weihnachtsbaum in einem Judenhaus für etwas Widersinniges hielten und christlich bescherende Juden einfach für lächerlich –, recht neidisch war und mich manchmal der Tränen nicht erwehren konnte, wenn ich das ärmste Nachbarhaus im Kerzenglanz erstrahlen sah, so war ich am Laubhüttenfest den christlichen Kindern über. Wen ich leiden mochte, der durfte in unserer Laubhütte sitzen.“[63]

Jüdische Eltern konnten häufig im Lauf der Zeit nicht mehr dem Wunsch ihrer Kinder widerstehen, und so war es zur Jahrhundertwende in den Großstädten auch in jüdischen Familien üblich, das christliche Weihnachtsfest zu feiern. An christlichen Feiertagen trugen allmählich auch die Juden Festtagskleidung. Ebenso starken Eindruck übten Prozessionen und prunkvolle katholische Kirchen auf viele jüdische Kinder, wie z. B. auf Lilli Prerauer, aus.[64]
In staatlichen Schulen, in denen Religionsunterricht im Lehrplan stand, begegneten jüdische Kinder am häufigsten den Lehren der christlichen Kirchen. Arnold Hindls

„(...) erster Professor aus Französisch, ein gebürtiger Franzose, brachte uns jüdische Schüler ungewollt in Verlegenheit, als er in der ersten Stunde den Unterricht mit dem ‚Vater unser‘ begann [und] die Schüler mit einer Handbewegung aufforderte, aufzustehen (...)“.[65]

Gábor Sándor nahm manchmal freiwillig an den Bibelstunden der Protestanten seiner Schule teil und beneidete sie, weil er den calvinistischen Gottesdienst als inniger empfand als den jüdischen.[66]
Der 1851 in Oberfranken geborene Eduard Silbermann schrieb:

„Bei dieser Gelegenheit will ich noch erwähnen, daß die Grundlage zu meiner Kenntnis der katholischen Religion in der deutschen Volksschule gelegt wurde. Oftmals wurde auch zu einer Zeit, in der die jüdischen Schüler anwesend waren, Unterricht in der katholischen Religion erteilt. (...) Meine Mutter, die ich zu Hause befragte, sagte zu mir, daß ‚wir an diese Sachen nicht glauben, was nicht in der Tora stehe, sei nicht wahr‘, und ich brauchte keine Angst zu haben.“[67]

Die Eltern versuchten, den zu starken Einfluß der christlichen Außenwelt zu reduzieren, aber manchmal waren nur staatliche oder christliche Schulen in der Nähe. Beide Eltern von Sándor Varga mußten arbeiten, und der einzige Kindergarten in der Kleinstadt Kapuvár gehörte dem Nonnenorden der „Töchter des göttlichen Erlösers". Somit lernte Sándor alles im Kindergarten wie die anderen, auch die katholische Liturgie, Gebete etc. Deshalb schickten die Eltern ihren Sohn ein Jahr früher in die jüdische Grundschule, um zu vermeiden, daß er sich später taufen ließ.[68]

Insgesamt gesehen war der gesellschaftliche Druck für die Kinder und Jugendlichen sehr groß. So ließ sich z. B. Gerhard Heinrich Kirschs Großvater hinter dem Rücken seiner Eltern Mitte der sechziger Jahre des 19. Jahrhundert katholisch taufen.[69]

Anmerkungen

1 Esther CALVARY, Kindheitserinnerungen. In: Bulletin des Leo Baeck Institute (im folgenden: LBI) 8 (1959), S. 187-193. Engl.: From the Pages of Tradition. Esther Hildesheimer Calvary: The Hildesheimers in Eisenstadt. In: Tradition 26/3 (1992), S. 87-92.

2 Lilli PRERAUER, Die Geschichte meiner Kindheit und Jugend 1882-1903. Chicago 1962. Unveröff. Lebensgeschichte am LBI, New York. Lilli Prerauer, geb. Hammerschlag, wurde 1882 in Prag geboren und starb 1972 in Chicago.

3 Jehuda DON, George MAGOS, A magyarországi zsidóság demográfiai fejlődése. In: Történelmi Szemle 3 (1985), S. 437-470.

4 Monika RICHARZ, In Familie, Handel, Salon. Jüdische Frauen vor und nach der Emanzipation der deutschen Juden. In: Karin HAUSEN (Hrsg.), Frauengeschichte – Geschlechtergeschichte. Frankfurt/Main 1992, S. 57-66, hier S. 64.

5 Elisabeth EMSENHUBER, Die Wiener Juden in der zweiten Hälfte des 19. Jahrhunderts. Soziale und familiäre Aspekte. Unveröff. Diss., Wien 1982, S. 24.

6 Erinnerungen von Frau SZÁSZ in der Sammlung des Autors.

7 CALVARY, Kindheitserinnerungen (wie Anm. 1), S. 187.

8 Unveröff. Lebenserinnerungen von Esther CALVARY am LBI, New York.

9 Unveröff. Lebenserinnerungen von Olly SCHWARZ, geb. Frankl, am LBI, New York. Von ihren persönlichen Daten liegt nur vor, daß sie in Prag geboren wurde. Über ihr weiteres Schicksal ist nichts bekannt. Bezüglich der Identität von P. S. liegen ebenfalls keine Informationen vor.

10 Ignaz GOLDZIHER, Tagebuch. Hrsg. von Alexander SCHEIBER. Leiden 1978, S. 17.

11 Lillian BADER, One life is not enough. Unveröff. Lebenserinnerungen am

LBI, New York. Lillian Bader, geb. Stern, kam 1893 in Wien zur Welt und starb 1959.

12 CALVARY (wie Anm. 8).

13 Ingeborg WEBER-KELLERMANN, Die deutsche Familie. Frankfurt/Main 1974, S. 112.

14 Sander L. GILMAN, Robert JÜTTE, Gabriele KOHLBAUER-FRITZ (Hrsg.), „Der schejne Jid". Das Bild des „jüdischen Körpers" in Mythos und Ritual. Katalog Jüdisches Museum Wien, Wien 1998.

15 Heinemann ROSENTHAL. In: Monika RICHARZ (Hrsg.), Jüdisches Leben in Deutschland. Selbstzeugnisse zur Sozialgeschichte 1780-1871. New York 1976, S. 436-441, hier S. 436.

16 Erinnerungen von Robert LICHTBLAU in der Sammlung der autobiographischen Aufzeichnungen des Instituts für Wirtschafts- und Sozialgeschichte der Universität Wien.

17 Schullehrer, sowohl im Cheder wie auch in der Talmud-Tora-Schule. Vgl. dazu Jüdisches Lexikon IV/1. Berlin 1927, Nachdr. Frankfurt/Main 1987, 2. Aufl., Sp. 65-66.

18 Erinnerungen von Sándor PRÄGER in der Sammlung des Verfassers.

19 GOLDZIHER, Tagebuch (wie Anm. 10), S. 20.

20 Erinnerungen von Zoltán S. in der Sammlung des Autors.

21 Adele von MISES, Tante Adele erzählt. Unveröff. Lebenserinnerungen am LBI, New York. Adele von Mises, geb. Landau, kam 1858 in Brody zur Welt und starb 1937.

22 Helen Liesl KRAG, „Man hat nicht gebraucht keine Reisegesellschaft...". Wien – Köln – Graz 1988 (Damit es nicht verloren geht... 17), S. 52.

23 Jacob KÖNIG. 1841-1921. In: Michael MITTERAUER (Hrsg.), „Gelobt sei, der dem Schwachen Kraft verleiht". Zehn Generationen einer jüdischen Familie im alten und neuen Österreich. Wien – Köln – Graz 1987 (Damit es nicht verloren geht... 14), S. 157-196, hier S. 159.

24 Zoltán S. (wie Anm. 20).

25 Schäfenlocken und Käppchen.

26 MISES (wie Anm. 21).

27 Ebda.

28 Ebda.

29 Theodor KÖNIG. 1868-1957. In: MITTERAUER, „Gelobt sei..." (wie Anm. 23), S. 197-300, hier S. 218.

30 Etwa 60 km nördlich von Budapest.

31 Erinnerungen von Moritz KOHN. Kopie in der Sammlung des Autors.

32 Ebda.

33 Eduard SILBERMANN. In: Monika RICHARZ, Bürger auf Widerruf. Lebenszeugnisse deutscher Juden 1780-1945. München 1989, S. 107-124, hier S. 114.

34 Zoltán S. (wie Anm. 20).

35 Ebda.
36 EMSENHUBER, Wiener Juden (wie Anm. 5), S. 113. Vgl. dazu auch Marsha L. ROZENBLIT, Die Juden Wiens 1867-1914. Assimilation und Identität. Wien - Köln - Graz 1989, S. 111.
37 Gusztáv THIRRING (Hrsg.), Budapest Székesfőváros Statisztikai Évkönyve 1 (1896), S. 265.
38 Zoltán S. (wie Anm. 20).
39 CALVARY (wie Anm. 8).
40 Ebda.
41 RICHARZ, Familie (wie Anm. 4), S. 60.
42 MISES (wie Anm. 21).
43 Arnold HINDLS, Aus meinem Leben. O. O. [Brno] ca. 1966. Unveröff. Lebensgeschichte am LBI, New York. Arnold Hindls wurde 1885 in Bysternice/Záhorská Bystrica (Slowakei) geboren und starb am 16. 11. 1977 in Brno/Brünn.
44 Helga EMBACHER, Außenseiterinnen: bürgerlich, jüdisch, intellektuell - links. In: L'Homme. Zeitschrift für feministische Geschichtswissenschaft, 2/2 (1991), S. 57-76, hier S. 64. Budapest Főváros Statisztikai Hivatlának Közleményei 39, Tafel 88.
45 MISES (wie Anm. 21) und Bader (wie Anm. 11).
46 Zoltán S. (wie Anm. 20).
47 Ebda.
48 Erinnerungen von Sándor MÁTÉS in der Sammlung des Verfassers.
49 Zoltán S. (wie Anm. 20).
50 Erinnerungen von Gábor SÁNDOR in der Sammlung des Verfassers.
51 PRÄGER (wie Anm. 18).
52 Erinnerungen von Sándor VARGA in der Sammlung des Verfassers.
53 SÁNDOR (wie Anm. 50).
54 Erinnerungen von Meir NEEMAN in der Sammlung des Verfassers.
55. PRERAUER (wie Anm. 2).
56 Irene HARDACH-PINKE, Gerd HARDACH, Kinderalltag. Reinbek bei Hamburg 1981, S. 306.
57 Poggyász nélkül. Budapest 1981, S. 27.
58 Zoltán S. (wie Anm. 20).
59 Ebda.
60 Ebda und CALVARY, Kindheitserinnerungen (wie Anm. 1), S. 188.
61 ROSENTHAL (wie Anm. 15), S. 439.
62 CALVARY, Kindheitserinnerungen (wie Anm. 1), S. 193.
63 Clara GEISSMAR, geb. Regensburger. In: RICHARZ, Jüdisches Leben (wie Anm. 15), S. 452-461, hier S. 456.
64 PRERAUER (wie Anm. 2).
65 HINDLS (wie Anm. 43).

66 SÁNDOR (wie Anm. 50).
67 SILBERMANN (wie Anm. 33), S. 115-116.
68 VARGA (wie Anm. 52).
69 Erinnerungen von Gerhard Heinrich KIRSCH in der Sammlung des Verfassers.

Abschied vom Judentum?

Bemerkungen zur Emanzipationsgeschichte jüdischer Frauen

Renate Göllner

Die verschiedenen Bereiche der Kultur- und Geistesgeschichte der Wiener Moderne erfreuen sich seit den frühen siebziger Jahren ungebrochener Beliebtheit und sind mittlerweile Gegenstand unzähliger Publikationen. Während jedoch die hohe Präsenz und außergewöhnliche Bedeutung der Juden im Wien des Fin de Siècle in nahezu all diesen Arbeiten ausführlich dargestellt und thematisiert ist, trifft dies nicht in gleicher Weise auf jüdische Frauen zu. Sie führen ein Schattendasein, und das nicht nur in „Klassikern" der Literatur zur Jahrhundertwende, wie etwa in Carl E. Schorskes „Wien. Geist und Gesellschaft im Fin de Siècle",[1] in William M. Johnstons „Österreichische Kultur-und Geistesgeschichte"[2] oder in Jaques LeRiders „Das Ende der Illusion. Die Wiener Moderne und die Krisen der Identität".[3] Jüdische Frauen sind selbst in Arbeiten, die sich explizit mit der besonderen Rolle der Juden in der Wiener Moderne auseinandersetzen, wie in Robert S. Wistrichs „The Jews of Vienna in the Age of Franz Joseph"[4] oder in Leon Botsteins „Judentum und Modernität" weitgehend unterrepräsentiert.[5] Ebenso hat die Frauenforschung – ich beziehe mich hier auf den österreichischen Raum – diesen Themenkomplex bislang weitgehend vernachlässigt. Auch hier stößt man, abgesehen von einigen wenigen biographischen Darstellungen, auf einen merkwürdig blinden Fleck in der Forschung.

Im folgenden geht es nicht allein um die bloße Darstellung von Lebensläufen mehr oder weniger berühmter jüdischer Frauen und ihrer intellektuellen oder künstlerischen Bedeutung. Vielmehr soll der Frage nach den besonderen sozio-kulturellen Bedingungen ihrer Emanzipation nachgegangen werden: Wie war es ihnen gelungen, als Frauen in einer patriarchalisch geprägten Umwelt Unabhängigkeit und Selbständigkeit zu erlangen? Welche Strategien haben sie entwickelt, um den Ressentiments und den Diskriminierungen, denen sie als Jüdinnen in einer antisemitischen Gesellschaft ausgesetzt waren, gewachsen zu sein? Welche familiären Konflikte zog der Prozeß der Emanzipation nach sich? Wie ist es zu erklären, daß es in der Habsburgermonarchie – anders als im Deutschen Reich – nie zur Gründung einer jüdischen Frauenbewegung kam?

Antworten auf diese Fragen zu finden ist nicht ganz einfach: Hatten beispielsweise Sigmund Freud, Arthur Schnitzler oder auch Joseph Roth ihr Verhältnis zum Judentum und zum Antisemitismus immer wieder theoretisch reflektiert oder literarisch gestaltet, so sind dergleichen schriftliche Zeugnisse von jüdischen Frauen überaus rar. Nicht nur in Romanen, sondern auch in Biographien sind die Konflikte und Widersprüche, die der Prozeß der Emanzipation mit sich brachte, selten und oft nur indirekt thematisiert.

Liest man die Erinnerungen der Schriftstellerin Hilde Spiel,[6] der Sozialdemokratin Käthe Leichter,[7] der Schauspielerin Elisabeth Bergner[8] oder auch die verstreuten autobiographischen Bemerkungen der aus Galizien gebürtigen Pädagogin und Schulgründerin Eugenie Schwarzwald,[9] so scheint es zunächst, als hätte für sie die doppelte Benachteiligung, der sie als Frauen und Jüdinnen unterworfen waren, kaum eine Rolle gespielt.

Augenfällig wird die weitgehende Abwesenheit dieser Thematik jedoch im Vergleich mit der Situation in Deutschland. Sicher, auch dort gab es um die Jahrhundertwende zahlreiche Frauen, für die das Judentum an Bedeutung verloren hatte, dennoch haben seit Beginn des 19. Jahrhunderts, seit Rahel Levins Aufschrei „Aus dem Judentum kommt man nicht heraus", zumindest einzelne Frauen ihre Ausgrenzung als Jüdinnen reflektiert, und nicht in jedem Fall war ihre Emanzipation an die Preisgabe ihres Judentums gebunden. Immer wieder haben sie sich an den Barrieren, die ihnen der Antisemitismus setzte, wund gerieben und konnten nicht umhin, auch als Jüdinnen Stellung zu beziehen.

Insbesondere seit der Jahrhundertwende, mit der Formierung der jüdischen Frauenbewegung, entstand ein neues Selbstbewußtsein: Frauen waren als Jüdinnen oder als deutsch-jüdische Frauen in der Öffentlichkeit präsent. An die Schriftstellerin und Pädagogin

Johanna Goldschmidt ist hier zu erinnern, die in ihrem 1847 veröffentlichten Briefroman „Rebekka und Amalia" Klage gegen die gesellschaftliche Zurücksetzung der Juden führte, oder an die erste weibliche Rechtsanwältin Preußens, Margarete Berent, die sich in den zwanziger Jahren sowohl in der deutschen als auch in der jüdischen Frauenbewegung engagierte.[10]

Anders hingegen war die Situation in der Doppelmonarchie: Hier haben jüdische Frauen – sofern sie am intellektuellen oder kulturellen Leben teilnahmen – weit weniger an ihrem Judentum festgehalten und sich rascher in die christliche Gesellschaft integriert. Dies ungeachtet aller antisemitischer Ressentiments, denn davor vermochte sie auch die bereitwilligste Absage an die eigene Geschichte und Tradition keinen Augenblick lang zu schützen.

Die jüdische Frauenbewegung im deutschen Kaiserreich

Im Herbst 1904, anläßlich einer Tagung des „International Council of Women", hatte sich in Berlin der Jüdische Frauenbund konstituiert. Die eigentliche Basis des Bundes bildeten die zahlreichen, im Laufe des 19. Jahrhunderts entstandenen Frauenvereine der Gemeinden, die sich seit den achtziger Jahren vergrößert und modernisiert hatten. Neue Wohltätigkeitseinrichtungen wie Erholungsheime, Kindergärten, Haushaltungsschulen, Mädchenwohnheime und Stellenvermittlungen waren gegründet worden. Aufgrund dieser Aktivitäten in verschiedensten Bereichen war ein nationaler Zusammenschluß naheliegend.

Der jüdische Frauenbund, der Teile seines Programms aus der allgemeinen bürgerlichen Frauenbewegung – als deren Teil er sich begriff – übernahm, verstand die Sozialarbeit als ethisch notwendigen Bestandteil des jüdischen Lebens und wollte damit langfristig die rechtliche Stellung der Frauen in der Gemeinde, aber auch im öffentlichen Leben verbessern. Er förderte die Solidarität jüdischer Frauen und leistete insbesondere eine umfangreiche Sozial- und Erziehungsarbeit für jüdische, oft aus Osteuropa zugewanderte Mädchen und Frauen.

Den Emanzipationsprozeß jüdischer Frauen im Deutschen Reich

hat die amerikanische Historikerin Marion Kaplan in ihrem Buch „Frau, Familie und Identität im Kaiserreich“[11] nachgezeichnet. Am Beispiel der Entwicklung von Fürsorgetätigkeit zur modernen Sozialarbeit weist sie nach, daß viele jüdische Frauen zunächst in der Wohlfahrt – ursprünglich ein Herzstück jüdischer Tradition – ein Betätigungsfeld fanden, das ihnen erlaubte, einer Tätigkeit nachzugehen, ohne sogleich mit den traditionell-religiösen Vorstellungen ihrer Familien in Konflikt zu geraten. Die Sozialarbeit, schreibt Kaplan, half einigen Frauen, „den Widerspruch zwischen religiöser Tradition und säkularer Identität zu mildern. Die Frauen konnten so, sei es bewußt oder unbewußt, ein kulturelles oder religiöses Erbe pflegen und gleichzeitig ‚moderne‘ Frauen sein: Die Sozialarbeit gehörte zur Tradition und war zugleich ein Mittel, diese Tradition hinter sich zu lassen.“ Für viele jüdische Frauen stellte sie darüber hinaus das „Entree zur sozialen Welt des Bürgertums“ dar.[12] So vollzog sich der Prozeß der beruflichen Emanzipation Schritt für Schritt, von der innerjüdischen Wohlfahrt zur säkularen Sozialarbeit. Es war gewiß kein Zufall, daß es schließlich auch jüdische Frauen waren, die die moderne, professionell organisierte Sozialarbeit in Deutschland begründeten.

Ein Blick in das Lexikon jüdischer Frauen zeigt, daß der Anteil der Frauen, die sich um die Jahrhundertwende im Deutschen Reich in den verschiedenen Bereichen der Wohlfahrt und Sozialarbeit engagierten, tatsächlich sehr hoch war. Sie arbeiteten als Fürsorgerinnen, Sozialpädagoginnen, gründeten karitative Vereine und waren auch als Publizistinnen aktiv. Frauen aus dem österreichischen Raum wird man in diesem Lexikon allerdings vergeblich suchen. Ihr soziales Engagement war, gemessen an dem der deutschen Jüdinnen, vergleichsweise gering. Zweifellos gab es auch in der Habsburgermonarchie Wohltätigkeitsorganisationen, die in weiblicher Hand lagen, doch überschritt dieses Engagement weit seltener den traditionellen Rahmen der Kultusgemeinde. Frauen verschafften Nahrung und Kleidung für Bedürftige und bemühten sich um bessere Ausbildungsmöglichkeiten für jüdische Kinder.

In diesem Zusammenhang muß vor allem auf zwei Frauen hingewiesen werden, die jedoch eine Ausnahme bildeten. Beide errichteten während des Ersten Weltkriegs in Wien kleine Wohltätigkeitsimperien: Die eine ist die bereits eingangs erwähnte Pädagogin und Schulgründerin Eugenie Schwarzwald, deren soziale Tätigkeit rein säkular ausgerichtet war und die zahlreiche Gemeinschaftsküchen sowie Ferienheime für Kinder und Erwachsene in Wien und Berlin organisierte.[13]

Während ihre Hilfstätigkeit auf den „notleidenden Mittelstand" bezogen war, engagierte sich die vermutlich weit weniger bekannte Anitta Müller in erster Linie für Flüchtlinge aus Galizien und der Bukowina. Sie gründete im 2. Wiener Gemeindebezirk, der Leopoldstadt, eine Heimstätte, ein Mütterheim, eine Wöchnerinnen- und eine Säuglingsfürsorgestelle, eine Kinderheilstätte, eine Suppen- und Teeanstalt und eine Arbeitsschule. Ihr war es vor allem auch um die psychische und moralische Unterstützung zu tun, um Betreuung, Beratung und Anleitung zur Selbsthilfe. Nicht das bloße nackte Leben der Flüchtlinge wollte sie retten, sondern ebenso der Besonderheit von deren Herkunft und Kultur Rechnung tragen; sie wollte sie „aufrichten", d. h. ihr Selbstbewußtsein fördern. Beide Frauen waren auf Spenden angewiesen, um ihr Sozialwerk finanzieren zu können. Anitta Müller war darüber hinaus auch im Wiener Gemeinderat vertreten.[14]

Im Vergleich der Aktivitäten dieser beiden Frauen mit jenen deutscher Jüdinnen zeigen sich deutliche Unterschiede, denn das soziale Engagement der im jüdischen Frauenbund organisierten Frauen sprengte in gewisser Weise den Rahmen „bloßer Wohltätigkeit". Sie betraten öffentliches Terrain und schufen sich eigene organisatorische Strukturen, um politische und soziale Mißstände in Versammlungen und Vorträgen möglichst effektiv bekämpfen zu können. Soziales und gemäßigt feministisches Engagement fielen dabei oft zusammen.

So leitete die Hamburger Lehrerin Sidonie Werner den israelitisch-humanistischen Frauenverein, gründete Kindererholungsheime und setzte sich für das Wahlrecht der Frauen in den Gemeinden ein. Jenny Apolant war im Rahmen des „Allgemeinen Deutschen Frauenvereins" aktiv und gründete eine politische Arbeitsgemeinschaft, deren ausdrückliches Ziel die politische Schulung von Frauen war.[15] Die Gründerin und Vorsitzende des jüdischen Frauenbundes, Bertha Pappenheim, war zweifellos die herausragendste Gestalt im Kreise dieser Frauen. Sie zog nicht nur gegen den organisierten Mädchenhandel und die Prostitution zu Felde, sondern initiierte auch die „Zentralwohlfahrtsstelle der deutschen Juden". Die Schriftstellerin, Übersetzerin und Sozialarbeiterin, die in Wien in einer orthodoxen Familie aufgewachsen war, hatte buchstäblich am eigenen Leib erfahren, was es hieß, als junge Frau zur Untätigkeit verdammt zu sein. Außerordentlich begabt und hoch gebildet, war sie – laut Diagnose des Wiener Arztes Josef Breuer – der Hysterie verfallen. Doch besser als ihr Arzt hatte sie selbst die Ursachen ihrer psychischen Krankheit erkannt und die Konsequenzen gezogen: Bestrebt, die Rolle der Frau im Judentum zu reformieren, kämpfte sie – nachdem sie erst einmal ihrem Analytiker und Wien den Rücken gekehrt hatte – ihr Leben lang für die berufliche Emanzipation der jüdischen Frauen.[16]

Jüdische Frauen und Bildung

Jüdischen Frauen im Habsburgerreich und in Deutschland war gemeinsam, daß sie zu Pionierinnen der Bildung wurden. Bis in die achtziger Jahre des 19. Jahrhunderts hatten fast ausschließlich die Söhne Gymnasien und Universitäten besucht – ein Privileg, das ihnen nun die Töchter streitig machten, indem sie ebenso eine zur Hochschulreife führende Ausbildung forderten. Wie die zahlreichen Erinnerungen belegen, war dieses Begehren in jüdischen Familien zumeist von Erfolg gekrönt.[17] Schließlich war der nahezu selbstverständliche Umgang mit Literatur von Kindesbeinen an, wie er etwa von Käthe Leichter beschrieben wird, in jüdischen Familien keine Seltenheit; neu daran war nur, daß nun auch die Mädchen daran partizipierten:

> „Früheste Erinnerung an meinen Vater: Er erscheint abends – wir mögen drei- bis vierjährig sein – im Kinderzimmer, mit einem großen Balladenbuch unter dem Arm. Damit die kindlichen Verrichtungen sich des Abends rascher vollziehen, liest er uns Goethes *Die Kinder hören es gerne*, den *Erlkönig*, den *Getreuen Eckhart*, Schillers *Glocke*, die

Bürgschaft, Uhlands *Sängers Fluch* und das *Schloß am Meer* vor, bis wir sie auswendig nachplappern, wie andere Kinder dieses Alters Kinderreime. (…) Noch bedenklicher wird es aber zukünftige Pädagogen stimmen, wenn ich ihnen verrate, daß mein Vater mir, als ich zehnjährig war, auch seine Romanliteratur erschloß. Stoßweise nahm ich dann die französischen, russischen, deutschen Romane in das Kinderzimmer und las am Abend mit glühenden Wangen. Da waren Victor Hugo und Balzac, Maupassant und Zola, Turgenjew und Tolstoj, Dickens und Swift, Hauff und Kleist, das ganze neunzehnte Jahrhundert. Ich las alles, ausnahmslos. Daß die Welt aus so vielen Liebesaffairen und Liebeskomplikationen bestand, war mir neu, hat mich aber weiter nicht sehr beschäftigt. Über das, was ich mir noch nicht selbst erklären konnte, las ich mit dem ausweichenden Instinkt des Kindes hinweg und verfolgte mit Spannung die Handlung. Ich erinnere mich, daß meine Schwester auch einmal diese Bücher erwischte und mit mir eine Diskussion über Kleists *Marquise von O.* begann – was das eigentlich zu bedeuten habe. ‚Das ist eben so', erklärte ich, ebenso entschlossen wie der Vater, mir die geliebten Bücher nicht durch übermäßige Komplikationen verleiden zu lassen."[18]

Dermaßen „vorgebildet" besuchte Käthe Leichter die Schule des Beamtentöchtervereins, „die den Ruf hatte, die beste und strengste Schule zu sein". Denn, so betont sie, „wo es sich um unser Wissen handelte, war unserem Vater nichts gut genug (…)".[19] Daß sie schließlich nach dem Abitur studieren würde, war für sie beinahe selbstverständlich.

Dieser für die damalige Zeit recht ungewöhnliche Ausbildungsweg für eine Frau war eine Erfahrung, die sie mit einigen anderen Jüdinnen teilte. Auch für die Physikerin Lise Meitner oder die Psychoanalytikerin Else Pappenheim war es keine Frage, daß sie nach dem Gymnasium die Universität besuchen und schließlich einen Beruf ergreifen würden.

Andere Frauen, wie beispielsweise die Psychoanalytikerin Marie Langer[20] oder die Architektin und Widerstandskämpferin Margarete Schütte-Lihotzky[21] berichten, daß ihre Eltern den Bildungsplänen zunächst skeptisch gegenüberstanden, sie es aber dennoch fertigbrachten, ihren Willen durchzusetzen und sie von der Notwendigkeit einer guten Ausbildung zu überzeugen.

Der Umstand, daß in der jüdischen Tradition der Stellenwert der

Bildung stets besonders hoch gewesen ist, mochte dazu beigetragen haben, daß diese Eltern oft leichter umzustimmen waren als nichtjüdische. Außerdem war es noch gar nicht so lange her, daß sie selbst aus Ungarn, Böhmen oder Galizien aufgebrochen waren, um in der Metropole des Reichs eine neue Existenz zu gründen. Sie hatten selbst erfahren, daß die Preisgabe von Traditionen die Voraussetzung für gesellschaftliche Anerkennung und sozialen Aufstieg war. Und Bildung war schließlich nicht nur das einzig legitime Mittel, das die Integration in die bürgerliche Gesellschaft versprach, sondern bildete auch die Voraussetzung für finanzielle Sicherheit und Unabhängigkeit der Tochter.

Deren selbständige Existenz, ihre individuelle und berufliche Emanzipation lagen nicht zuletzt auch deshalb im Interesse vieler jüdischer Familien, weil der politische Antisemitismus sowie der drohende Zerfall des Vielvölkerstaates am Vorabend des Ersten Weltkriegs die Angst vor wirtschaftlichem Existenzverlust verstärkt haben dürfte. Aufgrund jahrhundertelanger Verfolgung nahmen diese Familien die Krisenanfälligkeit der Gesellschaft weit stärker wahr als andere. Vermutlich war es die Besonderheit ihrer jüdischen Existenz, die sie offener, bereiter für Veränderungen machte und sie geradezu prädestinierte, einen außergewöhnlichen, oft schwierigeren Lebensweg zu gehen. Sigmund Freud schrieb selbstbewußt:

> „Weil ich Jude war, fand ich mich frei von vielen Vorurteilen, die andere im Gebrauch ihres Intellekts beschränkten, als Jude war ich darauf vorbereitet, in die Opposition zu gehen und auf das Einvernehmen mit der ‚kompakten Majorität' zu verzichten."[22]

Die Chance einer selbständigen Existenz stand in der Regel nur jenen Frauen offen, deren Familien einer schmalen Elite der Gesellschaft angehörten. Was für die Schwarzwaldschülerin Else Pappenheim, Tochter eines berühmten Arztes, „selbstverständlich" war – Abitur und anschließendes Studium – galt nicht in gleicher Weise für die Töchter jener Juden, die – meist in der Leopoldstadt angesiedelt –, zu den Ärmsten der Wiener Bevölkerung zählten. Für sie, die zumeist aus den östlichen Gebieten der Monarchie zugewandert waren, war schon der Besuch eines Lyzeums unerschwinglich. Bildung war Luxus und eine gehobene Ausbildung für Mädchen noch teurer als für Knaben. War der Besuch eines öffentlichen Gymnasiums zumeist kostenlos, so mußten Eltern, die ihre Mädchen in ein Lyzeum schickten, Schulgeld bezahlen. Insofern war die Benachteiligung der Mädchen eine zweifache: Nicht nur, daß sie aufgrund ihres Geschlechts von einer vollwertigen, zum Studium sämtlicher Fächer der Universität führenden gymnasialen Bildung ausgeschlossen waren, sie mußten überdies das Glück haben, einer Familie zu entstammen, die sich Bildung „leisten" konnte.

Aber nicht nur in der Metropole, auch in der östlichen Region des Reiches, insbesondere in Galizien, dem ärmsten und unterentwickeltsten Land der Doppelmonarchie, war eine neue Generation von Frauen angetreten: Diese begehrten noch heftiger und ungestümer auf als jene in der Großstadt. Sie waren mit der ihnen zugewiesenen traditionellen Rolle unzufrieden, verlangten nach Unabhängigkeit und machten sich mutig auf den Weg. „Wir erlebten sie nicht, diese Jahre", schrieb rückblickend die in Polupanowka geborene Eugenie Schwarzwald, „wir warteten auf die Achtzehn; denn sie sollten Erlösung bringen (...)."

Während Eugenie Schwarzwald praktisch über Nacht Elternhaus und Freunde verließ, um an der Züricher Universität zu studieren, brannte die spätere Analytikerin Helene Deutsch, noch nicht einmal 18 Jahre alt, kurz entschlossen nach Wien durch:

> „Ohne Absicht wurde ich in Przèmysl zur Pionierin. Es gab andere Mädchen, die das gleiche Verlangen hatten wie ich, aber nicht wußten, wie sie es verwirklichen sollten. Mein Auszug von zu Hause wirkte als Signal und Ermutigung. Meinem ‚demoralisierenden' Beispiel folgend, brachten es im folgenden Jahr sechs mutige Mädchen aus guten Familien fertig, ihre komfortablen Elternhäuser zu verlassen. Es hatte keine Absprachen, keine Propaganda gegeben. Die anderen Mädchen gingen weg, weil meine Tat ihnen das Gefühl gegeben hatte, daß sie frei sein konnten, wenn sie nur den inneren Mut zur Revolte aufbrachten. Wie seltsam das heute klingen muß, da junge Frauen über so viel Freiheit verfügen!"[23]

Sicher, der Auszug dieser „Mädchen" – für den es noch zahlreiche andere Beispiele gibt – war nicht allein ein geschlechtsspezifisches Phänomen. Diese rebellischen jungen Frauen, die den engen ländlichen oder kleinstädtischen Verhältnissen entflohen, waren Teil jener großen Wanderbewegung, die in der zweiten Hälfte des vorigen Jahrhunderts eingesetzt hatte und von der tausende Juden erfaßt worden waren. Hatte 1857 die Zahl der Juden bei einer Gesamteinwohnerzahl Wiens von 500.000 ungefähr 6.000 betragen, so stieg sie in den folgenden Jahren stetig an. 1880 wurden 72.543, 1900 146.926 und 1910 schließlich 175.318 Juden – 8.6 Prozent der Gesamtbevölkerung – gezählt.[24] Die jüdische Bevölkerung, die jahrhundertelang zu den am meisten eingeschränkten und ausgegrenzten Untertanen der Monarchie gehört hatten, zog es aber nicht nur in die reiche Metropole Wien, sondern ebenso nach Deutschland und auch nach Übersee. Hier wie dort hofften sie, den zumeist elenden wirtschaftlichen und sozialen Verhältnissen, aber auch dem allgegenwärtigen Antisemitismus entfliehen zu können. Am Wanderungsverhalten jüdischer Frauen fällt jedoch besonders ihre außerordentliche Mobilität auf. In nichts standen sie den Männern nach: Sie scheuten weder Mühe noch Strapazen und zogen oft in weit entfernt liegende Gebiete. Zudem war ihre Risikobereitschaft größer als die ihrer christlichen Geschlechtsgenossinen, die nur dann Ortsveränderungen in Kauf nahmen, wenn sie ein feste Stelle als Hausangestellte oder eine Heirat in Aussicht hatten.[25]

Zweifellos gab es verschiedene Faktoren, die den Auszug der jüdischen Töchter sogar begünstigten. Im Unterschied zu anderen europäischen Ländern war der Zustrom der jüdischen Bevölkerung nach Wien das Ergebnis einer Binnenwanderung. Diese jungen Frauen – die meisten von ihnen kamen aus wohlhabenden Familien – waren keine Fremden, wenngleich sie nicht selten als solche angesehen und behandelt wurden. Sie waren Bürgerinnen der Monarchie, der deutschen Sprache mächtig sowie in den überwiegenden Fällen mit der deutschen Kultur vertraut, und übersiedelten somit einfach von einer östlichen Provinz in ihre Metropole, in der der Anteil der jüdischen Bevölkerung um 1910 größer war als in jeder anderen mitteleuropäischen Stadt.

Dennoch ist der sprunghafte, plötzliche Verlauf dieses Emanzipationsprozesses außerordentlich erstaunlich. Woher nahmen diese Frauen die Kraft und den Mut, wie ist ihre Unerschrockenheit, die Radikalität, mit der sie ihr gesamtes bisheriges Leben auf den Kopf stellten, wie ihre „Abenteuerlust“ zu erklären? Motivierte sie möglicherweise die Negation ihrer Herkunft zu einer sprunghaften Emanzipation, wie sie in christlichen Kreisen kaum zu finden ist?

Teilweise ist der Ausbruch dieser Töchter, ihr Wunsch nach einem vernünftigen, selbstbestimmten, unabhängigen Leben, das paradoxe Resultat traditionell-jüdischer Verhältnisse, durch welche Frauen – nicht anders als in anderen Religionen – eine dem Gesetz nach untergeordnete Rolle zugedacht ist. Während die Söhne mit dem Erlernen traditioneller Pflichten und Gebote beschäftigt waren, waren die Töchter weitgehend vom religiösen Schulwesen und Studium ausgeschlossen. Gerade der unterschiedliche Zugang zur Religion und die damit verbundene Rollenzuweisung aber hatten zur Folge, daß den Mädchen ein größerer Bildungsfreiraum zugebilligt und ihnen der Besuch von säkularen Schulen gestattet wurde. Schon 1880 besuchten in Galizien mehr Mädchen als Knaben säkulare Anstalten, 1900 waren es über 45.000 Mädchen und nur knapp 33.000 Knaben.[26] Oft kamen die Töchter früher und stärker mit weltlichem Wissen und deutscher Literatur in Berührung als ihre strenggläubigen Väter und Brüder. Sie konnten sich daher besser den gesellschaftlichen Herausforderungen stellen, flexibler reagieren und so – manchmal vehement – für eine Verbesserung ihrer Lebenssituation kämpfen. Deshalb waren Frauen bei der Auswanderung – egal, ob nach Wien oder Übersee – häufig die treibende Kraft.

Jüdische Frauen waren Pionierinnen der Bildung und zwar in mehrfacher Hinsicht. Ihre Anzahl war nicht nur unter den Lyzealschülerinnen, sondern auch unter der ersten Generation von Studentinnen besonders hoch; ebenso aktiv waren sie als Schulgründerinnen und Pädagoginnen. Bereits 1873 hatte Emilie Bach, geborene Kohn, in Wien die staatliche k. k. Fachschule für Stickerei errichtet, der weitere Gründungen in Agram, Graz, Laibach, Prag und Brünn folgten.[27] Auch die Zahlen der Lyzealschülerinnen bedürfen keiner weiteren Erläuterung: Im Schuljahr 1895/96 waren 57 Prozent aller Lyzeistinnen jüdischer Herkunft, 15 Jahre später, 1909/10, waren es 46 Prozent.[28] An der Schwarzwaldschule, einer der berühmtesten Anstalten, an der unter anderen Adolf Loos, Oskar Kokoschka und Arnold Schönberg lehrten, betrug der Anteil jüdischer Schülerinnen zeitweise mehr als 70 Prozent. Zieht man in Betracht, daß der Anteil der Juden an der Gesamtbevölkerung Wiens 1910 nicht einmal 9 Prozent betrug, wird der überproportional hohe Anteil an jüdischen Schülerinnen besonders deutlich. Im Durchschnitt war er höher als jener der jüdischen Schüler an Knabengymnasien, der zur selben Zeit „nur" etwa ein Drittel aller Schüler betrug. Allerdings gab es zahlreichere und größere Gymnasien als Lyzeen.

Jüdinnen waren aber nicht nur in den Mädchenmittelschulen überproportional vertreten, sondern, so zeigt das Beispiel der Wiener Lyzeen, auch an der Gründung und Leitung dieser Schulen beteiligt. Über ein Drittel dieser Anstalten war von jüdischen Frauen errichtet worden. Wie groß die Bedeutung einer Rosa Fliegelmann, Salka Goldmann, Sophie Halberstamm, Amalie Sobl oder Eugenie Schwarzwald war, wird aber nur dann klar, wenn man weiß, daß sich der Staat bis zur Gründung der Ersten Republik weigerte, Mädchenmittelschulen zu errichten, und dies zur Gänze privater Initiative überließ. Interessant ist aber auch ein weiterer Umstand: Drei dieser Frauen waren polnischer bzw. galizischer Herkunft und verfügten im Gegensatz zu ihren nichtjüdischen Kolleginnen über ein Doktorat, das sie in der Schweiz erworben hatten. Sie waren dadurch sowohl als Leiterinnen ihrer Anstalt als auch als Unterrichtende weitaus höher- bzw. überqualifiziert, ein Umstand, der von ministerieller Seite nicht gerne gesehen wurde.[29]

Waltraud Heindl und Marina Tichy haben in ihrer Arbeit „Durch Erkenntnis zu Freiheit und Glück..."[30] nachgewiesen, daß der Anteil jüdischer Frauen auch unter den ersten Studentinnen außerordentlich hoch war: An allen drei Fakultäten vertreten, bildeten Polinnen aus Galizien die drittstärkste Gruppe nach den Wienerinnen und dem Umland. So war etwa 1913/14 an der philosophischen Fakultät der Anteil der Studentinnen mosaischen Glaubens etwa gleich groß wie der der Katholikinnen. An der medizinischen Fakultät überwogen sie hingegen. Hier schwankte ihre Anzahl im Zeitraum von 1900 bis 1914 zwischen 51,2 und 68,3 Prozent; der größte Teil von ihnen stammte wiederum aus Galizien. Und 1919, als

Frauen erstmals zur juridischen Fakultät zugelassen wurden, befanden sich unter ihnen ebenfalls mehr als die Hälfte – 51,7 Prozent – jüdische Frauen.

Während bei den Lyzealschülerinnen gesicherte Angaben über deren – zumeist privilegiertes – Milieu vorliegen und dies auch auf den überwiegenden Teil der Wiener Studentinnen zutreffen dürfte, sind die Informationen über die sozialen Verhältnisse der Galizierinnen äußerst vage: Die meisten gaben nämlich als Beruf des Vaters Kaufmann an.[31] Doch was sagt das schon, wo sich doch sowohl der bettelarme Trödler als auch der wohlhabende Getreidehändler als Kaufmann verstanden? Zwar geht aus den wenigen erhaltenen Erinnerungen, z. B. von Minna Lachs oder Helene Deutsch hervor, daß sie aus begüterten und gebildeten Verhältnissen kamen, doch muß zumindest ersteres nicht auf alle Studentinnen zugetroffen haben. Bildung war in jüdischen Familien nicht in jedem Falle an Wohlstand geknüpft. Aber noch etwas anderes ist bemerkenswert: Die meisten galizischen Studentinnen waren ihren eigenen Angaben zufolge mosaischen Glaubens, also vermutlich eher traditionell-jüdischen Verhältnissen verhaftet als ihre zumeist weitgehend assimilierten Kolleginnen in Wien. Es mag zutreffen, daß ein Teil von ihnen mit ihren Eltern oder Geschwistern nach Wien gekommen war und bei Verwandten Unterschlupf gefunden hatte. Erwiesen ist aber ebenso, daß einige alleine in die Metropole gewandert und hier gänzlich auf sich gestellt waren.

Die Wucht, mit der sich diese Entwicklung innerhalb weniger Jahrzehnte vollzog, rüttelte an den Grundfesten der traditionell-jüdischen Gesellschaft, deren sozialer Mikrokosmos, die Familie, gleichsam von innen her mehr und mehr erodierte. Auch wenn diese Töchter nicht aus orthodoxen Elternhäusern kamen, hatte oft bereits ihr Eintritt in eine säkulare Schule zu unerhörten familiären Spannungen geführt: Viele der „modern" erzogenen Mädchen waren plötzlich und unvorbereitet mit den traditionellen Lebensgewohnheiten ihrer Familien in einen dramatischen, unlösbaren Konflikt geraten.

Als der in Stryj geborenen Brunhilde Wien von ihren Eltern verboten wurde, nach der Matura die Hochschule zu besuchen, weil sich das für Mädchen angeblich nicht schickte, brach sie den Kontakt zu ihnen ab und ging über die Schweiz und Holland nach Argentinien. Und auch Sarah Schenirer, die Gründerin der Beth-Jakob-Bewegung, berichtet von einem Mädchen, das eines Tages Hals über Kopf Mutter und Geschwister verließ und in einem Abschiedsbrief beteuerte, die engen, beschränkenden Lebensverhältnisse nicht mehr ertragen zu können.[32] Für Sarah Schenirer war dies der Anlaß, Schulen zu gründen, in welchen Mädchen ihre jüdische Tradition bewahren konnten, das heißt Jiddisch und jüdische Geschichte lernten und zugleich auch eine Art Berufsausbildung erhielten: Sie wurden in Nähen, Buchhaltung und Haushaltskunde unterwiesen.[33]

Aufgrund der rückständigen wirtschaftlichen und sozialen Verhältnisse stießen jüdische Mädchen und Frauen in Galizien weit mehr als ihre Geschlechtsgenossinnen in der Großstadt mit ihren Bildungswünschen auf zum Teil massiven Widerstand ihrer Eltern. Wenn sie tatsächlich selbständig und unabhängig sein wollten, wenn sie sich sogar in den Kopf gesetzt hatten, einen akademischen Beruf anzustreben, blieb ihnen manchmal nichts anderes übrig, als von zu Hause wegzugehen.

Integration in die christliche Gesellschaft oder jüdische Selbstbehauptung?

Was am Emanzipationsverlauf dieser bildungshungrigen galizischen Frauen sichtbar wird, kann teilweise verallgemeinert werden: Anders als bei den deutschen Nachbarinnen scheint sich in der Metropole des Habsburgerreichs der Bruch mit der traditionell-weiblichen Rolle nicht schrittweise vollzogen zu haben, sondern dürfte weit heftiger und abrupter verlaufen sein. Die Befreiung aus patriarchaler Bevormundung und Abhängigkeit bedurfte in diesen vorwiegend bürgerlichen Kreisen offenkundig seltener eines „Umweges" über religiöse Emanzipation. Denn jüdische Frauen engagierten sich hier nicht nur weit weniger in sozialen Berufen, es zählt auch zur Besonderheit der österreichischen Entwicklung, daß es, anders als im Deutschen Reich, nie zur Gründung einer jüdischen

Frauenbewegung kam – einer der großen jüdischen Organisationen im Deutschen Reich, die 1917 immerhin 44.000 weibliche Mitglieder umfaßte.

Die Historikerin Monika Richarz schreibt:

> „Der jüdische Frauenbund war mehr als nur eine Vereinigung von und für Frauen, die Sozialarbeit und Erziehung zu ihrer Hauptaufgabe machten und die Stellung der jüdischen Frau zu verbessern suchten. Er war auch eine betont jüdische Vereinigung und als solche Teil jener Sammlungsbewegung, die seit dem Auftreten des militanten Antisemitismus im Kaiserreich immer mehr jüdische Organisationen auf nationaler Ebene entstehen ließ, die die Interessen von Juden vertraten und jüdisches Selbstbewußtsein förderten."[34]

Es scheint, daß in der Habsburgermonarchie Frauen weniger das Bedürfnis hatten, sich als Jüdinnen zu behaupten, sondern hofften, sich in die christliche Gesellschaft integrieren zu können. Bildung war das Integrationsmedium schlechthin. Sie ermöglichte zugleich auch die Emanzipation von der herkömmlich weiblichen Rolle. Es ist auffallend, daß gerade diese erste Generation von Studentinnen – ihnen hatte die Universität Wien ab 1896 ihre Tore geöffnet – alles daran setzte, sich die bis dahin als männlich geltende berufliche Sphäre zu erobern: Nicht sogenannte schöngeistige Fächer wie etwa Musik oder Sprachen, sondern Naturwissenschaften und Medizin wurden von der Mehrzahl dieser Studentinnen gewählt. Auch die Absolventinnen der Schwarzwaldschule inskribierten vorzugsweise naturwissenschaftliche Fächer.[35]

Im Wien der Jahrhundertwende waren jüdische Frauen in vielen Bereichen präsent: Sie betrieben Salons, gründeten Schulen, schrieben Romane, waren Schauspielerinnen, Künstlerinnen, engagierten sich als Politikerinnen in der Sozialdemokratie, arbeiteten als Ärztinnen und entschieden sich auffallend oft für den Beruf der Psychoanalytikerin. Während im Deutschen Reich das Engagement jüdischer Frauen auch in der allgemeinen deutschen Frauenbewegung relativ hoch war – oft waren sie in der jüdischen und in der allgemeinen Frauenbewegung organisiert – sind in der österreichischen Frauenbewegung vergleichsweise wenige Jüdinnen zu finden. Jene, die in der Politik aktiv wurden, wie etwa Therese Schlesinger-Eckstein, Emma Adler oder Käthe Leichter, engagierten sich im

Rahmen der sozialistischen Partei.

Wie aber ist das Ausbleiben dieser „betont jüdischen Vereinigung“ in der Habsburgermonarchie zu erklären? Waren sich jüdische Frauen der ständig wachsenden Gefahren des politischen Antisemitismus weniger bewußt als deutsche Jüdinnen? Was bewog viele von ihnen, ihre kulturellen Besonderheiten rascher aufzugeben und sich der Assimilation zu verschreiben?

Eine der Ursachen für diesen abrupten Emanzipationsprozeß, so meine These, liegt in der verzögerten Entwicklung und Ausprägung des Antisemitismus. Ein Blick in die Zeit des Vormärz vermag dies zu verdeutlichen: Während sich nämlich im Gefolge der Befreiungskriege deutsches Nationalbewußtsein im Haß gegen den angeblichen Feind – „den Juden“ – in Hep-Hep-Krawallen austobte, während Jakob Friedrich Fries, Philosophieprofessor in Heidelberg und Schüler Emanuel Kants, die Juden austreiben, ja das „Judentum mit Stumpf und Stiel“ ausrotten wollte,[36] blieb Wien von dergleichen Hetze vorerst verschont. Nicht nur antisemitische Literatur, sondern auch Judenkarikaturen im Theater sind um diese Zeit kaum zu finden.

Während sich Fanny von Arnstein, wie ihre Biographin Hilde Spiel schreibt, „halb in der jüdischen und halb in der christlichen Welt“ bewegte, in „beiden gleich zu Hause war“, und in Glaubensfragen „Gelassenheit“ demonstrieren konnte,[37] kurzum, in der Wiener Gesellschaft ihren Platz zu finden vermochte, gelang es Rahel Varnhagen keine Sekunde lang, von ihrer ambivalenten Rolle, die sie als assimilierte Jüdin in der Berliner Gesellschaft spielte, abzusehen: Nicht nur nach dem Einzug Napoleons in Berlin, als ihr Salon plötzlich gemieden wurde und wie leergefegt war, oder 1819, als der Pöbel grölend durch die Straßen zog, blieben Fremdheit und Kränkungen als allgegenwärtige Kehrseite ihrer Assimilationsbestrebungen in einer judenfeindlichen Umgebung, die sie – anders als Fanny von Arnstein – stets zwangen, auf den Antisemitismus zu reagieren.

Was hingegen die Situation im Habsburgerreich betrifft, so trugen die polizeistaatlichen Methoden des Metternichschen Systems dazu bei, den Ausdruck des Antisemitismus vorübergehend unter

Kontrolle zu halten. Verlauf und Ende der Revolution legen diese Vermutung nahe, denn mit dem Jahr 1848 flammte die traditionelle Judenfeindschaft auch in der Habsburgermonarchie wieder auf.

Kam die antisemitische Publizistik zunächst weitgehend von außen, so besteht kein Zweifel, daß sie auf überaus fruchtbaren Boden fiel. Die Schriften von Richard Wagner, Eugen Dühring, Stewart Chamberlain oder Wilhelm Marr wurden im Habsburgerreich bereitwillig aufgenommen. Schon zu Beginn der achtziger Jahre, nach dem Zusammenbruch des Liberalismus, feierte der österreichische Antisemitismus einen Triumph, der seinesgleichen suchte: In keinem anderen europäischen Staat erzielte er auf parteipolitischer Ebene aufgrund explizit antisemitischer Parteiprogramme größeren Erfolg als in der Habsburgermonarchie.[38]

In der Literatur zur Jahrhundertwende wird immer wieder auf die besondere Assimilationsbereitschaft des Wiener jüdischen Bürgertums hingewiesen. Während in der Habsburgermonarchie stets eine gewisse „Neigung zu Kompromiß und Ausgleich“[39] herrschte, hatten im Deutschen Reich die Reaktionen auf den Antisemitismus – vielleicht auch, weil er zunächst dort seine moderne „wissenschaftliche Fundierung“ erfahren hatte – weit eher den Charakter einer prinzipiellen Auseinandersetzung angenommen. Die verspätete Entwicklung des Antisemitismus, seine marginale Bedeutung während des Vormärz und die Phase des politischen Liberalismus nach 1848 mochten die Hoffnung und Zuversicht vieler Juden bestärkt haben, den Haß auf das Judentum als eine bloß vorübergehende Erscheinung zu betrachten, als ein „Vorurteil“, das mit der Zeit verschwinden würde.

Diese Einstellung wurde in besonderer Weise auch von jüdischen Frauen geteilt. Während etwa die Berlinerin Hannah Karminski – sie war Sozialarbeiterin und Vorstandsmitglied des Jüdischen Frauenbunds – den „Hauptwesenszug der jüdischen Frauenbewegung“ darin sah, sich innerhalb der sie umgebenden Kultur „den Eigenbezirk jüdischen Lebens zu erhalten und wieder neu zu schaffen“,[40] während also diese Frauen mit ihrer öffentlichen Präsenz nicht nur Selbstbewußtsein demonstrierten, sondern ihre Umwelt offen und bewußt zu Akzeptanz oder Ablehnung zwangen, hofften die jüdischen Frauen in Wien, ihr Judentum weiterhin im Privaten pflegen und auf politische Konfrontationen verzichten zu können. Eine Hoffnung, die sich zu einem Zeitpunkt, als die Assimilation so weit fortgeschritten war wie nie zuvor, als die größte Illusion erwies.

Anmerkungen

1 Carl E. SCHORSKE, Wien. Geist und Gesellschaft im Fin des Siècle. Frankfurt/Main 1982.

2 William M. JOHNSTON, Österreichische Kultur- und Geistesgeschichte. Gesellschaft und Ideen im Donauraum 1848 bis 1938. Wien – Köln – Graz 1980, 2. Aufl. (Forschungen zur Geschichte des Donauraumes 1).

3 Jaques LERIDER, Das Ende der Illusion. Die Wiener Moderne und die Krisen der Identität. Wien 1990.

4 Robert S. WISTRICH, The Jews of Vienna in the Age of Franz Joseph. Oxford 1989.

5 Leon BOTSTEIN, Judentum und Modernität. Essays zur Rolle der Juden in der deutschen und österreichischen Kultur 1848 bis 1938. Wien - Köln 1991.

6 Hilde SPIEL, Die hellen und die finsteren Zeiten. Erinnerungen 1911-1946. München 1989.

7 Käthe LEICHTER, Leben und Werk. Hrsg. von Herbert STEINER, Wien 1973.

8 Elisabeth BERGNER, Bewundert viel und viel gescholten… Elisabeth Bergners unordentliche Erinnerungen. München 1978.

9 Hans DEICHMANN, Leben mit provisorischer Genehmigung. Leben, Werk und Exil von Dr. Eugenie Schwarzwald (1872-1940). Berlin - Wien - Mühlheim a. d. Ruhr 1988.

10 Jutta DICK, Marina SASSENBERG (Hrsg.), Jüdische Frauen im 19. und 20. Jahrhundert. Lexikon zu Leben und Werk. Reinbeck bei Hamburg 1993, S. 148-149 (Johanna Goldschmidt) und S. 53-55 (Margarete Berent).

11 Marion A. KAPLAN, Jüdisches Bürgertum. Frau, Familie und Identität im Kaiserreich. Hamburg 1997.

12 Ebda, S. 285.

13 Siehe auch das letzte Kapitel dieser Arbeit.

14 Dr. Marco BROCINER, Geleitwort. In: Ein Jahr Flüchtlingsfürsorge der Frau Anitta Müller. 1914-1915. Wien o. J. [1916], S. 4. ff.

15 Monika RICHARZ, Frauen in Familie und Öffentlichkeit. In: Steven M. LOWENSTEIN, Paul MENDES-FLOHR, Peter PULZER, Monika RICHARZ (Hrsg.), Deutsch-jüdische Geschichte in der Neuzeit, Bd. 3: Umstrittene Integration 1871-1918. München 1997, S. 69-100, hier S. 97 (Sidonie Werner). DICK, SASSENBERG, Jüdische Frauen (wie Anm. 10), S. 21-23 (Jenny Apolant).

16 Amy COLIN, Metamorphosen einer Frau. Von Anna O. zu Bertha Pappenheim. In: Jutta DICK, Barbara HAHN (Hrsg.), Von einer Welt in die andere. Jüdinnen im 19. und 20. Jahrhundert. Wien 1993, S. 197-215.

17 Siehe dazu auch Marsha L. ROZENBLIT, Die Juden Wiens 1867-1914. Assimilation und Identität. Wien – Köln – Graz 1988; insbesondere Kapitel 5: Erziehung der Mädchen, S. 126-129. 1910 waren 46 % der Lyzeum-Schülerinnen, 30 % der Gymnasiastinnen und 21 % der Schülerinnen in Realgymnasien jüdischer Herkunft. Ebda, S. 128-129.

18 LEICHTER, Leben und Werk (wie Anm. 7), S. 259-261.

19 Ebda, S. 305.

20 Marie LANGER, Von Wien bis Managua. Wege einer Psychoanalytikerin. Freiburg im Breisgau 1991.

21 Margarete SCHÜTTE-LIHOTZKY, Erinnerungen aus dem Widerstand 1938-1945. Hrsg. von Chup FRIEMERT. Mit einem Gespräch zwischen Margarete Schütte-Lihotzky und Chup Friemert. Hamburg 1985.

22 Ernst L. FREUD (Hrsg.), Sigmund Freud – Arnold Zweig. Briefwechsel. Frankfurt/Main 1968, S. 51.

23 Helene DEUTSCH, Selbstkonfrontation. Die Autobiographie der großen Psychoanalytikerin. München 1975, S. 23.

24 Ivar OXAAL, Die Juden im Wien des jungen Hitler: Historische und soziologische Aspekte. In: Gerhard BOTZ, Ivar OXAAL, Michael POLLAK (Hrsg.), Eine zerstörte Kultur. Jüdisches Leben und Antisemitismus in Wien seit dem 19. Jahrhundert. Buchloe 1990, S. 29-60, hier S. 46.

25 ROZENBLIT, Juden Wiens (wie Anm. 17), S. 31-32.

26 Wolfdieter BIHL, Die Juden in der Habsburgermonarchie 1848-1918. In: Zur Geschichte der Juden in den östlichen Ländern der Habsburgermonarchie. Eisenstadt 1980 (Studia Judaica Austriaca 8), S. 5-73, hier S. 48.

27 Patricia STEINES, Dorit WEINSTEIN, Lea, Sara und Rebecca. Lebensbilder jüdischer Frauen aus den letzten 400 Jahren. In: Eva GERBER, Sonja ROTTER, Marietta SCHNEIDER (Hrsg.), Die Frauen Wiens. Ein Stadtbuch für Fanny, Frances und Francesca. Wien 1992, S. 313-338, hier S. 318.

28 ROZENBLIT, Juden Wiens (wie Anm. 17), S. 31-32.

29 Österreichisches Staatsarchiv, Konvolute der einzelnen Mädchenmittelschulen. Darin befinden sich Lebensläufe der Schulinhaberinnen sowie Inspektionsberichte.

30 Die folgenden Zahlen sind entnommen aus: Waltraud HEINDL, Die konfessionellen Verhältnisse. Jüdische und katholische Studentinnen. In: Waltraud HEINDL, Marina TICHY (Hrsg.), „Durch Erkenntnis zu Freiheit und Glück…". Frauen an der Universität Wien (ab 1897). Wien 1993, 2. Aufl., (Schriftenreihe des Universitätsarchivs, Universität Wien, 5), S. 139-149, hier S. 147-149.

31 Ebda, S. 141.

32 Klaus HÖDL, Als Bettler in der Leopoldstadt. Galizische Juden auf dem Weg nach Wien. Wien – Köln – Weimar 1994, 2. Aufl., insbesondere das Kapitel: Wege der jüdischen Frau aus der Tradition, S. 55-64, hier S. 60.

33 Ebda, S. 62-64.

34 RICHARZ, Frauen in Familie und Öffentlichkeit (wie Anm. 15), S. 94-95.

35 Das belegen nicht nur die Untersuchungen von Waltraud Heindl über die erste Generation der Studentinnen an der Universität Wien, sondern auch meine Forschungen stützen dieses Ergebnis: Renate GÖLLNER, Mädchenbildung um 1900. Eugenie Schwarzwald und ihre Schulen. Unveröff. Diss., Wien 1988.

36 Ismar ELBOGEN, Eleonore STERLING, Die Geschichte der Juden in Deutschland. Frankfurt/Main 1988, S. 188-193.

37 Hilde SPIEL, Fanny von Arnstein oder Die Emanzipation. Ein Frauenleben an der Zeitenwende 1758-1818. Frankfurt/Main 1962, S. 256.

38 Peter PULZER, Spezifische Momente und Spielarten des Österreichischen und des Wiener Antisemitismus. In: BOTZ, OXAAL, POLLAK, Kultur (wie Anm. 24), S. 121-140, hier S. 125.

39 Hans TIETZE, Die Juden Wiens. Geschichte – Wirtschaft – Kultur. Wien – Leipzig 1935, unveränderter Neudr. Himberg bei Wien 1987, S. 151.

40 DICK, SASSENBERG, Jüdische Frauen (wie Anm. 10), S. 205-206 (Hanna Karminski).

Die zionistische Jugendbewegung als Familienersatz?

Eleonore Lappin

Vorbemerkung

Die Gründer der zionistischen Bewegung waren sich bewußt, daß die Voraussetzung für die Realisierung ihres Projekts – die Rückkehr der Juden nach Erez (Land) Israel – einen radikalen Wandel im Leben und Denken des jüdischen Volkes und insbesondere seiner Jugend zur Voraussetzung hatte. Herzl forderte, daß aus „Judenjungen" „junge Juden" werden müßten.[1] Sein Freund und enger Mitarbeiter in der Zionistischen Organisation, Max Nordau, rief die Jugend zum „Muskeljudentum" auf, um die Dekadenzerscheinungen der Diasporaexistenz zu überwinden.[2] Als Reaktion auf diese Appelle wurden zunächst Turnvereine wie der „Makkabi" gegründet, die jedoch ein ausgeprägt zionistisches Profil vermieden, also weitgehend unpolitisch waren.[3] Ihre Mitglieder gewannen sie nicht zuletzt aufgrund der immer häufiger werdenden „Arierparagraphen" der deutschen Turnvereine.[4]

Die politischen und radikalen Ideen des Zionismus sprachen die jüdische Jugend in Deutschland und Westösterreich zunächst nicht an. Die Versuche der Zionisten, die erfolgreichen „neutralen" jüdischen Jugendvereinigungen durch Kooperation zu „unterwandern", schlugen fehl, so daß die „Zionistische Vereinigung für Deutschland" (ZVfD) 1912 beschloß, die 27 zionistischen Turnvereine mit immerhin 8.600 Mitgliedern in Deutschland, Westösterreich, Ungarn, Böhmen, der Schweiz und Palästina vermehrt für Propagandazwecke einzusetzen.[5]

Der „Wandervogel"

Gleichzeitig ging die ZVfD daran, eine zionistische Jugendbewegung nach dem Vorbild des deutschen „Wandervogels" zu schaffen. Der deutsche „Wandervogel. Ausschuß für Schülerfahrten" ging 1901 aus einem Studienkreis für Kurzschrift hervor, der bereits seit 1896 Gruppenausflüge für Jugendliche veranstaltete. Die überwiegende Mehrheit der „Wandervögel" war protestantisch, bürgerlich und städtisch. Die mittelständische Jugend, die gegen die erstickende Atmosphäre ihrer Zeit rebellierte, hielt nichts von Politik. Durch Natur- und Gemeinschaftserlebnisse sollte eine neue Lebensform und ein neuer Menschentypus entstehen. Dieser sollte ehrlich, kameradschaftlich, diszipliniert und offen für die Schönheiten der Natur sein. Sehr bald kam in Deutschland als zusätzliche Forderung die Heimattreue dazu. Beim österreichischen „Wandervogel" hatte das nationale Element von Anfang an eine Rolle gespielt:

> „Der österreichische Wandervogel war etwas anders zusammengesetzt. Der vorwiegend katholische Aufbau der Habsburger Monarchie fand in der Jugendbewegung seinen Niederschlag, aber sogar dort war das protestantische Element stärker vertreten als in der Gesamtbevölkerung. Außerdem war der österreichische Wandervogel von Anfang an bewußt politischer. Er war Bestandteil der großen Bewegung, die für die Erhaltung des deutschen Charakters der Monarchie stritt, gegen die Slawen und, selbstverständlich, gegen die Juden."[6]

Die Rebellion der Jugend gegen das bürgerliche Leben kam vor allem auf den Wanderungen und „Fahrten" zum Ausdruck: Man bewältigte weite, kraftraubende Distanzen, die Unterkünfte und die selbst zubereitete Verpflegung waren einfach, der Umgangston rauh, die Kleidung meist schmutzig.[7] Wichtiger als diese Äußerlichkeiten war das Gruppenerlebnis, das den Jugendlichen die Flucht aus der Welt der Erwachsenen ermöglichte. Der in ihren Augen verlogenen, verknöcherten Gesellschaft stellten sie ihre „wahre" Jugendgemeinschaft entgegen.[8] Sie rebellierten gegen die Autorität von Eltern und Schule, gegen Doppelmoral, Zweckdenken und Materialismus, gegen die „Kulturarmut" der modernen, industriellen Zivilisation.

Die Verinnerlichung, die Suche nach dem wahren Ich, das nicht von gesellschaftlichen Konventionen verdorben war, führte die bewußt unpolitischen Jugendlichen zum Nationalismus. Denn die Mitglieder der Jugendbewegung waren überzeugt, daß Gemeinschaft nur durch gemeinsamen „Geist", durch einen Gleichklang im Erleben und Empfinden, entstehen könne. Dies hielt man sehr bald nur unter Angehörigen eines Volkes für möglich. Während der „Wandervogel" im Vielvölkerstaat Österreich von Anbeginn an einen „Arierparagraphen" hatte, der sich auch gegen Slawen richtete, brach die Diskussion um die „Judenfrage" in Deutschland erst 1912 aus, als ein zwölfjähriges Mädchen in Zittau nur deshalb nicht in den „Wandervogel" aufgenommen wurde, weil sie Jüdin war.

1913 erreichte die Diskussion einen Höhepunkt. Die antisemitischen Ausfälle in der „Wandervogelführerzeitung" waren teilweise so geschmacklos, daß sich zahlreiche Mitglieder davon distanzierten und sich gegen den generellen Ausschluß der Juden aussprachen. Schließlich überließ die Leitung 1914 den einzelnen Ortsgruppen die Entscheidung, ob sie Juden aufnehmen wollten oder nicht, was bei einigen zu deren Ausschluß führte.[9] Dennoch stieg die Zahl der Juden innerhalb der deutschen Jugendbewegung, die bereits 1912 erheblich war, während des Ersten Weltkriegs und vor allem danach weiter an, als sich sozialistisches Gedankengut stärker durchsetzte. Angesichts der übertriebenen Bedeutung, welche der „Verjudung" der deutschen Kultur in der Weimarer Republik beigemessen wurde, blieb aber die tendenzielle Ablehnung von Juden in der deutschen Jugendbewegung bestehen.[10]

Der „Jüdische Wanderbund Blau-Weiß"

Die nationaljüdische Jugendbewegung, wie sie in Deutschland, Westösterreich, Böhmen und Mähren anzutreffen war, nahm 1912 mit der Gründung des „Jüdischen Wanderbund Blau-Weiß" in Breslau ihren Anfang. Die Ideologie der deutschen Jugendbewegung bzw. die damit verbundene „Jugendkulturbewegung" mit ihrer Betonung des Irrationalismus, der Suche nach einer vor allem gefühlsmäßigen Authentizität und der Betonung innerer „seelischer" Wahrheiten, war von völkischem Gedankengut beeinflußt. Ohne notwendig rassistisch zu sein, bedeutete diese Ideologie die Überzeugung, daß zwischen Juden und Nichtjuden eine „instinktive" Ablehnung bestehe, da Juden und Deutsche aus unterschiedlichen

Kulturkreisen stammten und ihre Umwelt daher unterschiedlich erlebten.

Die These, daß die Assimilation der Juden in Deutschland an eben diesen Unterschieden gescheitert sei, vertrat auch die zweite Generation von Zionisten, die 1909/10 mit Kurt Blumenfeld und Arthur Hantke die Führung innerhalb der ZVfD übernahm. Die ihrer Meinung nach aussichtslosen Assimilationsversuche der deutschen Juden bezeichneten sie als würdelos, da sie auf Verleugnung eigenen Wesens hinausliefen. Weil diese jüngere, radikalere zionistische Generation selbst zutiefst akkulturiert war, propagierte sie den sogenannten „post-assimilatorischen" Zionismus. Diese Zionisten waren um 1880 geboren, zu einem Zeitpunkt, als die Emanzipation vollzogen, der Antisemitismus in den Schulen und an den Universitäten aber virulent war. Sie standen ebenso wie die deutschen Studenten unter dem Einfluß des völkischen Gedankenguts und akzeptierten daher die vermeintlich unüberwindlichen „Wesens"-Unterschiede sowie die instinktmäßige Ablehnung zwischen der deutschen und der jüdischen Volksgruppe.

Kurt Blumenfeld, der Leiter der Propagandaabteilung der ZVfD, sah seine Hauptaufgabe darin, die deutschen Juden zu dieser Selbsterkenntnis zu erziehen. Die „persönliche Judenfrage" könne nicht durch ein bloßes Bekenntnis zur jüdischen Nation gelöst werden, sondern erfordere eine radikale Entwurzelung aus dem deutschen Volk und entschiedene Distanz zum politischen und kulturellen Leben des deutschen Staates. Die freie Entfaltung der jüdischen Persönlichkeit sei nur durch die Identifizierung mit der jüdischen Vergangenheit und Zukunft möglich, eine endgültige Lösung der Judenfrage werde erst die Emigration nach Palästina bringen. Der Posener Delegiertentag der ZVfD nahm 1912 eine Resolution an, welche die deutschen Zionisten verpflichtete, „die Übersiedlung nach Palästina in ihr Lebensprogramm aufzunehmen".[11]

Dies stellte eine radikale Abkehr vom Zionismus der Gründergeneration dar, die in Palästina die notwendige Heimstätte für die verfolgten Juden Osteuropas und sich selbst als gute deutsche Patrioten gesehen hatte. Ihre Nachfolger rebellierten gegen diesen gemäßigten Zionismus ebenso wie gegen ihre meist antizionistisch eingestellten Eltern, welche angesichts der erfolgreichen Emanzipation ein weitgehendes Aufgehen der Juden in der deutschen Gesellschaft für möglich und wünschenswert hielten.

Die Hinwendung der ZVfD zu einer radikaleren „palästinozentrischen" Haltung, wie sie in Posen festgeschrieben wurde, hatte innerhalb der Studentenvereine bereits seit 1909 zu heftigen Diskussionen geführt. Die zionistischen Studenten, die im „Bund jüdischer Corporationen" (BJC) und im „Kartell zionistischer Verbindungen" (KJV) organisiert waren, teilten mit ihren deutschen Kommilitonen nicht nur die Liebe zum Fechten und zum studentischen Ritual, sondern auch die Skepsis gegenüber jedweder Politik. Erst nach Überwindung erheblicher Widerstände einigte sich der 10. Karteltag (1911) darauf, die „Erziehung zum Zionismus" in sein Programm aufzunehmen. Gedacht war dabei an eine „Regeneration der Herzen" und nicht an „parteizionistische Propaganda".[12]

Das neue zionistische Profil brachte den Studentenverbindungen entgegen allen Befürchtungen ein merkliches Anwachsen der Mitgliederzahlen. Der neue Elan bewog den Posener Delegiertentag, eine zionistische Jugendbewegung, den „Blau-Weiß", ins Leben zu rufen. Felix Rosenblüth wurde zum Leiter der Kommission für Jugendarbeit bestimmt:

> „Ich sah, daß die zionistische Bewegung in Deutschland nur sehr langsam vorwärts kam. Deshalb hatten ich und andere die Idee, daß man vielleicht doch nicht warten muß bis zum Abiturium, bis man anfängt, die Jugendlichen zu indoktrinieren mit zionistischen Vorstellungen. Man mußte vielleicht schon früher anfangen, schon mit 13-14jährigen, die noch Schüler sind, und zwar sogar ohne eine wirklich sehr intensive zionistische Indoktrinierung. Die schöne Vorstellung war, Kinder der Großstädte mit der Natur in Verbindung zu bringen, in die Natur raus. Ein natürlich empfindender Mensch muß sowieso zum Zionismus kommen, das war eine These, die ich besonders leidenschaftlich vertreten habe. Es genügt dann, die Kinder in Verbindung zu bringen mit einigen zionistischen Symbolen, die nicht so betont waren. Man hat so einige Lieder gesungen ‚Wohlan, laßt das Sinnen und Sorgen…' und erzählte ihnen etwas von Chanukka und den Makkabäern usw., und dann ergibt sich alles weitere von selbst. Wenn man die Sache überhaupt vergleichen will mit einer deutschen Jugendbewegung, dann mit dem ‚Wandervogel'."[13]

Die Gründer des „Blau-Weiß" in Deutschland waren also keineswegs Jugendliche, sondern führende Zionisten. Geleitet wurden die Gruppen von Mitgliedern des „Bundes jüdischer Verbindungen" (BJV).[14] Ausgangspunkt des „Jüdischen Wanderbundes Blau-Weiß" war der kurz zuvor vom Referendar Josef Marcus in Breslau gegründete „Jüdische Wanderbund 1907". Sein Ziel war, durch eine moderne, reformpädagogisch orientierte Jugendarbeit zionistischen Nachwuchs heranzuziehen. Besonders politisch ging man dabei nicht vor, wie den 1912 von Marcus und dem Oberlehrer Moses Calvary erstellten „Leitsätzen" zu entnehmen war: „Die Jugend soll wandern und wiederum wandern, das dient der Regeneration, – und sich nicht um Tendenzen den Kopf zerbrechen."[15]

Die Hinwendung zur Reformpädagogik war allerdings Ausdruck der progressiven, gesellschafts- und kulturkritischen Haltung der jüngeren Zionisten. Denn das Ziel der sehr unterschiedlichen refompädagogischen Strömungen war, „durch Erziehung die Gesellschaft – oder zumindest die blinde Reproduktion der überkommenen Gesellschaft – zu verändern".[16]

Die Reformpädagogik erschien als das geeignete Mittel, die jüdische Jugend zu mehr jüdischem Selbstbewußtsein und einer Abkehr von den assimilatorischen Werten ihrer Eltern zu erziehen. Dabei handelte es sich nicht um eine Rebellion der im „Blau-Weiß" organisierten Kinder und Jugendlichen, sondern der sie erziehenden jungen Erwachsenen und Eltern, welche Träger des „postassimilatorischen" Zionismus in Deutschland waren.

Der frühe „Blau-Weiß" erscheint daher nicht als Familienersatz, sondern eher als Familienunternehmen der zwischen 1880 und 1890 geborenen Zionisten, wie Jörg Hackeschmidt beschreibt:

> „Die Mithilfe und Unterstützung, die die jung-jüdischen Aktivisten benötigten, um ihren Plan einer nationaljüdisch gesinnten Jugendpflege-Organisation zum Erfolg zu verhelfen, (...) kam aus dem sie umgebenden Netzwerk von Freunden und Geschwistern. Das waren junge Leute, die vielleicht nicht oder nicht mehr studierten, die im Zuge der gesellschaftlichen Gärungserscheinungen aber ebenfalls auf der Suche nach einer neuen jüdischen Identität waren. Ihnen bot die reformpädagogisch inspirierte Initiative zur Gründung von nationaljüdischen

Wandervereinen für die folgende Generation – und das waren ja konkret ihre kleinen Geschwister oder bereits ihre eigenen Kinder – die Chance, einen positiveren, nötigenfalls offensiven Umgang mit der eigenen jüdischen Identität zu vermitteln. Jedenfalls sollte Schluß sein mit der tradierten Diaspora-Situation, zu tief und bedingungslos in die nationale Mehrheitskultur einzutauchen und sich von ihr abhängig zu machen – um den Preis, plötzlichen Ausgrenzungsversuchen oder sozialen Schikanen nichts Identitätsversicherndes, kulturell und sozial Gleichwertiges entgegensetzen zu können."[17]

Gemäß der Struktur der Führer und Gründer waren die Mitglieder des „Blau-Weiß" in der Regel jünger als die der nichtzionistischen Jugendvereine.[18] Die reformpädagogische Erziehung zu Jugendautonomie und Selbstbestimmung sowie zu einer tiefempfundenen und erlebten jüdischen Identität stellte nur zum Teil eine Abkehr von der gängigen bürgerlichen Erziehung dar. So strahlten Heimabende jüdische Sittsamkeit aus,[19] die Wanderungen folgten jedoch dem Vorbild des „Wandervogel". Waren die jungen Erwachsenen, welche den „Blau-Weiß" führten, auch keine wilden Rebellen, gelang es ihnen doch, dessen Geist und die Stimmung auf ihre jüdischen Ziele zu übertragen. So schrieb Dr. Joseph Marcus, der, als er 1912 den Breslauer „Blau-Weiß" mitbegründete, immerhin schon Referendar war, noch 1916 betont jugendlich und emphatisch:

> „Der deutsche Wandervogel hat uns neue Lebensformen gezeigt. (…) Ähnlich ist unsere Stimmung beim Wandern in der deutschen Natur, ähnlich unser Suchen und Erleben des eigenen Volkes, ähnlich die Gemeinsamkeit unserer Jugendlichkeit, unseres Strebens nach Wahrheit und Reinheit, nach Erneuerung und neuer Wertung allen Lebens. (…) Wir wollen auf die Stimme unseres Blutes hören und, ohne auf Vorteil und Vorurteil zu achten, auf geradem Wege vorwärtsschreiten, unser Judentum, also alles was jüdisch ist und sein will, zu verstehen und in uns zu vertiefen suchen."[20]

Joseph Marcus schrieb diese Worte als Soldat in der deutschen Armee im Ersten Weltkrieg. Bei seiner Rückkehr mußte er feststellen, daß eine selbstbewußte jüngere Generation, die während des Krieges die Führung der Jugendbewegung übernommen hatte, sich weder der Autorität ihrer „alten" Führer beugen, noch deren zionistischen Erziehungsmethoden länger dulden wollte.

Einer der artikuliertesten Kritiker des „Blau-Weiß" während des

Ersten Weltkriegs war der 1897 geborene Gerhard (Gershon) Scholem. Scholem, der nicht Mitglied des „Blau-Weiß", sondern des kulturzionistisch orientierten Berliner „Jung-Juda" war, kritisierte vor allem die für ihn unverständliche Kriegsbegeisterung der jungen Zionisten. Er führte diese auf den Mangel an jüdischen Inhalten im „Blau-Weiß" zurück und brachte die Schwäche der zionistischen Jugendbewegung mit den Worten auf den Punkt: „(...) man fordert nicht Zion, wenn man Berlin meint".[21] Wegen dessen mangelnder zionistischer Radikalität vermißte er beim „Blau-Weiß" „nicht nur die Jugend, sondern immer wieder die Bewegung".[22] Scholem forderte eine konsequente „Hebraisierung" der Bewegung sowie einen Rückzug aus der deutschen Kultur und Gesellschaft.

In der Tat radikalisierte sich der „Blau-Weiß" während des Krieges, doch bewegte er sich in eine andere Richtung als die von Scholem vorgeschlagene. Die Generation der um 1900 Geborenen wählte eine bündische Organisation, in gleicher Weise unabhängig von der ZVfD – wohin ihre früheren Führer nun abwanderten – und vom KJV wie auch von ihren Familien. Die Rebellion der Jugend wandte sich nun nicht nur gegen die assimilierten, liberalen oder orthodoxen Elternhäuser, sondern auch gegen die jüdischen Inhalte, welche ihnen vor dem Krieg von ihren Führer vermittelt worden waren. Die jungen „Blau-Weiß"-Mitglieder starteten eine „Bildungsoffensive", die sich intensiv mit deutscher Kultur, mit Goethe und der Renaissance, aber auch mit Hebräisch, jüdischer Geschichte und beruflicher Umschichtung befaßte. Sie weigerten sich, von der zionistischen Politik vereinnahmt zu werden, und bestanden auf strikter Autonomie ihrer Bünde und elitären Kreise. Wie sehr dies dem Lebensgefühl der Jugend ihrer Zeit entsprach, läßt sich daraus erkennen, daß der „Blau-Weiß" mit 3.000 Mitgliedern zur größten jüdischen Jugendorganisation in Deutschland wurde.[23]

Die junge Generation fühlte sich in ihrem Judentum so weit gefestigt, daß sie es nicht mehr für nötig befand, ihre Identität aus der Bibel und einer idealisierten, national uminterpretierten jüdischen Heldengeschichte zu schöpfen, sondern „jüdisches Leben aus sich selbst heraus" schaffen wollte. Ihr Ziel war ein moderner jüdischer Nationalstaat, ein Anliegen, das Kulturzionisten wie Scholem erst aufgrund der Shoah verfolgten.[24]

In ihrer Jugendgemeinschaft, die sie vor allem auf den Fahrten, aber auch bei Heimabenden pflegten, kam den charismatischen Führern eine noch größere Bedeutung zu als in der Vorkriegszeit. Das Prinzip des „Blau-Weiß“ war die Selbsterziehung ihrer Generation durch Stärkung der Persönlichkeit innerhalb eines geschlossenen Bundes.[25] Die ZVfD und die früheren Führer gehörten nun ebenso wie das Elternhaus und die Schule zu den Vertretern des „Alten“, des „Überkommenen“, wogegen die Jugend rebellierte und zu denen sie auf Distanz ging.

Die Distanz zur Umwelt führte beim „Blau-Weiß“ auch zu einer elitären Ablehnung der dominierenden zionistischen Strömungen sowie der linkszionistischen Jugendbewegungen und der Arbeiterbewegung in Palästina. Obwohl sich der „Blau-Weiß“ weigerte, das Leben in der Diaspora prinzipiell zu verneinen, war es ab 1922 sein programmatisches Ziel, eine Avantgarde für den Aufbau des jüdischen Nationalstaates in Palästina zu bilden. Eine größere Zahl seiner Mitglieder wanderte bereits in den frühen zwanziger Jahren geschlossen nach Palästina aus.[26] Dies hatte viel mit dem zukunftsorientierten Aktionismus des „Blau-Weiß“ zu tun. Allerdings waren viele Einwanderer trotz Vorbildung in Lehrwerkstätten schlecht auf ein „produktives“ Leben in Palästina vorbereitet. Ihre Kenntnisse in Hebräisch und Landeskunde waren ungenügend. Dazu kam noch, daß sich die Mitglieder des „Blau-Weiß“ nicht an bestehende Arbeiter- und Kibbutzorganisationen anschlossen und mit ihren kollektiven, aber privatwirtschaftlichen Werkstätten zur Histadrut, der Gewerkschaftsbewegung, in Opposition standen. Daran scheiterte 1925 die „Blau-Weiß“-Kolonie, was bald zur formellen Auflösung des Bunds in Deutschland führte.[27]

Im Unterschied zu den chaluzischen (Pionier-) Jugendbünden lehnte der „Blau-Weiß“ den sozialistischen Aufbau Palästinas, aber auch kulturzionistische Thesen, wonach in Palästina ein „geistiges Zentrum“ des jüdischen Volkes und ein soziales Vorbild für die Menschheit werden sollte, als „Erlösungszionismus“ ab. Der „Blau-Weiß“ verstand sich als „Tatgemeinschaft“, die den jüdischen Staat mit mittelständischen Methoden, also mit – allerdings kollektiv geführten – Gewerbebetrieben und Kapital aufbauen wollte. Diese Tatgemeinschaft mußte selbstverständlich Vorzug vor der Familiengemeinschaft haben. Denn die Entscheidung junger bürgerlicher deutscher Juden und Jüdinnen, Handwerke zu erlernen und im noch unerschlossenen Palästina unter erheblichen Entbehrungen zu leben, setzte die Trennung von ihren Familien in der Heimat voraus und rückte die Möglichkeit, eine eigene bürgerliche Familie zu gründen, in ferne Zukunft.

> „Was war die entscheidende Färbung des Bundes, der ihn und seine Menschen von gewöhnlichen Kapitalisten und Unternehmern unterscheiden sollte? Es war die unbürgerliche revolutionäre Haltung, die aus unserem Lebensstil gewachsen war.“[28]

Durch die radikale Ablehnung des links-zionistischen Mainstreams in Palästina – der sozialistischen Kwuzot[29] sowie der osteuropäischen Arbeiterpioniere – manövrierte sich der „Blau-Weiß“ jedoch in eine elitäre Isolierung, an welcher er als Bewegung schließlich scheiterte. Dennoch leisteten seine Mitglieder einen erheblichen Beitrag zum Aufbau des jüdischen Gemeinwesens in Erez Israel. Dieser stellt sich im Rückblick allerdings weniger revolutionär dar, als es das Programm vorgesehen hatte: „ (...) all diese Leute haben sich dann hier im Lande als recht altmodische Liberale betragen“.[30]

Siegfried Bernfelds Versuch einer zionistischen Reformpädagogik

Der Erste Weltkrieg radikalisierte auch die nationaljüdische Jugendbewegung in Wien. Bewirkt wurde dies nicht zuletzt durch die Zuwanderung tausender jüdischer Jugendlicher aus dem Osten der Monarchie, aus Galizien und der Bukowina. Von den 150.000 Kriegsflüchtlingen, die zum Jahreswechsel 1914/15 in Wien lebten, waren 125.000 Juden, 25.050 davon Kinder im Alter zwischen sechs und siebzehn Jahren.[31] Im September 1918 lebten hier immer noch 25-30.000 jüdische Flüchtlinge. Die kriegerischen Auseinandersetzungen der Jahre 1918/19 zwischen Polen, Ukrainern und Bolschewiken gingen mit neuerlichen Ausschreitungen gegen die als habsburgtreu stigmatisierten Juden einher und brachten eine letzte Flüchtlingswelle nach Wien.[32]

Die Wiener Zionisten sahen in der Flüchtlingshilfe eine wichtige Aufgabe. Die bedeutendste Institution auf diesem Gebiet war die „Hilfsaktion der Frau Anitta Müller", die neben einem Mütterheim, einem Kinderhort sowie einer Säuglings- und Wöchnerinnenfürsorgestelle auch berufsbildende Kurse für Flüchtlingsfrauen betrieb, welche diesen nach ihrer Rückkehr in die alte Heimat eine bessere Existenzmöglichkeit schaffen sollten. Diese Hilfsaktion war streng mittelständisch. Obwohl die Frauen in die Lage versetzt wurden, selbst ihren Unterhalt zu verdienen, war das Ziel auch, sie zu Hausfrauen auf westeuropäischem Niveau zu machen, also ordentlicher, sauberer und besser organisiert.[33]

Daneben konzentrierten sich die zionistischen Hilfswerke auf das Bildungswesen, wodurch sie gerade die ihnen so wichtige Jugend erreichten, und auf Dienstleistungen wie kostenlose medizinische Betreuung, Rechts- und Berufsberatung. Diese Form der Flüchtlingsfürsorge bot assimilierten Wiener jüdischen Studenten, Intellektuellen und vor allem Frauen ein Betätigungsfeld und brachte sie dem Zionismus näher. Die Erziehung der ostjüdischen Jugend zog nicht zuletzt sozialistisch orientierte Zionisten an, die aus der Jugendbewegung kamen und unter dem Einfluß der Reformpädagogik standen.

Tonangebend war dabei der Reformpädagoge und Psychoanalytiker Siegfried Bernfeld, der sich kurz vor Ausbruch des Ersten Weltkriegs von der sozialdemokratischen der zionistischen Jugendbewegung zuwandte und hier seine vom Marxismus, der Lehre Freuds und der „Jugendkulturbewegung" getragenen Theorien einbrachte.[34]

Bernfeld sah im vergeblichen Wunsch der Juden, sich zu assimilieren, einen verderblichen Einfluß auf die seelische Entwicklung der jüdischen Jugend. Er trat daher für deren möglichst weitgehenden Rückzug aus dem nichtjüdischen Erziehungssystem und danach sogar aus dem nichtjüdischen Wirtschaftsleben ein. Die jungen Juden sollten in reformpädagogischen jüdischen Schulgemeinden eine unbürgerliche, jüdische Erziehung zu produktiven Berufen erhalten, die sie später im jüdischen Wirtschaftssektor in der Diaspora oder als Pioniere in Palästina ausüben konnten. Dies würde sie sowohl vom seelischen Druck seitens der Umwelt als auch vom Druck der Familien hin zur Verbürgerlichung befreien.[35] In seinem 1919 erschienenen Buch „Das Jüdische Volk und seine Jugend" regte Bernfeld auch für Palästina die Gründung von reformpädagogischen Jugendkolonien an, in denen Kinder und Jugendliche ab vier Jahren fern vom „Dilettantismus der Familie" frei und autonom leben und sich zu physisch und psychisch gesunden, selbstbewußten Juden entwickeln konnten. Zionismus bedeutete für Bernfeld den Bruch mit dem Bürgertum, um in Palästina eine Gemeinschaft zu bilden, wo nicht Besitz und Bequemlichkeit die höchsten Werte darstellten.

Diese Theorien stießen bei zionistischen Reformpädagogen auf erheblichen Widerstand. So meinte der deutsche Reformpädagoge und Zionist Rainer Müntz, daß die Jugend bei ihrer Erziehung des Vorbilds der Erwachsenen bedürfe. Die von Bernfeld propagierte Befreiung der Eltern von der Pflicht der Erziehung sowie die dadurch mögliche freie, uneheliche Sexualität lehnte er entschieden ab und meinte wohl zurecht, daß die jüdischen Eltern nicht bereit sein würden, die Erziehung ihrer Kinder aus der Hand zu geben.[36]

Dennoch ergab sich nach dem Krieg ein sinnvolles Anwendungsgebiet für Bernfelds Theorien: die Resozialisierung von jüdischen Kriegswaisen. Bereits 1916 hatte Bernfeld die gängigen jüdischen Waisenhäuser sowie die übliche jüdische Wohlfahrt kritisiert, die diesen Kindern wenig mehr als das nackte Leben retten könnten. Die Erziehung zu einer positiven jüdischen Identität sei auf diese Art nicht möglich. Bernfeld schlug daher die Gründung einer jüdischen Jugendgemeinschaft als Familienersatz für die Waisen vor.[37]

Die Gelegenheit dazu bot sich nach dem Krieg. Zwischen August 1919 und April 1920 leitete er in Wien-Baumgarten ein Heim für ostjüdische Kriegswaisen. Hatte Bernfeld bei den „Freien Schulgemeinden" die jüdische Jugend vom Einfluß des bürgerlich-assimilatorischen Elternhauses loslösen wollen, so sah er im Kinderheim Baumgarten die Aufgabe der Erzieher darin, den Kindern die Liebe und Geborgenheit der Familie so weit wie möglich wiederzugeben. Nur so könne die „verschüttete Affektsphäre", die Erinnerung an die jüdische Tradition des Elternhauses, neu belebt und die

Rückkehr zu jüdischem Selbstbewußtsein bewirkt werden.

Bürgerliche zionistische Erziehungsideale wurden auch in Baumgarten nicht vermittelt.

> „Wir jüdisches Kinderheim sollten (...) ‚musterhaft in Freud und Qual' dem jüdischen Namen Ehre machen. (...) jüdisch-frisch, jüdisch-fromm, jüdisch-fröhlich, jüdisch-frei. Und das war nicht die Privatweltanschauung der Verwaltung. Das ist allgemein zionistisch."[38]

Die Kinder wurden nicht zu strikter Ordnung, wohl aber zu produktiven Berufen erzogen. Ziel der Pädagogen war, den Kindern die freie Entwicklung ihrer Weltanschauung bei gleichzeitiger Liebe zum Judentum zu ermöglichen.

Das Experiment scheiterte wenige Monate nach seiner Gründung, da Bernfeld an Tuberkulose erkrankte und die Meinungsverschiedenheiten zwischen den Pädagogen und den amerikanischen Geldgebern unüberwindlich waren. Dennoch blieb das kurzlebige Experiment nicht ohne Auswirkungen. Einige der Zöglinge emigrierten schon bald nach Palästina, doch was wichtiger war: Bereits in den zwanziger Jahren fanden Bernfelds Ideen Eingang in die Kibbuz-Erziehung, vor allem im Emek Jesreel (Tal in Palästina/Israel).[39]

Der „Haschomer Hazair" in Wien

Während des Ersten Weltkriegs übten Bernfelds Theorien erheblichen Einfluß auf die Mitglieder des „Haschomer Hazair" (der junge Wächter) aus.[40] Dessen Mitglieder waren vor allem galizische Jugendliche, die mit ihren Familien vor den Kriegsereignissen nach Wien geflohen waren. Hier erlebten sie die tragische Verelendung ihrer Familien. In der Schule und auf der Straße wurden sie Opfer des Antisemitismus, der sich vor allem gegen die fremden und fremdartigen Kriegsflüchtlinge richtete. Da die Flüchtlingskinder in der Regel aus einem traditionell-jüdischen Lebensraum kamen, besaßen sie bei ihrer Ankunft in Wien ein ausgeprägtes jüdisches Selbstbewußtsein und brachten ihre Jugendbewegungen aus der alten Heimat mit.[41] Unter den neuen Gegebenheiten in Wien verloren für sie viele der traditionellen jüdischen Werte ihre Bedeutung, was nicht selten zu einer Entfremdung von der Familie führte. Umso wichtiger wurden die Jugendbewegungen, wo die Kinder und Jugendlichen unter Gleichgesinnten eine Gemeinschaft, also Verständnis und Geborgenheit fanden, die ihnen die Schule und das Elternhaus nicht gaben. Die Suche nach einer neuen, jugendgemäßen Lebensform hatte bereits vor der Flucht in Galizien begonnen. Der „Haschomer Hazair"[42] war der in Wien vollzogene Zusammenschluß der „Schomrim" (Wächter) mit den „Zeire Zion" (die Jungen Zions). Entgegen den Vorstellungen ihrer Eltern waren die „Schomrim", wie Jehuda Wattenberg, ein ehemaliges Mitglied des „Haschomer Hazair", 1918 ausführte, ganz auf Wandern und körperliche Aktivitäten ausgerichtet:

> „Die vom schwülen, drückenden Geist der Pilpulistik gebeugte Jugend warf sich mit der ganzen Inbrunst ihrer Seele auf diese neue Form des Jugendlebens. Sie wollte die Bücher über den Haufen werfen, ins Freie ziehen, auf scoutische Weise ihren Körper und Charakter stählen und stärken, und ihrem Verlangen nach Ausleben freien Spielraum bieten."[43]

Während Wattenberg den Hang der „Schomrim" zu paramilitärischer Disziplin tadelte, bezeichnete er das ursprüngliche Interesse der „Zeire Zion" am Lernen und an jüdischer Tradition als „unjung".[44] Damit wurde er ihnen nicht gerecht, denn auf ihre Weise rebellierten sie ebenso gegen die Tradition des Elternhauses wie die „Schomrim". Angelika Jensen faßte ihre Ziele so zusammen:

> „Das wesentliche Charakteristikum der Zeire Zion-Gruppen war das Streben nach Selbstbildung in Themen des jüdischen Wissens, die im Religionsunterricht nicht behandelt wurden und in den Augen der Jugend von Eltern und Schule vernachlässigt wurden."[45]

Dazu gehörten die Schriftsteller der ostjüdischen Aufklärung, jüdische Philosophen des Mittelalters, Geschichte des Zionismus und Landeskunde Palästinas sowie Hebräisch, Arabisch, Russisch und Italienisch. Aus Angst vor elterlichen Strafmaßnahmen und Repressionen seitens der polnischen Mittelschulen, welche die Mitglieder der „Zeire Zion" besuchten, formierten sie sich als Geheimbünde.[46] In Wien entdeckten die aus ihrer Heimat geflohenen „Zeire Zion" das Wandern. Sie suchten den Kontakt zu den „Schomrim", woraus schließlich der Zusammenschluß der beiden so unterschiedlichen Jugendbewegungen erfolgte.

In seiner Autobiographie beschreibt Manès Sperber, der 1916 als Elfjähriger mit seiner orthodoxen Familie aus dem galizischen Zablotow nach Wien gekommen war und sich im Herbst 1917 der Bewegung angeschlossen hatte, den „Haschomer Hazair":

> „Für uns gehörte alles zusammen: die fast militaristische Haltung bei Körperübungen, bei Gewaltmärschen, die Verwendung der soldatischen Terminologie; die völlig freien, uferlosen Diskussionen, in denen man sich heiser redete und von allem Druck befreite; die wachsende Gegnerschaft gegen den Krieg, gegen jeden, der von ihm profitierte, gegen alles Bürgerliche, alles Autoritäre."[47]

Schwärmerischer hatte Jehuda Wattenberg mehr als fünfzig Jahre früher das neue Lebensgefühl der „Schomrim" beschrieben: „Das Leben und die Welt offenbarten sich in ihren prangenden, satten, lichten Farben. Man begann, den Menschen und seine Welt sehnsuchtsvoll zu lieben."[48]

Der Zionist Otto Abeles hingegen betonte in seinem 1918 erschienenen Buch vor allem die Kritik der „Schomrim" an den traditionellen jüdischen Lebensformen:

> „Aus seiner (des ‚Schomers') sprudelnden Rede sprach nur das eine: sich unterscheiden wollen von den Vätern, anders sein wollen, als die Männer von Börse und Geschäft. (...) Anders sein! Vor allem: wehrhaft sein. So werde man die Schande tilgen."[49]

Sowohl die Wehrhaftigkeit als auch der Pazifismus, den Sperber beschrieb, waren Ausdruck der Rebellion gegen die Traditionen der Eltern, die gute kaisertreue Staatsbürger und weitgehend passive Opfer von Pogromen und Verfolgungen waren. Die kritische Einstellung gegenüber dem Elternhaus kam auch in der Haltung der „Schomrim" zur jüdischen Tradition zum Ausdruck. Sie lehnten die althergebrachte Gesetzestreue und den davon geprägten Lebensstil ab. Vor allem Mädchen lehnten sich gegen das traditionelle Rollenbild der jüdischen Frau auf.[50] Ebenso radikal verurteilten die „Schomrim" aber auch etwaige Assimilationsbestrebungen ihrer Eltern. Ihnen schwebte eine moderne, aber prononciert jüdische Kultur vor. Die emotionale Nähe zur jüdischen Tradition und der Respekt vor der Gesetzestreue erschienen ihnen als notwendige Voraussetzung, um breite Schichten des jüdischen Volkes zu erreichen.[51] Daher setzten die „Schomrim" in Wien die Beschäftigung mit dem Judentum fort.

Ein wichtiger geistiger Mentor dieser jüdischen Form der „Jugendkulturbewegung" während des Ersten Weltkriegs war Martin Buber. Am „Ersten österreichisch-jüdischen Jugendtag" im Mai 1918 warnte er die national-jüdische Jugend vor einer allzu freien Interpretation des Judentums und betonte die Bedeutung der Tradition, um der jüdischen Erneuerung die notwendige Richtung zu geben.[52] Ziel und Aufgabe der jüdischen Jugend sei die Schaffung einer Gemeinschaft in Palästina gemäß der jüdischen Soziallehre, insbesondere jener der Propheten. Buber propagierte damit eben jenen „Erlösungszionismus", von dem sich der deutsche „Blau-Weiß" nach dem Krieg distanzierte.

Buber und Bernfeld warnten die Jugend vor jenem blinden nationalen Aktivismus, dem der „Blau-Weiß" nach dem Krieg huldigte. Obwohl Buber sich von der Rückkehr nach Erez Israel das Erwachen mystischer Kräfte der Erneuerung erwartete, dürfe sich die Jugend nicht nur darauf verlassen. Sie müsse vielmehr noch vor der Alija (Einwanderung nach Erez Israel) an sich selbst arbeiten und auf ihre große religiöse Aufgabe vorbereiten.[53] Bernfeld ging es eher um die Vorbereitung auf ein produktives Gemeinschaftsleben.

Im Gegensatz dazu wollten die „Schomrim" möglichst bald nach Erez Israel gehen. Denn die Ereignisse der letzten Kriegsjahre, insbesondere die „Balfour Deklaration" von 1917, ließen die Auswanderung nach Palästina möglich und wünschenswert erscheinen. Anstelle des Studiums jüdischer Inhalte rückte nun die berufliche Umschichtung in den Mittelpunkt des Interesses der „Schomrim", also das Erlernen von produktiven Berufen und die intensive Vorbereitung auf ein Leben als Chaluz in Palästina.

1917 hatte Josef Trumpeldor in Rußland den „Hechaluz" (der Pionier), die Dachorganisation aller Jugendbünde, die sich durch berufliche Umschichtung, das Erlernen der hebräischen Sprache und der Landeskunde Palästinas auf ein kollektives, arbeitendes – chaluzisches – Leben in Erez Israel vorbereiteten, gegründet. Bereits

1918 entstanden in Galizien und in Wien erste „Hachschara" (Vorbereitung)-Plätze, wo junge Auswanderungswillige das nötige Rüstzeug für die Alija erhielten. Später war die Absolvierung eines „Hachschara"-Kurses die Voraussetzung für ein Arbeitereinwanderungs-Zertifikat der britischen Mandatsregierung. Die Palästinabegeisterung ließ die chaluzische Jugend in Wien von ihren Lehrern Buber und Bernfeld abrücken. Letztlich verhinderten nicht deren Warnungen, sondern die Politik der Briten, daß unmittelbar nach Kriegsende Massen von unvorbereiteten, mittellosen Idealisten nach Palästina strömten, da sie erst 1920 die Tore für Neueinwanderer öffneten.[54]

Die Mehrheit der „Schomrim" wollte sich nicht mehr mit der in der Jugendkulturbewegung verwurzelten Selbsterziehung zum neuen „Judentypus" begnügen. Sie war vielmehr überzeugt, daß es angesichts der neuen Entwicklungen „eines unerschütterlichen Arbeiters bedürfe, der mit allen familiären, sozialen und beruflichen Konsequenzen den Aufbau Palästinas vorantreibe".[55] Bereits 1920 wanderten die ersten „Schomrim" nach Palästina aus,[56] wo sie in Arbeiterkollektiven Straßen bauten, Sümpfe trockenlegten und nur bisweilen in den ersehnten landwirtschaftlichen Kwuzot unterkamen.

Die Auswanderung nach Palästina bedeutete die tatsächliche Loslösung von der Familie. An die Gründung einer eigenen Familie war unter diesen Umständen nur selten zu denken. Das Arbeiterkollektiv ersetzte die Familie, die Unterordnung unter ein gemeinsames Ideal war die Basis der neuen Gemeinschaft.

1922 erschien in Palästina unter dem Titel „Kehillatenu" (Unsere Gemeinschaft) eine von Nathan Bistritzky herausgegebene Sammlung von Reden und Aufsätzen der „Schomrim", die das Landgut Bitanja in Galiläa bewirtschafteten. 1927 publizierte Bistritzky seinen Roman „Jamim Veleilot" (Tage und Nächte), der ebenfalls auf seinen Erlebnissen in Bitanja basierte. Bistritzky war 1920 aus Sonigrodka in der Ukraine nach Palästina gekommen und hatte einige Monate in Bitanja gelebt, ohne sich dem Kollektiv anzuschließen. Wie Gershon Shaked schreibt, war Bistritzkys Schilderung der Kwuza kritischer, als es der hebräischen Literatur dieser Zeit entsprach. Dennoch fing er darin etwas von der Stimmung, die in den

Kwuzot des „Haschomer Hazair“ kurz nach dem ersten Weltkrieg herrschte, und den Sehnsüchten der jungen Chaluzim ein:

> „Äußerlich leben alle zusammen in einer Kommune, doch innerlich ist jeder für sich allein und einsam, schleppt seine Vergangenheit mit sich und sehnt sich danach, daß die Mauern seines Ich fallen. Es gibt zwar ein Gemeinschaftsleben, es gibt den Zionismus und einen Feind, gegen den sich alle zusammenschließen, aber das bringt die seelischen Mauern der einzelnen nicht zum Einsturz. Manchmal kommen sie unter dem Einfluß des charismatischen Oberhauptes der Gruppe ins Wanken, etwa bei einem orgiastischen Tanz oder im Zusammenhang mit der Sammlung von Selbstbekenntnissen einzelner Gruppenmitglieder. In diesen besonderen Momenten, wenn ihr weltlicher ‚Zaddik‘ mit seinen Reden und Bekenntnissen die gespaltene Gemeinde eint, erscheint die Kommune wie eine chassidische Gemeinde. Oft klingen die Reden des Oberhauptes wie freudianische Essays; die Traumdeutung wird zum Ersatz für die Religion.“[57]

Die endlosen Diskussionen, die Bistritzky als Ausdruck der vergeblichen Suche nach dem Aufgehen des Ich in der Gemeinschaft beschrieb, die aber schon Manès Sperber in Wien als so befreiend empfunden hatte, wurden letztlich der Schlüssel zum Erfolg des „Haschomer Hazair“ als politischer Partei und gestaltender Kraft innerhalb der Histadrut sowie seiner Kibbuzbewegung, des „Kibbuz Arzi“.

Erfolgreich war der „Haschomer Hazair“ aber auch, weil er sich in Palästina rasch politisierte und dem Marxismus zuwandte. In seinen Kollektiven blieb dennoch das Ideal der Gemeinschaft vorherrschend, diese sollte unter anderem die herkömmliche Familie ersetzen. Dazu mußte sich jedoch bei jedem Mitglied ein seelischer Wandel vollziehen, eine Entwicklung, die, wie Gena Richter aus dem „Haschomer Hazair“-Kibbuz Beth Alfa berichtete, 1935 noch nicht abgeschlossen war:

> „(...) die Eltern müssen die Kinder dem Kollektiv mit ruhigem Herzen anvertrauen, und diejenigen Genossen, die kinderlos sind, müssen die Kraft haben, die Aufgabe der Erziehung mitzutragen, mit allem, was sie an Frohem und Schwerem bringt.“[58]

Die „neue jüdische Frau"?

Die Gleichstellung der Frau, wie sie in den Arbeiterkollektiven Palästinas programmatisch vorangetrieben wurde, ging von den osteuropäischen Pionierinnen aus. Gefördert wurde sie von den Bedingungen, unter denen der Aufbau des Landes erfolgte, die den vollen Einsatz der weiblichen Arbeitskraft notwendig machte. Außerhalb der Arbeiterkollektive, in den privatwirtschaftlichen Genossenschaften, den Moschawim, aber auch in den Städten förderten das zionistische Ideal der „Produktivierung" des jüdischen Volkes sowie das niedrige Lohn- und Einkommensniveau die Berufstätigkeit bzw. Mitarbeit der Frauen. Eine Gleichstellung mit den Männern bewirkte dies jedoch nicht und war vor allem auch kein programmatisches Ziel.

Trotz der harten Kritik, welche die zionistischen Jugendbewegungen in Österreich und Deutschland am bürgerlichen Familienleben übten, zeigten sie erstaunlich geringes Interesse an der beruflichen Emanzipation der Frauen. In den Jahren 1918/19 gab Siegfried Bernfeld in Wien die Zeitschrift *Jerubbaal* heraus, in der, gemäß seinem Vorwort, „Die Jugend selbst (...) das Wort haben" sollte.[59] Obwohl der Generationenkonflikt ein wichtiges Thema war, befaßten sich überraschend wenige Beiträge mit konkreten Vorschlägen zur Erneuerung der jüdischen Familie. Unter jenen, die dieses Thema aufgriffen, waren allerdings die Frauen in der Mehrheit.

Angeprangert wurde vor allem die jüdische Heiratspraxis, das Streben der Eltern, für ihre Töchter „gute Partien" zu finden:

> „Es ist nicht zuviel gesagt, wenn behauptet wird, daß die Ehen, wie sie bei den Juden bis heute, sowohl im Osten wie im Westen geschlossen werden, das reinste Handelsgeschäft sind. (...) Und nun vergegenwärtige man sich das Zusammenleben von zwei Menschen, die nur durch Zufall aneinander geworfen, jeder seine eigenen Wege geht und gar die Erziehung des Kindes in einer Familie, die nicht von inniger Liebe und Hingebung durchpulst, sondern durch ganz lockere, äußere Fäden zusammengehalten ist. Dieses schändliche Menschenhändlertum muß abgeschafft werden, soll das jüdische Volk stark, gesund und fruchtbar sein."[60]

An die Stelle der üblichen Vernunftehen müssen, wie die Mädchen und jungen Frauen meinten, Liebesehen treten. Denn nur die „auf gegenseitige Zuneigung und Wertschätzung sich stützende Familie" könne den „neuen jüdischen Menschen" hervorbringen.[61] Die bürgerliche Erziehung verstelle den jungen Frauen aber oft den Weg zur Selbständigkeit und Selbstbestimmung, sie mache sie zu „Weibchennaturen für gute, reiche Partien", denen die Willenskraft fehle, sich gegen „Familie, Tradition, Erziehung und Unwahrheit" aufzulehnen.[62] Die harte Kritik an den bürgerlichen jüdischen Mädchen, wie sie in *Jerubbaal* ausgesprochen wurde, zeigte sich erheblich beeinflußt von den zeitgenössischen antisemitischen und antifeministischen Stereotypen:

> „Bei jüdischen Mädchen wird dieser Kampf, dieses Suchen noch kraftloser gemacht, dadurch, daß zu der ohnedies schon ziemlich starken Haltlosigkeit des weiblichen Geistes noch die jüdische Skepsis kommt, welche die zu diesem Kampf notwendige gläubige Kraft noch mehr zersetzt."[63]

Dennoch sah die Autorin, Marie Popper, die einzige Lösung darin, daß die Frauen versuchten, „aus sich selber heraus ihre Eigenart zu entwickeln und fruchtbarer zu machen" und eine neue Weiblichkeit zu entwickeln. Eine bloße Nachahmung der Männer lehnte sie strikt ab. Die Überwindung der bürgerlichen Ehe und Familie war somit eine Frage der Rückkehr zur Liebesheirat bzw. zu den „natürlichen Empfindungen" der Frau.

Konkreter waren die Ratschläge, die Frau Dr. Maisl-Schochat den „Gesinnungsgenossinnen in der Diaspora" gab.[64] Sie riet ihnen, die hochstehende Kultur des Haushaltens, wie sie in Deutschland gepflegt wurde, zu erlernen und in Palästina zum allgemeinen Wohl einzusetzen:

> „Könnte die deutsch-jüdische Frau zu solchem Wissen und Können die Aufopferungsfähigkeit und den moralischen Mut der russisch-jüdischen Pionierin gesellen, dann würde ihre Arbeit von großem Segen für unsere Kolonisation sein."[65]

Weitere Betätigungsgebiete sah Maisl-Schochat in den „weiblichen" Zweigen der Landwirtschaft, also beim Gemüsebau, der Geflügelzucht und der Milchwirtschaft, die noch unterentwickelt seien. Auch hier mangle es den palästinensischen Frauen an Kenntnis, weshalb gut ausgebildete Arbeiterinnen aus der Diaspora auch als Lehrerinnen von Nöten seien. Maisl-Schochat trat zwar für die Mitarbeit der Frauen beim Aufbau der jüdischen Landwirtschaft in Palästina ein, doch sprach sie keineswegs der völligen beruflichen Gleichstellung mit dem Mann das Wort. Sie strebte vielmehr eine Harmonisierung der Rolle der Hausfrau und Mutter mit dem Ideal der Produktivierung an, eine Lebensform, wie sie vor allem in den Moschawim (Genossenschaften) existierte. Die Radikalität des Beitrags von Maisl-Schochat lag darin, daß sie den jungen Frauen tatsächlich nahelegte, ein arbeitendes Leben in Palästina anzustreben.

Als die Berichterstattung aus und über Palästina nach Kriegsende wieder leichter wurde, brachte Martin Bubers Monatsschrift *Der Jude* faszinierende Artikel über das Leben in den Kwuzot sowie in den verschiedenen Formen von Arbeiterkollektiven. Da die Tendenz der Zeitschrift linkszionistisch war, galt die Erschließung von Erez Israel durch jüdische Arbeit als Rechtfertigung für die Eroberung des Landes und Voraussetzung für die Erneuerung des jüdischen Menschen. Erstaunlich konservativ war die Blattlinie bezüglich der Rolle der Frau in Palästina wie auch in der Diaspora. Dabei kam in *Der Jude* genau die Generation der um 1880 Geborenen zu Wort, welche die zionistische Jugendbewegung und deren Ideologie wesentlich bis zum Ende des Ersten Weltkriegs bestimmte. Die Beiträge stammten somit von den geistigen Vorbildern der Jugendlichen, die im *Jerubbaal* schrieben, weshalb sich die Ansichten auch häufig ähnelten.

Während des Krieges waren Zionisten im Rahmen der Hilfsaktionen für jüdische Kriegsflüchtlinge zum Teil erstmals in Kontakt mit osteuropäischen Jüdinnen gekommen. Im Vergleich zu diesen erschienen die gebildeten, bürgerlichen Westjüdinnen „oberflächlich“ und „nervös“. Das folgende Zitat von Max Brod – 1884 in Prag geboren – aus seinem „Brief an eine Schülerin nach Galizien“, verbindet die Kritik am westjüdischen Bürgertum mit dem damals unter Zionisten weitverbreiteten „Kult des Ostjudentums“:

> „Ich habe nämlich versucht, unter den Prager Mädchen das zu organisieren, was mir unter den galizischen so leicht gefallen ist: ein geistiges Leben in jüdischer Gemeinschaft. Da bin ich aber an die unrech-

> ten gekommen! Unsere Westjüdinnen sind entweder hohl und oberflächlich oder, wenn sie wirklich im Sinne unseres Ideals als echte Jüdinnen arbeiten, geraten sie bald in Nervosität, Gereiztheit, Selbstüberhebung, Verzweiflung, Isolation. (...) Es gibt glücklicherweise (...) Ausnahmen (...). Das ändert aber nichts an der Feststellung, daß die galizischen Mädchen in ihrer Gesamtheit um so viel frischer und im Geiste wesenhafter, gesünder sind als unsere Mädchen."[66]

Den Grund für diese geistige Frische sah Brod im Vorbild der hohen Geistigkeit der traditionellen galizischen Väter, das auch dann prägend blieb, wenn die Töchter dagegen rebellierten:

> „Ein galizisches Mädchen sieht die Einheit eines frommen Mannes vor sich, (...) gleichsam eine ewige Festlichkeit des Geistes (...). Regt sich nun in ihr der Widerspruchsgeist, so muß sie sich ein hohes Ziel setzen, muß selbst zu einer geistigen Einheit sich zu entwickeln suchen, sonst ist sie eben im Kampf der Jungen gegen die Alten unterlegen."[67]

Die westjüdischen Väter kümmerten sich, wie Brod klagte, nur um das Geschäft, Bildung war für sie lediglich „Zerstreuung". Die natürliche Rebellion der Westjüdinnen bestehe darin, die „Zerstreuung" der Väter verstärkt zu betreiben „etwas häufiger als die Eltern in Konzerte und Gemäldegalerien zu laufen, mitzuklimpern, mitzupinseln, etwas freier als die Eltern mitzuflirten".[68] Brod riet den Ostjüdinnen daher, die Geistigkeit des Elternhauses nicht verkümmern zu lassen, damit „Sie die Kraft haben werden, in den nächsten Generationen den Geist ebenso würdig fortzupflanzen und neue Opposition, also neues Leben zu erwecken".[69]

Demgemäß zeigten die männlichen, aber auch ein Teil der weiblichen Mitarbeiter von *Der Jude* nur wenig Verständnis für das Streben der Pionierinnen in Palästina nach möglichst weitgehender Gleichstellung mit den Männern. Helene Hanna Cohn, eine 1886 in Deutschland geborene Soziologin und Journalistin, war in den zwanziger Jahren die Spezialistin für „Frauenfragen" der Zeitschrift. Sie hatte zuvor als Sekretärin des Palästinaamts in Jaffa Einblicke in das Leben des Jischuw (Niederlassung) gewonnen.[70] Cohn lehnte die Gleichstellung der Frau aus ästhetischen Gründen ab, da es der Arbeiterin sonst nicht möglich wäre, einen angemessenen Standard an

Wohn- und Eßkultur zu halten.[71] Gegenstimmen zu dieser bürgerlichen Haltung kamen aus Palästina.

> „Man wird (...) die Wahrnehmung machen, daß eine Anzahl Frauen und Mütter des neuen Jischub ihr Haus nicht so führen, wie es sich ein jüdischer Frauenclub in Europa träumt. Ja, es gibt sogar Frauen, die den Mann und die Kinder für lange oder gänzlich verlassen; entweder um irgendeinen Beruf zu ergreifen, oder um sich dafür vorzubereiten. Und die es nicht tun, sind in der glücklichen Lage, entweder schon einen Beruf zu haben, oder sie sind Angehörige der hier verhältnismäßig kleinen bürgerlichen Klasse, wo der Mann tatsächlich so viel Geld verdient, um sich den Luxus eines Familienlebens gestatten zu können."[72]

Margalit (Grete) Obernik stammte aus dem Wiener Kreis um *Jerubbaal.* Bereits 1918 hatte sie dort ihren sehnlichen Wunsch, endlich nach Palästina zu gehen, ausgedrückt, auch wenn sie sich durch die Jugendbewegung nur mangelhaft dazu vorbereitet fühlte:

> „Am schwersten leiden die Wartenden. Sie können nirgends Wurzeln fassen. Nicht in der Familie, denn die wollen sie verlassen, nicht in ihrem Berufe, denn sie müssen ihn dann ändern, wenn die Idee sie rufen wird. Die Stärksten folgen der eigenen Initiative und gehen selbst ans Werk, sie gehen nach Palästina. Aber es war niemand da, der ihnen geraten hätte, wie sie sich vorbereiten sollen, und darum hat die Jugend bisher so wenig geleistet im Vergleich zu ihrem guten Willen."[73]

Es ist daher wenig verwunderlich, daß sich die junge Pionierin gegen gute Ratschläge aus der Diaspora so vehement wehrte, wobei sie die Gesellschaftskritik der Jugendbewegung nun gegen die Gesinnungsgenossinnen in der Diaspora kehrte. Sie forderte die Zionisten der Galut (Exil, Diaspora) auf, bei ihren Urteilen die Wirklichkeit des Lebens in Erez Israel zu berücksichtigen. Die Stellung der Frau richte sich dort ebenso wie die meisten anderen sozialen Erscheinungen nach den Anforderungen des Lebens in einer Pioniergesellschaft.

Die Gleichstellung der Pionierinnen in den Kwuzot und später Kibbuzim war jedoch mehr als eine Anpassung an die Lebensbedingungen, die Chaluzot mußten sich diese erst erkämpfen:

> „In der Zeit, als die Arbeiterschaft begann, sich im palästinensischen Boden zu verwurzeln, wurden die Mädchen allein von der Landarbeit

> ausgeschlossen und in das Haus und die Küche verwiesen. Bestürzt und enttäuscht sahen sie sich aus der gemeinschaftlichen Front entfernt, in der sie zusammen mit den Genossen gekämpft hatten."[74]

Einige Arbeiterinnen gründeten daraufhin eigene Frauengruppen, die an ständig wechselnden Orten arbeiteten, bis zwei Jahre nach dem Ersten Weltkrieg in Petach Tiqua die erste Arbeiterinnenfarm entstand. Inzwischen fand aber auch die Gleichstellung in den gemischten Kwuzot größere Akzeptanz:

> „(...) neue Formen der Siedlung waren entstanden, die große Kwuza, der Moschaw. Und überall war die Arbeiterin an ihrem Platz. Ob durch den Kampf an Ort und Stelle, ob aus der Notwendigkeit der Siedlungen heraus – jedenfalls wurden die Arbeitsgebiete der Frauen jetzt breiter und vielfältiger. In der Garten- und Stallarbeit, in der Hühnerzucht, in der Pflanzungsarbeit bewährten sie sich, während die Arbeiter anfingen, sich an der Küchen- und Wascharbeit zu beteiligen. (...) Andere Schwierigkeiten tauchten auf, die Frage von Mutter und Kind in der Kollektivsiedlung."[75]

Als die Kwuzabewegung in den zwanziger Jahren verbindliche Leitlinien für das Zusammenleben in den Kwuzot erarbeitete, wurde die Kindererziehung heftig diskutiert. Jizchak Tabenkin, ein führendes Mitglied der Kwuzabewegung, meinte zwar: „Wer gibt uns das Recht, um der Befreiung der Frau willen das Kind zu opfern? Hier muß sich die Frau ihrer natürlichen Aufgabe hingeben."[76]

Dennoch nahm die Kwuzabewegung 1924 die „Gleiche Verpflichtung aller Kwuzot-Mitglieder (Mann und Frau) für Arbeit in der Hauswirtschaft (Bäckerei, Küche, Wäscherei usw.)" sowie die „Gemeinschaftliche Erziehung und Ernährung der Kinder bis zum Arbeitsalter", worunter man die „Erziehung der Kinder für ein Leben in genossenschaftlicher Arbeit" verstand, in ihre 18 Punkte umfassende „Gesetzesvorlage" auf.[77] Walter Preuss, der für *Der Jude* über die Diskussionen um die Entwicklung der Kwuzot berichtete, war überzeugter Marxist. Er war 1922 von Berlin nach Palästina ausgewandert, wo er die statistische Wirtschaftsabteilung der Histadrut leitete.[78] Preuss betonte die große Bedeutung der „Frage der Stellung der Frau, der Familie und des Kindes":

> „Denn sie sind wahrhaftig entscheidend für das gesellschaftliche Leben der Kwuzah. (...) Soll die Frau sich, der hergebrachten Mei-

nung ihrer ‚natürlichen Anlagen' entsprechend, auf die Haus- und Küchenarbeit beschränken oder in jeder Beziehung neben den Mann treten? Später, als die ersten Familien sich bildeten, trat das Problem verschärfter auf, um schließlich in der Frage der Kinder, ihrer gemeinsamen oder getrennten Erziehung und des gemeinsamen Nachtlagers, fern von den Eltern (oder im Zimmer der Eltern), zu münden. (...) Voraussetzung der Befreiung der Frau ist nicht nur: volle Gleichstellung in allen Arbeiten, sondern: gemeinsame Erziehung der Kinder."[79]

Funktionieren könne diese Form des Zusammenlebens nur dann, wenn Einzel- und Gruppeninteressen als gleichwertig akzeptiert würden, eine Überzeugung, die sich, wie Preuss befriedigt feststellen konnte, „unter dem Einfluß einer erkenntnisstrebenden und erkennenden Arbeiterschaft" vermehrt durchsetze. Preuss betonte vor allem die Selbstdisziplin der palästinensischen Arbeiter und Arbeiterinnen, ihre Bereitschaft, sich dem „Gesetz" der Bewegung und der Kontrolle der Gruppe zu unterwerfen, ohne deshalb ihre persönliche Freiheit aufgeben zu müssen. Bei der zionistischen Jugendbewegung vermißte Preuss genau dies:

„In einem meisterhaften Aufsatz (...) spricht Schaul Meirow aus Cinnereth über die Bedeutung des Gesetzes für die Entwicklung der Kwuzoth; all denen sei es zur Lektüre empfohlen, die in der zionistischen Jugendbewegung falsche, fremde Gesetze von außen sich holen und glauben, unter jenem fremden Gesetz auch in Erez Israel sich eingliedern zu können."[80]

Gemeint waren hier die Mitglieder des „Blau-Weiß", die damals versuchten, ihre eigenen, von der Arbeiterbewegung unabhängigen, privatwirtschaftlichen Kollektive in Palästina zu gründen.

In dem 1935 vom deutschen Landesverband des „Hechaluz" herausgegebenen Sammelband „Arbeiterinnen erzählen" kamen arbeitende Frauen aus den verschiedensten Gesellschaftsschichten zu Wort. Gena Richter führte die in der Kwuza Beth Alpha nach wie vor bestehenden emotionellen Probleme der Eltern und Kinder ebenfalls auf mangelnde Selbstdisziplin zurück: „(...) es fehlt uns allen noch an Selbsterziehung und Selbstbeherrschung."[81] Eva Tabenkin aus Ejn Charod schrieb allerdings, daß man die Selbstdisziplin bisweilen zu weit getrieben habe:

> „Wie litten wir, die ersten Mütter in den Kwuzoth, unter der falschen Ansicht, daß man das Kind den Eltern entfremden müsse. Je zahlreicher wir werden, um so mehr kommen wir von diesem Irrtum ab."[82]

Weniger konsequent wurde die Gleichstellung der Frauen in den Moschawim betrieben. In diesen Genossenschaften bewirtschafteten die Mitglieder ihre eigenen Anwesen, die Frauen arbeiteten – so wie dies Maisl-Schochat vorgeschlagen hatte – im Garten und bei der Geflügelzucht mit, waren aber auch für Haushalt und Kindererziehung zuständig. Da diese Frauen die landwirtschaftlichen Tätigkeiten erst erlernen mußten, wobei vielfach die für das Land geeigneten Formen erst erprobt wurden, verwundert es nicht, daß sie sich häufig überfordert fühlten. Dazu kam noch, daß auch sie hohe Ansprüche an das Resultat der Erziehung ihrer Kinder stellten:

> „Wird es [das Kind] unseren Weg fortsetzen? Wird es den rechten Willen, wird es den Mut haben? Wird es wenigstens nicht schlechter sein als wir? Und die Mutter fragt sich, ob sie dem Kind nur dann Arbeit geben soll, wenn es sie verlangt, oder ob sie von ihm Hilfe fordern, es nach seinen Kräften mitarbeiten lassen soll, um das Bewußtsein der Pflicht zur Arbeit tief in ihm zu verankern? Soll man auf dem alten Wege weitergehen und die Töchter anders erziehen als die Söhne? Oder im Gegenteil: die Mädchen nicht allein zur Hausarbeit vorbereiten? Auf alle diese Fragen gibt es keine klare Antwort, nur eines ist klar: mit den gesellschaftlichen Pflichten müssen wir es sehr ernst nehmen, damit wir unseren Kindern ein Beispiel geben können. Wenn es noch so schwer ist, den Hof, das Haus und das kleine Kind allein zu lassen, so muß die Frau die Pflicht der gegenseitigen Hilfe doch erfüllen."[83]

Anita Shapira ging den Folgen dieser Erziehung nach.[84] Dabei stellte sie fest, daß die „Dor Haarez" (Generation des Landes), also die Generation der entweder bereits in Palästina Geborenen oder dort unter dem Einfluß der vorherrschenden Gesellschaftslehre Aufgewachsenen, einen bemerkenswerten Beitrag zur Kultur, in der Verwaltung und in der Armee Israels leistete, politisch aber weitgehend passiv blieb. Gemäß den Traditionen der Jugendbewegung sowie der Gemeinschaftserziehung in den Kwuzot liebten diese Menschen das Land, fühlten sich dort ganz daheim, kleideten sich einfach und hatten einen stark entwickelten Gemeinschaftssinn.

Der Politik mißtrauten sie und sahen im Verlassen der egalitären Gruppe zugunsten einer politischen Karriere Verrat an den Idealen der produktiven Arbeit sowie der Gemeinschaft. Ihre politische Enthaltsamkeit schwächte ihren Einfluß auf die Gesellschaft Israels, die einerseits von ihrer mächtigen Vätergeneration, andererseits aber von jenen Einwanderermassen geprägt wurde, die nach der Staatsgründung ins Land kamen.

Anmerkungen

1 Adolf BÖHM, Die zionistische Bewegung, Bd. 1. Tel Aviv 1935, 2. Aufl., S. 202.
2 Ebda.
3 Yehuda ELONI, Zionismus in Deutschland von den Anfängen bis 1914. Gerlingen 1987 (Schriftenreihe des Instituts für deutsche Geschichte Universität Tel Aviv 10), S. 409.
4 BÖHM, Zionistische Bewegung 1 (wie Anm. 1), S. 202.
5 ELONI, Zionismus in Deutschland (wie Anm. 3), S. 409 f.
6 Ebda, S. 22.
7 Ebda, S. 28 ff.
8 Der damals sehr einflußreiche deutsche Soziologe Ferdinand Tönnies unterschied die Gesellschaft, welche ein reiner Zweckverband sei, von der organisch gewachsenen Gemeinschaft, die er als die Voraussetzung für ein harmonisches Zusammenleben und menschliche Kreativität bezeichnete. In diesem Sinn unterschied er auch die materialistische, sterile Zivilisation von wahrer Kultur. Vgl. Ferdinand TÖNNIES, Gemeinschaft und Gesellschaft. Grundbegriffe der reinen Soziologie. Berlin 1912, 2., erheblich veränderte und vermehrte Aufl.
9 Walter Z. LAQUEUR, The German Youth Movement and the „Jewish Question". A Preliminary Survey. In: Leo Baeck Institute Year Book (im folgenden: LBI YB) 6 (1961), S. 193-205, besonders S. 195 ff. Siehe auch DERS., Die deutsche Jugendbewegung. Eine historische Studie. Köln 1962, S. 89-99.
10 Ebda, S. 98 f.
11 ELONI, Zionismus in Deutschland (wie Anm. 3), S. 273.
12 Ebda, S. 410 f.
13 Auf Tonband aufgenommenes Interview Yehuda Elonis mit Pinchas Rosen (Felix Rosenblüth). Institute of Contemporary Judaism, Department for Oral Documentation, Hebrew University, Jerusalem, Israel. Zitat in: Ebda, S. 449 f.
14 Zusammenschluß von BJC und KJV.
15 Oberlehrer CALVARY, Referendar MARCUS, Leitsätze für die Begründung jüdischer Wandervereine der höheren Schüler (Wandervogel) im Anschluß an die Besprechung gelegentlich des Posener Delegiertentages, o. D. [Juli 1912] *Vertraulich!*, Zionistisches Zentralarchiv Jerusalem (im folgenden: CZA), A15/

VII/25, zitiert in ELONI, Zionismus in Deutschland (wie Anm. 3), S. 450.

16 Ludwig LIEGLE, Franz Michael KONRAD (Hrsg.), Reformpädagogik in Palästina. Frankfurt/Main 1989 (Sozialhistorische Untersuchungen zur Reformpädagogik und Erwachsenenbildung 9), S. 12.

17 Jörg HACKESCHMIDT, Von Kurt Blumenfeld zu Norbert Elias. Die Erfindung einer jüdischen Nation. Hamburg 1997, S. 56.

18 Ebda, S. 57.

19 Ebda, S. 58.

20 Joseph MARCUS, Unser Tagebuch. In: Das Buch für die jüdische Jugend 5677 (1916-17). Wien 1916, S. 5 f.

21 Gerhard SCHOLEM, Jüdische Jugendbewegung. In: Der Jude. Eine Monatsschrift (im folgenden: Der Jude) 1 (1916/17), S. 822-825, hier S. 824.

22 Ebda, S. 822.

23 HACKESCHMIDT, Kurt Blumenfeld (wie Anm. 17), S. 115 ff.

24 Gershom SCHOLEM, Von Berlin nach Jerusalem. Jugenderinnerungen. Frankfurt/Main 1977, S. 73.

25 HACKESCHMIDT, Kurt Blumenfeld (wie Anm. 17), S. 132 f.

26 Chanoch RINOTT, The Jewish Youth Movements in Germany. In: LBI YB 19 (1974), S. 77-95, besonders S. 91 f.

27 Ebda, S. 92 f. Siehe auch HACKESCHMIDT, Kurt Blumenfeld (wie Anm. 17), S. 252-262.

28 Walter MOSES, Die Bundesidee. In: Blau-Weiß-Blätter N. F. 2/1 (1925), S. 4-15. Zitat in: HACKESCHMIDT, ebda, S. 202.

29 Kwuzot: Kollektive Arbeitersiedlungen, die Vorläufer der Kibbuzim.

30 Brief Michael Heymanns, ehem. Leiter des Zionistischen Zentralarchivs in Jerusalem, an Jörg Hackeschmidt vom 4. 12. 1994. Zitiert in HACKESCHMIDT, Kurt Blumenfeld (wie Anm. 17), S. 274.

31 Beatrix HOFFMANN-HOLTER, „Abreisendmachung". Jüdische Kriegsflüchtlinge in Wien 1914-1923. Wien – Köln – Weimar 1995, S. 15.

32 Siehe dazu auch Michael JOHN, Albert LICHTBLAU, Schmelztiegel Wien – einst und jetzt. Zur Geschichte und Gegenwart von Zuwanderung und Minderheiten. Wien 1993, 2. verb. Aufl.

33 Vgl. Anitta MÜLLER, Dritter Tätigkeits- und Rechenschaftsbericht der Wohlfahrtsinstitutionen der Frau Anitta Müller für Flüchtlinge aus Galizien und der Bukowina. Wien 1918 sowie R. BERNSTEIN-WISCHNITZER, Arbeitsschule. In: Der Jude 2 (1917/18), S. 774. Siehe auch die kritische Auseinandersetzung mit diesen Hilfsprojekten in Dagmar Tamar BERMANN, Produktivierungsmythen und Antisemitismus. Eine soziologische Studie. Wien 1973, S. 128.

34 Peter PARET, Sisyphos und sein Autor. Eine Einführung. In: Karl FALLEND, Johannes REICHMAYR (Hrsg.), Siegfried Bernfeld oder die Grenzen der Psychoanalyse. Materialien zu Leben und Werk. Frankfurt/Main 1992, S. 15-29, besonders S. 17.

35 Vgl. z. B. Siegfried BERNFELD, Zum Problem der jüdischen Erziehung. In: Der Jude 1 (1916/17), S. 169-182; DERS., Assimilation um der Menschheit willen. In: Der Jude 2 (1917/18), S. 32-46; DERS., Das europäische Erziehungsvorbild und die jüdische Gegenwart. In: Der Jude 3 (1918/19), S. 383-394.

36 Hermann GLENN (Rainer Müntz), Um die Jugend. In: Der Jude 4 (1919/1920), S. 36-48.

37 Siegfried BERNFELD, Die Kriegswaisen. In: Der Jude 1 (1916/17), S. 269-271.

38 Siegfried BERNFELD, Aus einem jüdischen Kinderheim. In: Der Jude 5 (1920/21), S. 309-317, hier S. 309.

39 Zum Kinderheim Baumgarten vgl. Willi HOFFER, Siegfried Bernfeld and „Jerubbaal". An Episode in the Jewish Youth Movement. In: LBI YB 10 (1965), S. 150-167, besonders S. 162-167. Willi Hoffer gehörte in Baumgarten zu den engsten Mitarbeitern Bernfelds. Siegfried BERNFELD publizierte eine ausführliche Darstellung seiner Erfahrungen in: „Kinderheim Baumgarten. Bericht über einen ernsthaften Versuch mit neuer Erziehung". Berlin 1921.

40 Angelika JENSEN, Sei stark und mutig! Chasak we'emaz! 40 Jahre jüdische Jugendbewegung am Beispiel der Bewegung Haschomer Hazair 1903-1943. Wien 1995, S. 73 ff.

41 Ebda, S. 25-32.

42 Diesen Namen nahm die Bewegung erst nach dem Krieg, vermutlich 1919, an. Ihre Mitglieder nannten sich jedoch schon vorher „Schomrim". Vgl. JENSEN, ebda, S. 86.

43 Isachar REIß, Die Geschichte der Schomrim-Kwuzah Lilith. In: Jerubbaal 1 (nur 1 Jg. erschienen), Wien 1918/19, S. 359-372. Zitat im Vorwort von Jehuda WATTENBERG, S. 361.

44 Ebda.

45 JENSEN, Sei stark und mutig! (wie Anm. 40), S. 40.

46 Ebda, S. 41 f.

47 Manès SPERBER, Die Wasserträger Gottes. All das Vergangene… Nördlingen 1978, S. 157.

48 WATTENBERG, Vorwort. In: Jerubbaal (wie Anm. 43), S 363.

49 Otto ABELES, Jüdische Flüchtlinge. Szenen und Gestalten. Wien 1918, S. 36-38. Zitat in: JENSEN, Sei stark und mutig! (wie Anm. 40), S. 51.

50 JENSEN, ebda, S. 50 f.

51 Ebda, S. 68 und 73.

52 Martin BUBER, Zion und die Jugend. In: Der Jude 3 (1918/19), S. 99-106.

53 Ebda, S. 103.

54 Neues Palästina-Informationsbuch. Hrsg. vom Palästinaamt Wien. Wien 1936, S. 47 und 68, sowie BÖHM, Zionistische Bewegung 2 (wie Anm. 1), S. 44.

55 JENSEN, Sei stark und mutig! (wie Anm. 40), S. 79.

56 Ebda, S. 83.

57 Gershon SHAKED, Geschichte der modernen hebräischen Literatur. Prosa von 1880 bis 1980. Frankfurt/Main 1996, S. 193.

58 Gena RICHTER, Probleme der Gemeinschaftserziehung I. In: Arbeiterinnen erzählen. Kampf und Leben in Erez Jisrael. Hrsg von Hechaluz, Deutscher Landesverband. Berlin 1935, S. 141-146, hier S. 142.

59 Siegfried BERNFELD, Vorwort. In: Jerubbaal (wie Anm. 43), S. 1.

60 K. B., Von der Familie. In: Jerubbaal (wie Anm. 43), S. 315.

61 Ebda, S. 316.

62 Marie POPPER, Jüdische Mädchen. In: Ebda, S. 391-396.

63 Ebda, S. 393.

64 Frau Dr. MAISL-SCHOCHAT, Was uns not tut. In: Ebda, S. 217-228.

65 Ebda, S. 220.

66 Max BROD, Brief an eine Schülerin nach Galizien. In: Der Jude 1 (1916/17), S. 124-125, hier S. 124. Zur Kritik an den Westjüdinnen vgl. auch Franz SACHS, Von deutschen Jüdinnen. In: Der Jude 1 (1916/17), S. 662-664.

67 BROD, ebda.

68 Ebda, S. 125.

69 Ebda.

70 Brief Helene Hanna Cohns an Victor Jacobson vom 6. 1. 1918, CZA, Z3/390.

71 Zur Frauenfrage siehe Hadassah BAT MORDECHAI, In Safed. In: Der Jude 3 (1918/19), S. 574-583; Helene Hanna COHN, Die Frau in der zionistischen Bewegung. In: Der Jude 5 (1920/21), S. 533-537; DIES., Zur Frage der Frauenarbeit. In: Der Jude 6 (1921/22), S. 380-382; DIES., Die Stellung der Palästinenserin zur Gemeinschaft. In: Der Jude 8 (1924), S. 549-554.

72 Margalit OBERNIK, Ein Brief aus Palästina. In: Der Jude 5 (1920/21), S. 738-740, hier S. 739. Betonung im Original.

73 Grete OBERNIK, Was wir Jungen brauchen. In: Jerubbaal (wie Anm. 43), S. 100-101, hier S. 101.

74 Rachel JANNAITH, Die Arbeiterinnenfarm in unserer Bewegung. In: Arbeiterinnen erzählen (wie Anm. 58), S. 95-99, hier S. 95.

75 Ebda, S. 96 f.

76 Walter PREUSS, Die Kwuzah. In: Der Jude 8 (1924), S. 716-727, hier S. 726.

77 Ebda, S. 722.

78 Der Bericht von Preuss war eine Rezension des folgenden Sammelbandes: Berl KAZNELSON (Hrsg.), Die Kwuzah. Tel Aviv 1924.

79 PREUSS, Kwuzah (wie Anm. 76), S. 725.

80 Ebda, S. 721.

81 Gena RICHTER, Probleme der Gemeinschaftserziehung I (wie Anm. 58), S. 145.

82 Eva TABENKIN, Probleme der Gemeinschaftserziehung II. In: Arbeiterinnen erzählen (wie Anm. 58), S. 147.

83 CHASSJA, Gespräch unter Müttern. In: Ebda, S. 167-168, hier S. 167 f.
84 Anita SHAPIRA, Native Sons. In: Jehuda REINHARZ, Anita SHAPIRA (Hrsg.), Essential Papers on Zionism. New York 1996, S. 790-821.

Ich danke Angelika Schoschana Jensen für ihre wertvollen Hinweise.

The Family in the Israeli Kibbutz

Gila Adar

The aim of this lecture is to show how changes in the social structure of the Kibbutz influence the institution of the Kibbutz family. Although the development of the Kibbutz family is normally divided into six phases, in this lecture there will be a split into only three phases on which I put the main emphasis.*

– The first phase describes the family as a contradiction to Kibbutz society.

– The second phase is the family-forming phase of Kibbutz society.

– The third and last phase represents the current situation. Here the family and the Kibbutz are once again separated.

Milestones in Kibbutz History I

The phase of foundation (1910-1920)
Kibbutz: Young bachelors establish working groups; they have a strong commitment to Zionist ideology.
Family: In the Kibbutz there lives a very low proportion of women as compared to men, and the hardships of life make the formation of a family unrealistic. The peer group is seen as a substitute for family ties.
The phase of settlement (1920-1935)
Kibbutz: Kibbutzim settle on national land. People are strongly committed to socialist ideology, including the equality of sexes. The first agricultural branches at the Kibbutz-owned enterprises develop.
Family: The first families and children appear with little social legitimation. The fact that the family is seen as a contradiction to Kibbutz society results in a restriction of family life. A collective educational system is established and treated on a theoretical basis.

The fight for a Zionist state (1936-1949)
Kibbutz: The inhabitants have adopted national aims: the war against the Nazis and the struggle for national independence. Kibbutz economy is becoming more varied. The standard of living improves. The second generation comes to the fore.

Family: Division of work according to sexes is reinforced: women nurse children while men act as soldiers and producers. The first Kibbutz-born youngsters join the Kibbutz and form new families. The family only has emotional functions.

You should keep in mind that in the beginning the inhabitants of all Kvutzot (groups) were in most cases unmarried young men who had left their families in Europe. The Kvutza, the small peer group with a ratio of sexes of one to four, became the only provider of intimacy and emotional support for its members. In documents the men compared the role of their peer group as some kind of role a family would normally play.

The first families appeared after the group had settled on its land. The solidarity within the group was challenged by that new formation and defined by it as a threat to the collective group. Under these circumstances the family as such did not have any legitimation at all. There was no open fight against the family; it was agreed that a lasting sexual tie is natural, but nothing more than that. Some Kibbutzim restricted reproduction and there was a „Primus“, a single person living with a couple. There were no wedding ceremonies nor any consideration about the need of intimacy. It was accepted that the housing committee could send a third person into a couple's dwelling to live with them and that the work coordinator had the right to send everyone to every part of the country to look for work.

The children became the group's children. They called their parents by their first names, not „Dad“ or „Mum“. They belonged to the whole community, and all members felt responsible for them.

Because of the hard living conditions on the one hand and the striving of the women to gain equality on the other, a collective system of child education was developed. Young parents did not have much time to spend with their children. The national struggle had priority; everything else had to be postponed. The only role left for the family was the emotional support; everything else was expected to be provided by the Kibbutz.

In 1951, after the war of independence, the anthropologist Melford Spiro spent a few weeks in a Kibbutz. He later published an article with the title „Is Family a Universal Phenomenon?" His answer was negative. He said that in the Kibbutz such an institution did not exist. Spiro did not see any family because the Kibbutz family did not fit the classic definition of the term „family" as established by George Murdock. Spiro, however, applied Murdock's definition and was trapped by it. He did not recognize that he was standing on the threshold of a new era, which was called by Kibbutz researchers „the family-forming revolution".

As an illustration of the fact that a real revolution was going on a paper published by Professor Yaakov Oved 30 years later should be mentioned: „A Comparative Approach to the History of Communes". His thesis was that communes could be distinguished according to their attitudes towards the family. Some communes rejected the family, whereas others like the Amana, Icaria and the Hutterites had a positive attitude towards it. He used the history of the Kibbutz as the best example of showing the co-existence of commune and family, because at that time the Kibbutz family had reached its peak.

Immediately after the war of independence the society of the Kibbutz was changing very fast. The establishment of the state reduced the central role the Kibbutz had played before and therewith also the collective values. The same was true for its role and its importance in national life.

People began to consider their own needs and aspirations. Mass immigration was also an important factor.

Milestones in Kibbutz History II

The phase of establishment (1949-1970)
Kibbutz: The Kibbutz becomes the main agricultural producer in

the country. The Kibbutz population is increased by the absorption of immigrants from Europe and young Israelis. The society becomes multigenerational. The central role of collective ideology in Israel is decreasing. The Kibbutz is losing its national role and importance.
Family: Family functions increase. Nice dwellings with small kitchens and private bathrooms are built. Children and parents spend more time together. Few Kibbutzim change children's sleeping arrangements. The family gains full legitimation as the cornerstone of Kibbutz society. Early marriage and high birth rate. The existence of extended families mark the way from collectivism to a family co-existence.

The industrial revolution (1970-1985)
Kibbutz: Most Kibbutzim successfully set up a business which becomes the main source of income. Processes of specialization and diversification in all spheres of life prevail. The standard of living is higher than ever before. Young people born in the Kibbutz travel, and many young tourists come to experience Kibbutz life. Higher education for all members is legitimate and available.
Family: Many Kibbutzim have private sleeping arrangements for children. More and more instrumental roles are transferred to the family. Division of labour between the sexes is polarized and carried out strictly. Divorce rates increase while birth rates decrease. The third Kibbutz generation does not accept Kibbutz life as self-evident. They take their time before they get married and prefer to travel, to study, and some even decide to leave the Kibbutz forever.

Between the 50s and 70s the Kibbutz family gained strength and was considered by Kibbutz members as the essential unit of Kibbutz society; it was of vital importance to society as well as to the individual.

During those years the age of marriage was very low (20 for women, 21 for men), and the divorce rate, too. A high birth rate characterized the Kibbutz family. The average number of children for Kibbutz women aged 40 to 44 was 4.2 in 1972. Only religious women had more children.

More and more Kibbutz families had their children sleep in their parents' apartments. Studies on parent-child relations showed that these relations had become most important for both sides, the parents and the children.

Wedding celebrations became common, with Rabbis performing a Jewish religious ceremony at the dining room of the secular Kibbutz, with brides wearing fancy wedding gowns and with golden rings for brides and bridegrooms.

In the kitchen of the small apartment the nuclear family ate light meals with the children. And it was the mother who bought clothes for the whole family. Every weekend the extended family gathered at grandma's for a meal and a chat on Kibbutz issues. People talked of the power extended families had in decision-making bodies, but research results could not prove that fact.

The Kibbutz had thus found the way of co-existence with the family, but not for long. As you know, social changes are long-lasting processes, therefore I'd like to turn to the description of the last fifteen years.

Milestones in Kibbutz History III

The crisis phase (1986-1998)

Kibbutz: The economy collapses. Many young and middle-aged members leave the Kibbutz. There is an existential threat to the continuity of Kibbutz society. Most Kibbutzim are adopting profound changes which undermine most collective values. Decrease in public services and collective leisure activities, increase in hired labour. Emphasis on the individual's ability and responsibility to care for the fulfilments of his/her needs.

Family: Differences between Kibbutz and Western families vanish. The family is treated as the main institution for providing individual, emotional and instrumental care. It is responsible for the education of children, for all physical and emotional needs. It is the main unit of consumption. In some Kibbutzim families become responsible for their daily expenses. The extended family is losing its vitality, because its offspring is leaving the Kibbutz.

Today new tendencies are penetrating social life in the Kibbutz, replacing collectivistic and family-forming values with individualistic ones.

During the last ten years structural changes have been taking place, triggered by the economic crisis. These changes can be best described by the term „privatization". Its central meaning is that collective arrangements are replaced by private ones. In practice every family receives a share from the communal budget and has to pay for expenses like food, electricity or a fee for the children's education. At the same time, in some Kibbutzim there is no longer a work-assignment system. Every member has to find work on his/her own and to earn his/her living.

In most Kibbutzim all incomes go to the collective budget; in some, however, Kibbutz members may dispose of all the money they earn. One result is that more Kibbutz members work outside the Kibbutz (14 % – 19 %) and more people coming from outside work in the Kibbutz (60 % of the industrial labour).

Women are no longer the only responsible for the education of their children. Metaplot-children nurses are hired. Skilled and professional women may look for jobs outside the Kibbutz. The percentage of women working outside is equal to men.

There are no more Kibbutzim who have collective sleeping arrangements. All children live with their families. The family is now seen as the main provider and the major consumption unit; it is responsible for the children's education.

Marriages are delayed. Couples live together, but do not marry until they have finished higher education or occupational training. There is a reduction in the number of children for each woman. In non-religious Israeli families three children are common today. The same is true for Kibbutz families.

In 1972 83 % of the women aged 24 to 29 were married, today only 50 % of women of the same age and 24 % of the men of that age are married. 36 % of the women aged 20 to 24 had a child in 1972, today it is only 9 %.

Many young people leave the Kibbutz (80 %), leaving behind

their parents who have to cope with the difficulties of overaging. As a result of this trend extended families are shrinking.

Summary

All these changes I described have a double impact on the relationship between the Kibbutz community, the Kibbutz family and the individual. The community has lost many of its roles which had been handed over to the families. Inspite of this fact the family has not really got more powers. Most of the responsibility has been transferred to the individual.

Although family relations are still important to Israelis in general, and to Kibbutzniks in particular, young people prefer to leave the extended family and to live apart from their parents and brothers and sisters, because they do not accept the collective lifestyle.

What might be said is that changes in the public arena have always influenced the Kibbutz family. In the beginning there was the dream of friendship and intimacy within the peer group as the substitute for family affiliation. The Kibbutz family emerged and became as central for the community as for the individual despite the sense of contradiction that followed it.

As soon as the Kibbutz lost its national role, but kept the gate open to be influenced by the society surrounding it, the way was open for the vanishing of the differences between the Kibbutz family and the normal middle-class Israeli family. It was only a question of time and of how fast changes were going on.

* Dieser Beitrag ist das unveränderte Manuskript des Vortrags der israelischen Sozialwissenschafterin Gila Adar.

„Oh meine Freunde, warum schweigt ihr, wo doch das Schweigen nicht schweigt?“ 1

Gedanken zur Kommunikation in jüdischen Familien nach der Shoah

Katherine Klinger

In Thomas Mitscherlichs bewegendem Film „Reise ins Leben“ (1997) werden drei jüdische Überlebende der Konzentrationslager über ihr Leben nach 1945 befragt. Für die meisten von uns, so der Regisseur, ist das Leben eine Reise, die uns zum Tode führt. Für die Befragten jedoch ist es, als seien sie den umgekehrten Weg gegangen – vom Tod ins Leben. Wie ist es möglich, fragt der Film, nach solchen Erfahrungen weiterzuleben und Sinn und Zweck zu finden? Und was sagt es über uns aus, die wir nicht dabei waren, daß wir bis zur Entstehung des Films im Jahr 1996 niemals gefragt haben, was danach geschehen ist? Eine der Interviewten, Ruth Klüger, bringt einige der inhärenten Paradoxien dieser Auslassung auf den Punkt. Sie verweist auf Hölderlins Geschichte vom Reiter über den Bodensee, der alles auf's Spiel setzt, um den zugefrorenen See zu überqueren. Als er das andere Ufer erreicht, blickt er zurück und merkt, was er mit seinem Ritt über das Eis gerade getan hat – in diesem Augenblick stirbt er.

Vielleicht war es für diejenigen, die so nahe am Geschehen waren, verständlicherweise beinahe unmöglich zurückzublicken, vielleicht gar gefährlich. Damit das Leben weitergehen konnte, war es notwendig, vorwärts zu blicken und das Wasser unter dem Eis nicht zu genau zu betrachten. Dennoch bedeutet dies nicht, daß die Eisfläche und was darunter liegt nicht existiert, oder daß man den Blick nicht darauf richten dürfte.

Ich glaube, daß es für diejenigen unter uns, die in eine Welt nach dem Holocaust geboren sind, viel zu tun gibt. Denn die Zeit allein wird die Wunden nicht heilen oder verwandeln. Ich glaube, es ist die Aufgabe der nachfolgenden Generationen, zu diesem Hinsehen und Suchen und Bearbeiten beizutragen. Als Juden und Jüdinnen müssen wir Wege finden, über das, was geschehen ist, zu kommunizieren – sowohl in unseren eigenen geographisch spezifischen Gesellschaften als auch zunehmend, wie ich glaube, mit denen, die immer noch in den Ländern wohnen, aus denen wir verjagt und in denen wir ermordet wurden.

Als Nachkomme von Wiener Opfern ist es nicht meine Aufgabe, Ihnen zu sagen, was Sie tun sollen. Dennoch nehme ich die Einladung, heute hier zu sprechen, und die Arbeit, an der ich mich in den letzten fünf Jahren beteiligt habe, als einen Hinweis darauf, daß es eine Art von Kommunikation und eine Ebene von Kontakt gibt, die sich zwischen uns entwickeln könnte. In diesem Vortrag werde ich über einige Kommunikationsweisen in Familien jüdischer Überlebender nach dem Holocaust sprechen. Ich werde auch über einige Möglichkeiten nachdenken, wie diese Kommunikation transformiert werden könnte. Dabei werde ich mich insbesondere auf „das Schweigen" beziehen und darauf, wie die nachfolgenden Generationen von beiden Seiten beginnen zusammenzuarbeiten. Denn ich glaube, wenn wir einige Aspekte der tragischen Geschichte, die wir Europäer teilen, nicht durcharbeiten, laufen wir Gefahr, wie Santayana uns erinnert, das zu wiederholen, was wir nicht erinnern wollen.

Gegenwärtige Genozide passieren normalerweise nicht weißen Europäern und Europäerinnen der Mittelschicht. Daß Menschen ihres Eigentums, ihrer Rechte, ihrer Nationalität beraubt werden, wird im allgemeinen nicht mit den kulturell hochentwickelten Städten Berlin, Wien oder Prag assoziiert. Aber wir alle wissen, daß genau das vor nur sechzig Jahren in solchen Städten oder ganz in ihrer Nähe stattgefunden hat. Wie wäre es möglich, daß das gelebte Leben nach solchen Ereignissen ein unberührtes und ungestörtes sein kann? Eine scheinbar nahtlose Rückkehr zu den Werten, Zielen und Anschauungen der Kultur und Gesellschaft vor der Zerstörung, lediglich mit einem Wechsel der Sprache und Adresse. Welche Reaktionsweisen können sich angemessen auf die Ereignisse beziehen – die zielgerichtete Auslöschung von so vielen Millionen Leben und die Zerstörung von Hunderten von Jahren der Kontinuität, Geschichte und Gegenwart, die niemals je ersetzt werden können? Verlust in solchem Ausmaß kann unmöglich in der Spanne eines einzigen Lebens aufgehoben werden. Ich glaube, daß es die Aufgabe der nachfolgenden Generationen ist, das Durcharbeiten der kolossalen Konsequenzen dieser 12 Jahre fortzusetzen. Denn, wie George Steiner in „Language and Silence" feststellt:

> „Was zerstört wurde: die riesige Menge von so verhöhntem Leben, so sehr der Vergessenheit anheimgefallen, daß sogar die Namen vergangen sind und daß sogar das Gebet für die Toten keinen sicheren Stand haben kann – all das enthielt einen bestimmten Geist, eine besondere Intelligenz und eine Qualität des Fühlens, die keine der größeren jüdischen Gemeinden, die bis heute überlebt haben, bewahren oder wiedergewinnen konnte."[2]

In den Familien jüdischer Überlebender nach der Shoah war die Antwort auf den Terror der Zeit für viele Jahre Schweigen, oder sie wurde als Schweigen wahrgenommen. Aber Schweigen hat viele Eigenschaften und viele subtile Ebenen, und es kommuniziert eine große Spannweite von Bedeutungen und Eindrücken. Das Schweigen der Überlebenden und Flüchtlinge war nicht daraus geboren, daß man nichts zu sagen hatte. Es war ein Schweigen des Schocks und des Traumas, ein tiefgehendes und zutiefst beredtes Schweigen. Wie Elie Wiesel schrieb:

> „Hätten wir begonnen zu sprechen, so hätten wir es unmöglich gefunden, wieder aufzuhören. Hätten wir eine Träne vergossen, so hätten wir das menschliche Herz ertränkt."[3]

Über den Holocaust kann noch nicht getrauert werden. Tatsächlich kann er niemals betrauert werden, in dem Sinne, wie wir üblicherweise „Trauern" verstehen. „Trauern ist auf Verlust ausgerichtet, nicht auf eine Katastrophe."[4] Ein katastrophaler Verlust kann unmöglich in einer einzigen Lebenszeit aufgefangen werden, weder auf der persönlichen noch auf der kollektiven Ebene. Gerade so wie der Reiter auf dem See zu früh zurückblickte, so wußten vielleicht diejenigen, die überlebt haben, intuitiv, daß das Leben weitergehen mußte, damit sie weiterhin überleben konnten – mit einem deutlichen Schein von Normalität und sogar einer Hoffnung, daß durch das Schweigen alles gut würde.

Aber welche Umgangsweisen mit einem derartigen Desaster existieren in unserer Kultur? Wir haben nicht genügend frühere Erfahrungen mit einem Vorgang dieses Ausmaßes, uns fehlen die Rituale. Doch das Bedürfnis, sich mit dem, was geschehen ist, auseinanderzusetzen, eine Art von Beziehung dazu zu schaffen, um wirklich darüber hinwegzukommen, muß irgendwie geblieben sein. Vielleicht war Schweigen eine überaus angemessene Reaktion für den Anfang, und vielleicht war es die Funktion der Zeit, eine sicherere Distanz zu schaffen. Dennoch dürfen wir nicht annehmen, daß das Schweigen, von dem wir sprechen, nichts kommuniziert hat oder ein Schweigen im wörtlichen Sinne war.

Ich würde die Aufmerksamkeit nun gerne auf die Transmission zwischen Eltern und Kindern, von einer Generation zur nächsten, lenken. Wenn wir in diesem Zusammenhang von transgenerationeller Tradierung sprechen, beziehen wir uns auf die unausgesprochenen und ungelösten Angelegenheiten der Eltern, die in vielfältiger Weise auf das Kind übertragen werden. Seit den späten siebziger Jahren hat sich ein Bewußtsein aus der Perspektive der jüdischen Nachkommen, der „Second Generation", entwickelt, über das auch viel geschrieben wurde. Es geht darum, wie wir, die Opferseite, beschädigt wurden.

Ein international wachsender Forschungsbestand beschäftigt sich vor allem mit folgenden typischen Themen: Protektion (Schutz), den Eltern Eltern sein, Vermeidung, ein starkes Gefühl für tabuisierte Themen, Kummer und Trauern, das Verbot, traurige Gefühle auszudrücken, Geheimnisse, Schuldgefühle, die Verlorenen ersetzen, Verlust, brav sein und wiedergutmachen, ein Gefühl von Verlorenheit in bezug auf soziale und kulturelle Identität, Schwierigkeiten mit Trennung; dazu Angst und Faszination im Verhältnis zum Holocaust, ohne daß man uns davon erzählt hätte oder wir darüber unterrichtet worden wären.

Damit soll nicht gesagt sein, daß die Theorie die Nachkommen von Holocaust-Überlebenden und Flüchtlingen über diese Beschädigungen definiert. In der Tat gibt es von Nachkommen von Überlebenden auch eine gesunde Zurückweisung dieser Pathologisierung und der Tendenz, vereinfachende Definitionen und Etiketten zu konstruieren. Die Studien zeigen, daß die Auswirkungen dieser

Geschichte wahrgenommen werden und für manche Nachkommen von Interesse und Bedeutung sind. Andere betrachten diese Auswirkungen als folgenlos. Dennoch gibt es mehr als genug internationale Forschung, die eine Konsistenz der berichteten Auswirkungen belegt, unabhängig vom geographischen Ort oder sozialen Status. Und diese Hinweise sind signifikant in bezug auf die Entwicklung eines Verständnisses für transgenerationelle Transmission und für die Auswirkungen auf die Nachkommen, die in schwer traumatisierten Familien aufgewachsen sind – eine Art ererbter posttraumatischer Streßbeschwerden.

Interessanterweise zeigt ein erheblicher Teil der berichteten Spätfolgen eine große Ähnlichkeit, unabhängig von den Ländern. Die größten Unterschiede scheinen sich im Zeitpunkt der Forschungsarbeit widerzuspiegeln: In den USA begann die Diskussion vor 20 Jahren, in Frankreich hat sie kaum angefangen.

Die andere konsistente Reaktion, die man in allen Ländern beobachten kann, war die allgemeine Reaktion der Augenzeugengeneration selbst auf die Forschung und die Diskussion: Verweigerung, Abweisung, Mangel an Unterstützung, sogar Hohn und Spott. Erst in den letzten Jahren entsteht die zweite Generation wirklich als eine Stimme und eine Gegenwärtigkeit. Dies ist vor allem seit 1995 im Gange, zum Zeitpunkt einer allgemeinen Öffnung des Bewußtseins und einem wachsenden Verstehen über den Holocaust. Mit der Zunahme von Zeugenaussagen nahmen auch Spott und Ablehnung der Augenzeugengeneration ab. Ganz einfach gesagt: Es ist inzwischen international anerkannt, daß die direkten Nachkommen dieser Tragödie beschädigt sind von einer Vergangenheit, die wir nicht direkt erlebt haben.

Manchmal scheint die Bedeutung eines solchen Statements so grundlegend, ja offensichtlich. Aber es war ein langer und harter Kampf, bis wir diesen Punkt erreicht haben. Allzuoft versteht die Augenzeugengeneration dies als Kritik, als einen Vorwurf gegen ihre Fähigkeiten als Eltern. Und außerdem – nachdem die meisten von uns weder Verlust noch Verfolgung, weder Folter noch Gewalt erlebt haben, wie können wir dann behaupten, wir hätten gelitten?

Aber unser Anliegen ist kein Versuch, unsere Erfahrungen mit denen gleichzusetzen, die direkt gelitten haben. Wir wollen keine Vergleiche ziehen. Es ist auch keine Beschuldigung. Die Mechanismen sind komplex und vieldimensional. Das Thema so anzugehen ist ein Versuch, mit dem, was geschehen ist, umzugehen. Ein Versuch anzuerkennen, daß ein Bruch in diesem Ausmaß nicht von denen allein aufgefangen werden kann, die ihn direkt erlebt haben. Kommunikation und Übertragung von Trauma ist zwischen den Generationen geschehen. Indem wir beginnen, dies zu erkennen, können wir auch anfangen, eine Stimme zu finden, mit der wir vieles von dem, was bereits unausgesprochen und indirekt ausgedrückt wurde, zur Sprache bringen können.

Einer der Wendepunkte dieser Diskussion begann im Jahr 1978 mit der Publikation „Children of Holocaust" der kanadischen Autorin Helen Epstein.[5] Eine Reihe von Interviews mit Kindern von Überlebenden brachte viele der zentralen Themenbereiche zum Vorschein. Metaphorisch gesagt, brach dieses Buch für viele Nachkommen von Überlebenden das Schweigen. 1988 fand in Jerusalem die erste internationale Konferenz von Kindern von Überlebenden des Holocaust statt. Auch dies war ein Durchbruch in der öffentlichen Bewußtseinsbildung. Eines der methodischen Probleme war, daß ein großer Teil der Überlegungen auf psychologischen und psychoanalytischen Beobachtungen basierte. Sowohl die erste als auch die zweite Generation waren wegen der Möglichkeit einer Stigmatisierung besorgt. Dennoch kann nicht übersehen werden, daß die psychotherapeutische Arbeit mit Individuen und Gruppen einen großen Beitrag zum Verständnis dieser Probleme geleistet hat.

Von meiner eigenen Perspektive aus – ich bin in England als Tochter von tschechischen und österreichischen Flüchtlingen aufgewachsen – ist die Auseinandersetzung ein langsamer und schwieriger Prozeß gewesen, verbunden mit einem auffälligen Mangel an Bewußtsein darüber, daß es in Großbritannien überhaupt Überlebende und Flüchtlinge gibt.

An dieser Stelle soll gesagt werden, daß Großbritannien im Verhältnis zu seiner Größe die größte Anzahl von europäischen Juden überhaupt aufgenommen hat. Es wurde ein Zuhause für die größte Anzahl vor allem österreichischer und deutscher Juden, die innerhalb von Europa in Sicherheit überlebt haben.

Ein charakteristisches Merkmal dieser Arbeit ist die Art und Weise, in der zuerst eine persönliche Identifikation mit dem Thema besteht, die dann von dem Interesse und dem Wunsch gefolgt wird, sich mit anderen zu treffen und zusammenzutun. Dies kann in Diskussionsgruppen stattfinden, in therapeutischen Gruppen oder im privaten Bereich. Zunehmend finden diese Treffen im Rahmen von Veranstaltungen statt, die sich auf unseren gemeinsamen Hintergrund beziehen. Meistens bewegen sie sich „auf der grünen Wiese", sind von einzelnen organisiert. In den letzten vier Jahren ist dadurch in England ein Diskurs entstanden, fast schon eine Bewegung.

Im Jahr 1995 wurde mir klar, daß das Problem der Spätfolgen des Holocaust auf die direkten Nachkommen wichtig und ernst genug ist, um eine gemeinnützige Organisation zu gründen, die Projekte entwickeln könnte; so entstand der „Second Generation Trust". Teilweise wurden wir darin von einer europäischen Lehrertagung bestätigt, die wir im Juli 1995 in London organisiert haben. Thema der Tagung war, auf welche Weise der Holocaust in weiterführenden Schulen in verschiedenen europäischen Ländern unterrichtet wird. Während der Tagung wurde ich besonders auf zwei Dinge aufmerksam: einerseits der Abwesenheit von direkten jüdischen Nachkommen von Überlebenden und Flüchtlingen unter denjenigen, die mit diesem Thema arbeiteten, andererseits die konzentrierte und intensive Stille im Raum, wenn einer von den deutschen oder österreichischen Delegierten sprach oder Diskussionsbeiträge brachte.

Daher beschlossen wir kurz nach der Tagung, unser besonderes Interesse der Frage zu widmen, wie der Holocaust und seine Geschichte in den Familien von direkten Nachkommen kommuniziert wurde. Wo waren in all den Büchern, Artikeln und Diskussionen die Nachkommen von denen, die verfolgt wurden und überlebten hatten? Inwieweit haben wir teil am Prozeß der pädagogischen Vermittlung, wenn überhaupt, und sehen wir uns selbst als Leute, die in Zukunft eine Rolle darin spielen werden? Und in welcher Weise verbindet sich Familiengeschichte und Biographie mit dem Lernen von und Arbeiten an diesem Thema?

Es fällt auf, daß das Thema außerhalb von Europa vornehmlich von Juden behandelt wird. Wer arbeitet in Europa daran, an dem Ort, wo „es" tatsächlich passiert ist, wo, relativ gesehen, nur noch wenige Juden leben, und wo eine überaus komplizierte Täter-, Mittäter-, Zuschauerperspektive besteht? Was geschieht mit den Nachkommen von der „anderen Seite", die sehr wohl diejenigen sein könnten, die sich am aktivsten mit dem Thema beschäftigen? Wie arbeiten „sie" mit ihren Familienbiographien und wie spiegelt sich das in ihrer Arbeit wider? Ich fühle mich beschädigt von einer Geschichte, die ich nicht persönlich durchlebt habe – wie geht es denjenigen mit einer Täterperspektive?

Ich kann verstehen, daß dies als ziemlicher Sprung gesehen werden kann – von der Frage nach den Auswirkungen des Holocaust auf direkte Nachkommen aus jüdischer Perspektive zur Frage nach der „anderen Seite". Mein Interesse war vollkommen persönlich und entstand aus dem Gefühl heraus, daß in den Diskussionen der zweiten Generation etwas fehlte. Während es für mich absolut in Ordnung war, mit denen zu beginnen, die einen ähnlichen Hintergrund haben, wurde ich immer neugieriger auf die „anderen". Hatten „die" irgendwelche Gefühle und Gedanken über ihre Verbindung zur Vergangenheit? Was für eine Art von Kommunikation, verborgen oder offen, gab es in ihren Familien und natürlich in der ganzen Kultur, in der sie lebten, die so tief beeinflußt ist von ihrer jüngsten Geschichte, der Nazi-Vergangenheit?

Gleichzeitig wuchs in mir die Überzeugung, daß wir, wenn wir irgendetwas aus dieser Katastrophe lernen wollen, beginnen müssen, miteinander zu reden. Wir müssen Verbindungen herstellen zwischen Leuten in verschiedenen Ländern, vor allem in Europa. Wir müssen Netzwerke bilden, Zusammenhänge herstellen und wiederherstellen. Es scheint sinnlos und auch engstirnig, an diesem Thema in geographischer und kultureller Isolation zu arbeiten. Es gibt wenig andere Themen, vor allem in Europa, die wir in einer derart schwierigen und problematischen Weise „teilen" können.

Ich glaube nicht, daß die Spannungen, der Ärger, der Schmerz und das Durcheinander einfach verschwinden werden. Dieses Thema ist Teil unserer gemeinsamen europäischen Vergangenheit und Identität, und wir müssen neue Wege finden, uns dazu in Beziehung zu setzen. Nach der Lehrertagung machte ich den Vorschlag, eine großangelegte Konferenz in Deutschland abzuhalten, die die Nachkommen von Holocaust-Überlebenden und Tätern zusammenbringen sollte. Kleinere Begegnungen zwischen Nachkommen „beider Seiten" begannen etwa vor sechs Jahren, den Weg dafür bahnte der israelische Psychologe Dan Bar-On. Wir planten eine Konferenz für etwa 500 TeilnehmerInnen in Berlin.

Der Grund für mein persönliches Insistieren auf eine derart große Gruppe war einfach: Das Thema sollte geöffnet und in die öffentliche Diskussion eingebracht werden. Ich wollte mich von den Begegnungen in kleinen Gruppen und deren Versuchen, gemeinsam einen Dialog zu entwickeln, wegbewegen und den Versuch wagen, über die politischen und sozialen Konsequenzen der Gesellschaft, in der wir aufgewachsen sind, nachzudenken – einer Gesellschaft nach dem Holocaust. Ein Treffen in großem Rahmen kann jederzeit kleinere Begegnungen und Gruppen formen, und wir dachten, daß es an der Zeit sei, diese Dinge in die Öffentlichkeit zu bringen. Eine hohe Teilnehmerzahl würde zudem die Aufmerksamkeit der Presse erregen und die Wirkung würde sehr viel größer sein.

Ich hatte das Glück, einen deutschen Kollegen aus der zweiten Generation zu haben, der an einer Zusammenarbeit an diesem Projekt interessiert war – wenn auch vorsichtiger in seiner Herangehensweise. So konnten wir einige der jüdisch-deutschen Konflikte auf der Ebene alltäglicher Zusammenarbeit erfahren, mit allen Dimensionen, die eine derartige Beziehung mit sich bringt.

Es ist schwierig, die Bedeutung oder den Zweck von solchen Begegnungen von Nachkommen in wenigen Worten zusammenzufassen. Heilen, reparieren, eine Brücke zwischen unseren entgegengesetzten Abgründen schlagen, sich mit Ängsten und Vorurteilen auseinandersetzen, Ärger zum Ausdruck bringen, herausfinden, daß wir beide geprägt/beschädigt sind, wenn auch in unterschiedlicher Weise. Das ist ein Teil von dem, was wir tun. Es geht auch um Lernen und Kommunizieren – und Herausfinden, wie schwierig es ist, zu kommunizieren. Es überrascht und frustriert mich, wenn solche Treffen als „Versöhnungsgruppen" bezeichnet werden, und wenn behauptet wird, daß sie den Juden die Gelegenheit geben, den Deutschen und Österreichern zu „vergeben". Dies reduziert den Holocaust auf eine Art Banalität, eine Sache von großer Schlichtheit – als könnte er vergeben und versöhnt werden.

Mir persönlich ist nichts angetan worden, und Sie/sie/die anderen haben mir auch nichts getan. Wie Rabbi Hugo Gryn, ein Überlebender von Auschwitz, feststellte: „Es gibt nur eine Gruppe, die vergeben kann oder Versöhnung anstreben, und diese Gruppe ist nicht hier."

Was ist das Ziel jeglicher Kommunikation und Interaktion? Hoffentlich geht es darum, etwas zu lernen, zu entwickeln, und sogar darum, etwas zu verändern und verändert zu werden. Wir befinden uns hier auf weitgehend unergründetem Gebiet, und das eine endgültige Ziel, die endgültige Antwort gibt es nicht.

Die Berliner Konferenz, die im Januar 1997 stattfand, wurde absichtlich auf den deutschen Gedenktag zur Erinnerung der Opfer des Nationalsozialismus gelegt, der 1996 eingeführt wurde. Der Titel lautete: „Die Gegenwärtigkeit des Holocaust in der Gegenwart. Die transgenerationelle Übertragung der Geschichte des Holocaust und Kommunikation zwischen den Nachkommen". Zwei Tage lang bestand in einer vielfältigen Mischung von Vorträgen, Workshops, Diskussionen und Plena die Möglichkeit zum Austausch. Das Publikum bestand zum größten Teil aus deutschen Nichtjuden im Alter zwischen Anfang 20 und Ende 50. Es gab eine enorme Vielfalt von Berufen und Backgrounds, was uns sehr gefiel. Aus den Diskussionen ließ sich schließen, daß die Kinder von einigen der höchsten Nazis anwesend waren (und sich an der Diskussion beteiligten), ebenso wie die Nachkommen von anderen mit vielleicht weniger schuldigen, unbestimmten Familiengeschichten.

Wenn wir das Thema „Second Generation" betrachten, erscheint es manchmal auf den ersten Blick, als gebe es Parallelen und Ähnlichkeiten. Das jüdische Schweigen in der Familie nach dem Holocaust und das deutsche und österreichische Schweigen: das Gefühl von Schmerz, von etwas Verlorenem und Beschädigtem. Aber die

Konferenz hat deutlich gezeigt, daß eine solche Interpretation oberflächlich ist. Es ist sicherlich richtig, daß die Deutschen und Österreicher bis vor kurzem die Geschichte des Holocaust vor allem über die Geschichte der Opfer behandelt haben. Die Herausforderung, Tätergeschichte zu untersuchen, ist so voller Scham und Schuld, daß sie gerade erst beginnt, an die Oberfläche zu kommen. Wir glauben, daß die Tagung ein wichtiger Schritt zur Entwicklung dieser Perspektive war. Den Impuls der zweiten Generation auf der „Opfer"-Seite, sich in den einzelnen Ländern zu identifizieren und sich mit den damit verbundenen Fragen auseinanderzusetzen, können wir bereits beobachten. Daß die zweite Generation auf der „Täter"-Seite sich bis jetzt überhaupt noch nicht auf diese Weise identifiziert hat, ist etwas, was wir erst jetzt feststellen können.

Im Mai 1998 fand, wiederum von der Europäischen Kommission finanziert, ein dreitägiges „Networking Seminar" in Berlin statt. Hier wurde ein weiterer Schritt in unserer internationalen Entwicklung getan. Vierzig Teilnehmende aus zwölf Ländern repräsentierten eine breite Spanne von Organisationen. Einige setzen sich mit dem Austausch zwischen „beiden Seiten" auseinander, andere sind nicht unbedingt interessiert, obwohl ich annehme, daß das Interesse steigt, wenn sich die Arbeit entwickelt und ausweitet. Alle gehen davon aus, daß die Auswirkungen des Holocaust und des Zweiten Weltkriegs ein Erbe bedeuten, das über die Generation hinausgeht, die am engsten und direktesten betroffen war. Die Mehrheit der Teilnehmenden waren aus der zweiten Generation – manche aus Osteuropa gehörten zur ersten – und kamen aus den Niederlanden, Italien, Deutschland, der Tschechischen Republik, Ungarn, Österreich, Schweiz, Israel und den USA. Durch die Mitgliedschaft im Netzwerk entstand ein wichtiges Gefühl von Unterstützung und Kontakt, das ich für unschätzbar halte. Die meisten von uns haben isoliert in so vielen verschiedenen Ländern gearbeitet – jetzt gibt es ein institutionalisiertes Netzwerk, das Informationen weitergeben, Ideen austauschen und international kommunizieren kann.

Die Möglichkeiten, in Kontakt zu bleiben und weitere Projekte zu entwickeln, werden durch die Technologie des Internet deutlich gestärkt. Dennoch waren wir uns alle einig, daß der menschliche Kontakt zwischen uns notwendig ist – das Bedürfnis, sich tatsächlich zu treffen, auszutauschen und zu „sehen", wer wir sind.

Und was ist mit der Zukunft? Ich glaube, daß wir über die breiteren Auswirkungen dessen nachdenken, was geschehen ist. Wir müssen über das Schweigen nach dem Holocaust und über die komplexe Kommunikation innerhalb der Familie nachdenken und uns mit deren Bedeutung auseinandersetzen. Wir sollten bedenken, was für eine reiche Informationsquelle wir für andere haben, die verfolgt wurden und Opfer und Nachkommen eines Genozids sind. Der Holocaust mag einzigartig sein – unsere menschliche Antwort darauf und unsere Arten, damit umzugehen, sind es nicht.

Kein früherer Genozid wurde so sorgfältig studiert, erforscht und dokumentiert wie der Holocaust. Nirgends gibt es einen vergleichbaren Bestand von Information und Wissen über die Spätfolgen des Zusammenlebens mit Eltern und in Familien, die so schwer traumatisiert wurden. Wir müssen diese Information nützen für andere Opfer von Genozid und Folter. Wir müssen Parallelen mit denen ziehen, die betroffen sind von Verfolgung, Exil und dem Verlust von Heimat, Land, Sprache, Kultur, Beruf, Status und Beziehungen. Die Arbeit in diesem Sinne auszuweiten, versetzt uns in die Lage, Teil eines größeren Zusammenhangs zu werden und das Thema tatsächlich auf kreative und originelle Weise voranzubringen. Im September 1999 machen wir eine weitere internationale Konferenz für die erste, zweite und dritte Generation, die in Wien abgehalten werden soll.

Der Holocaust ist nicht Geschichte und ist nicht vorbei. Es ist für mich eine seltsam ambivalente Erfahrung, hier und heute in Wien zu Ihnen zu sprechen. Ich gebe zu, daß das Schweigen Österreichs im Verhältnis zu seiner Vergangenheit und seiner Schuldigkeit aus der Sicht meines Umfelds und von meinem Hintergrund aus größte Wut und Feindseligkeit auslöst. Ein Studiengang in England über deutsch-jüdische Sozial-, Kultur- und Politikgeschichte „soll der Annahme entgegentreten, daß die grundlegende Bedeutung deutsch-jüdischer Geschichte in der Katastrophe und im Genozid liegt". Es macht mich traurig, aber für mich ist es die Wahrheit, daß ich mich als Nachkomme dieser Geschichte immer noch „nur" im Kontext mit Katastrophe und Genozid mit der deutsch-jüdischen Geschichte auseinandersetzen kann. Alles andere ist zum gegenwärtigen Zeitpunkt eine Vermeidung und Verleugnung.

Deshalb habe ich die Worte des israelischen Dichters Abba Kovner als Titel für meinen Vortrag gewählt. Bevor ich hinter das Jahr 1933 zurückgehen kann, muß ganz einfach viel geredet und kommuniziert werden. Das wird niemals etwas gutmachen und kann es auch gar nicht, aber es bietet einen Schimmer von Veränderung und Bewegung. Es ist tatsächlich überaus wichtig, dies in Österreich zu tun. Radioaktiver „Fall out" hat die Eigenart, sich auf einem viel größeren Gebiet auszuwirken als genau an der Stelle, wo die Bombe abgeworfen wurde. Es sind nicht nur die Historiker, die sich intensiv mit den Dimensionen der Bombe beschäftigen, nein, die riesige Region des „Fall out" kommt erst jetzt langsam ins Blickfeld.

Anmerkungen

1 Abba Kovner zitiert in Sunday Times, 12. April 1998. Katherine Klingers Vortrag wurde von Marion Hamm ins Deutsche übersetzt.

2 George STEINER, Language and Silence. London 1967.

3 Zitiert in James E. YOUNG, Beschreiben des Holocaust: Darstellung und Folgen der Interpretation. Frankfurt/Main 1992.

4 Martin S. BERGMANN, Milton E. JUCOVY, Judith S. KESTENBERG, Kinder der Opfer – Kinder der Täter. Frankfurt/Main 1995.

5 Helen EPSTEIN, Die Kinder des Holocaust: Gespräche mit Söhnen und Töchtern von Überlebenden. München 1990.

Trennende und bindende Vergangenheiten

Zur familienbiographischen Arbeit und Dynamik in Ehen zwischen Nachkommen von Überlebenden der Shoah und von Nazi-Tätern[1]

Gabriele Rosenthal
unter Mitarbeit von Bettina Völter

Einleitung

Ein Kind von Überlebenden der Shoah heiratet ein Kind von Nazi-Tätern. Was macht die Anziehung zwischen den beiden aus? Sind es die erhebliche Bedeutung der Nazi-Vergangenheit für ihr eigenes Leben und die Last, die beide daran zu tragen haben, die sie miteinander verbinden? Reinszenieren sie in ihrer Ehe die divergenten Familienvergangenheiten, oder versuchen sie gar, mit ihrer Ehe eine Art der Versöhnung zwischen Juden und deutschen Nicht-Juden zu leben?

Es stellen sich jedenfalls bei Ehen zwischen Kindern von Überlebenden der Shoah und Kindern von Nazi-Tätern einige Fragen,[2] vor allem, wenn wir davon ausgehen, daß Partnerwahlen nicht zufällig sind und sich in der Paarbeziehung die jeweiligen Familienvergangenheiten begegnen.[3] Ganz allgemein stellt sich die Frage, inwiefern die divergenten Erfahrungshintergründe von Verfolgten und Verfolgern in der Beziehungsdynamik ihrer Kinder eine Rolle spielen. Was verbindet diese Eheleute? Wie gehen sie mit den trennenden Familienvergangenheiten um und inwiefern versuchen sie, in ihrer Partnerschaft bisher ungelöste Konflikte zu bewältigen oder unerfüllte Bedürfnisse zu stillen? Auch können wir fragen: Wie gestaltet sich der Dialog in ihren Familien über die Familienvergangenheiten während der Nazi-Zeit; wird darüber offen gesprochen oder werden Teile der Familiengeschichte verheimlicht?

Auf diese Fragen möchte ich in meinem Beitrag eingehen. Zunächst werde ich einige empirische Befunde zu den Spätfolgen der

Vergangenheit des Nationalsozialismus auf die Generation der Kinder von Überlebenden und der Kinder von überzeugten Nazis und Nazi-Tätern[4] vorstellen und diskutieren, wie sich dies auf eine Partnerschaft zwischen beiden Seiten auswirken kann. Des weiteren soll eine Ehedynamik exemplarisch anhand der Fallstudie einer Familie diskutiert werden, in der ein Kind eines strafrechtlich verurteilten Nazis mit einem Kind jüdischer Überlebender der Shoah verheiratet ist.[5]

Die Folgen der Vergangenheit interpretiere ich, soweit möglich, nicht mit psychopathologischen Kategorien, sondern verstehe sie als biographische[6] und familienbiographische Arbeit[7] im Umgang mit einer traumatischen Vergangenheit. Es handelt sich dabei um die alltäglichen biographischen Prozesse, in denen der Einzelne oder auch die Familienmitglieder im gemeinsamen Dialog versuchen, die belastende Vergangenheit in die eigene Lebensgeschichte und die Familiengeschichte zu integrieren.

Mit der Sinngebung der Vergangenheit, sei es in einer abwehrenden, rechtfertigenden oder auch aufarbeitenden, aufdeckenden Weise, wird im Alltag Kontinuität und Ordnung hergestellt. Weichen die Formen des Umgangs mit der Vergangenheit von unseren Normalitätsvorstellungen ab, dann verstehen wir BiographieforscherInnen sie dennoch als eine aktive Lebensleistung, „die selber eine Problemlösung beinhaltet und eine bestimmte Funktion in der Lebensgeschichte hat".[8] So versuchen wir gerade nicht, Symptomentwicklungen in psychopathologische Konzepte einzuordnen, sondern vielmehr ihre biographische und familiensystemische Funktion zu rekonstruieren. Dabei unterlassen wir Bewertungen, etwa die Einteilung in bewußte Coping- und unbewußte Abwehrstrategien. Unsere Konzeptentwicklungen sind demnach zunächst eher beschreibender Art, im Sinne der Fragen: Wie wird in der eigenen Biographiekonstruktion und im familialen Dialog mit der Vergangenheit umgegangen?

Mit einer familienbiographischen und generell biographischen Rekonstruktion von Fallgeschichten lösen sich pauschale Einschätzungen über die Folgen der Vergangenheit sehr schnell auf. Es wird deutlich, daß die Folgen der Vergangenheit je nach konkreten biographischen und familiengeschichtlichen Erfahrungen unterschiedlich sind.

Genausowenig, wie es sich bei den Überlebenden um eine homogene Gruppe handelt, deren Mitglieder alle unter ähnlichen psychischen und somatischen Störungen zu leiden haben, die im Überlebens-Syndrom zusammengefaßt sind, gilt dies für ihre Kinder und Enkel. Je nach den konkreten lebensgeschichtlichen Erfahrungen sind die Folgen der Vergangenheit für die Überlebenden unterschiedlich. Die Folgen der Vergangenheit für die Nachgeborenen basieren auf den konkreten Erlebnissen der Eltern- oder Großelterngeneration, d. h. die je spezifische Familienvergangenheit hat spezifische Auswirkungen auf die Kinder- und auch Enkelgeneration.

Dies trifft ebenso auf die Nachkommen von Nazi-Tätern zu. Auch sie leiden an der konkreten Vergangenheit ihrer Eltern oder Großeltern und versuchen, deren spezifische Beteiligung an den Nazi-Verbrechen biographisch zu bearbeiten. Die Spuren der Verfolgungsvergangenheit oder der Tätervergangenheit bei den Kindern und Enkeln sind nicht zufällig mit der Vergangenheit verbunden. Vielmehr drücken sich darin die jeweils besonderen lebensgeschichtlichen Verläufe der Großeltern und Eltern und die insgesamt bis heute gelebte Familiengeschichte aus. Die biographischen Schwierigkeiten und die biographische Arbeit im Umgang mit der Familienvergangenheit sind das Ergebnis jeweils spezifischer Lebensbedingungen, vor, während und nach der Nazi-Zeit, und sie sind verknüpft mit der jeweiligen Position der Nachgeborenen im Familiensystem. Kinder und Enkel bearbeiten je nach ihrer Stellung in der Familie, je nach Familienaufträgen, die sie übernehmen oder von sich weisen, je nach ihrer Identifikation mit bestimmten Familienangehörigen und je nach ihren eigenen lebensgeschichtlichen Erfahrungen bestimmte Anteile der Familiengeschichte, während andere Anteile für sie weniger von Bedeutung sind. Bei Familien mit mehreren Kindern und Enkeln können wir beobachten, wie diesbezüglich jeweils unterschiedliche Anteile der Familienvergangenheit biographisch bearbeitet werden. Dies erfordert, bevor wir an Verallgemeinerungen denken, Einzelfallanalysen, die die jeweiligen Familiendynamiken aufzeigen und die Familiengeschichte während des Nationalsozialismus soweit wie möglich in ihren Details rekonstruieren.

Verbindende und trennende Folgen der Familienvergangenheiten

Der Umgang mit der Familienvergangenheit kann sich bei Kindern von Nazis oder Nazi-Tätern zunächst sehr ähnlich äußern wie bei Kindern von Verfolgten. Dies zeigt sich vor allem bei jenen, die – unterschiedlich motiviert – die Familienvergangenheit im Dialog miteinander als Thema vermeiden. Betrachten wir diese Gemeinsamkeit anhand des Ehepaars Svoboda, auf deren Familiengeschichte ich später noch genauer eingehen werde.

Miriam[9] ist die Tochter jüdischer Eltern aus Rumänien, die Ghetto, Konzentrations- und Vernichtungslager überlebten. Sie ist verheiratet mit Achim Svoboda, dessen Vater 1947 in der Tschechoslowakei wegen Verbrechen gegen die Menschlichkeit zu zehn Jahren Haft verurteilt wurde. Beide Ehepartner verbrachten ihre Kindheit und Jugend in einem sozialistischen Land, nämlich in der Tschechoslowakei und in Rumänien. Sie lernten sich nach ihrer Emigration nach Westdeutschland kennen, wo sie heute mit ihren drei Kindern leben.

Ich möchte zunächst eine Stelle aus einem Interview mit einem der beiden Eheleute zitieren, ohne anzugeben, wer hier spricht. Die Leser mögen sich zunächst vorstellen, die Aussage stamme vom nicht-jüdischen Ehepartner Achim, der darauf hinweist, daß er mit seiner Frau sehr wenig über die jeweiligen Familienhintergründe gesprochen hat:[10]

> „Es war interessanterweise eher so daß die jeweilige Lebenserfahrung unter dem Kommunismus (2) wichtiger war als unsere Familiengeschichte. Das hatte uns mehr beschäftigt, als irgendwelche Volks- oder Religionszugehörigkeit. Es war uns beiden wenig wesentlich (1) wir haben sehr viel mehr Gespräche, darüber geführt, welche Vorkommnisse es gab mit-, welche Schikanen es gab unter der kommunistischen Vorherrschaft. ... Das war auch ein gemeinsamer Nenner wahrscheinlich."

Lesen wir dies als Aussage des nicht-jüdischen Ehepartners, so können wir sie als Versuch interpretieren, die Unterschiede oder auch das Trennende in der Familiengeschichte zu harmonisieren bzw. zu ignorieren. Darüber hinaus kann es der Versuch sein, von der eigenen Täter-Familienvergangenheit abzulenken. Man konzentriert sich auf den sogenannten gemeinsamen Nenner und verschweigt oder verleugnet die nationalsozialistischen Anteile der eigenen Familiengeschichte. Die Verfolgungsvergangenheit der Schwiegereltern würde Achim dann reduzieren auf Unterschiede in der Religions- und Volkszugehörigkeit.

Versuchen Sie die Aussage nun so zu lesen, als spreche die Tochter von Überlebenden der Shoah:

> „Es war interessanterweise eher so daß die jeweilige Lebenserfahrung unter dem Kommunismus (2) wichtiger war als unsere Familiengeschichte. Das hatte uns mehr beschäftigt, als irgendwelche Volks- oder Religionszugehörigkeit. Es war uns beiden wenig wesentlich (1) wir haben sehr viel mehr Gespräche, darüber geführt, welche Vorkommnisse es gab mit-, welche Schikanen es gab unter der kommunistischen Vorherrschaft. … Das war auch ein gemeinsamer Nenner wahrscheinlich."

Auch aus dieser Perspektive können wir diese Aussage als Versuch interpretieren, die Unterschiede und das Trennende zu harmonisieren. Auch hier fällt auf, daß nicht über den Holocaust gesprochen wird, sondern die Differenz auf die Volks- oder Religionszugehörigkeit reduziert wird. Spricht die Tochter von Überlebenden, so vermuten wir hinter dieser Aussage jedoch nicht, daß sie ihre Familienvergangenheit verleugnet, sondern daß sie vielmehr versucht, die Nazi-Familienvergangenheit ihres Mannes aus der Wahrnehmung abzuwehren. Unsere empirischen Analysen machen sehr deutlich, daß Kinder von Überlebenden, die über die Vergangenheit der Eltern eher schweigen, im Unterschied zu etlichen Kindern von Tätern die Vergangenheit ihrer Eltern keinesfalls verleugnen, sondern nur versuchen, dieser Vergangenheit auszuweichen. Auch jene Töchter und Söhne, die wenig über die Verfolgungsvergangenheit ihrer Eltern im Konzentrationslager wissen, würden z. B. nicht behaupten: „Meine Eltern waren nicht im Konzentrationslager." Dagegen gibt es etliche Söhne und Töchter von Nazi-Tätern, die ebenso wie ihre Eltern die Nazi-Vergangenheit leugnen. So hören wir Aussagen wie: „Mein Vater war ein ganz normaler Soldat" oder: „Meine Eltern waren einfach nur Mitläufer."

Die Funktion des Schweigens und die Abwehr der Familienvergangenheit ist bei Nachkommen von Tätern und Nachkommen von Überlebenden unterschiedlich. Kinder und auch Enkel von Tätern schützen sich mit dem Schweigen vor ganz anderen Belastungen als Kinder und Enkel von Überlebenden. Nachkommen von Überlebenden möchten sich ihre Eltern und Großeltern nicht in Situationen vorstellen, in denen versucht wurde, ihnen die menschliche Würde zu nehmen und in denen sie hilflos die Demütigungen und die Ermordung anderer Menschen, wie ihrer Eltern, Geschwister oder auch ihrer Kinder, erdulden mußten. Sie wehren dabei zwar die Wahrnehmung des von den Eltern Erlittenen ab, doch sie leugnen diese Vergangenheit nicht.

Bei Nachkommen von Nazi-Tätern können wir dagegen beobachten, daß sie ihre Eltern lieber in der Rolle der Opfer sehen und dabei den bereits von den Eltern etablierten Mythos: „Wir sind die Opfer des Nationalsozialismus" übernehmen. Kinder und Enkel von Familien mit Nazi-Tätern stehen vor einem Dilemma: Beteiligen sie sich am Verhüllen der Vergangenheit und leugnen die Täteranteile ihrer Familiengeschichte, so werden sie damit unbewußt zu Komplizen ihrer Eltern und Großeltern, sie bleiben damit auch an diese gebunden und in ihrer Autonomieentwicklung behindert.[11] Versuchen sie dagegen, die Täteranteile ihrer Familiengeschichte aufzudecken, so kämpfen sie mit erheblichen Zweifeln an ihrer Wahrnehmungsfähigkeit, haben Angst davor, paranoid zu werden und fürchten sich vor den Aggressionen ihrer Familienangehörigen gegen sie selbst. So oder so haben sie Angst vor eigenen Täteranteilen, und manche von ihnen versuchen, dieser Angst mit einer Identifikation mit den Opfern zu begegnen. Eine biographische Bearbeitung dieser Angst kann in der Wahl eines jüdischen Partners liegen.

Ich gehe nun über zu einem Zitat aus dem Interview mit dem anderen Ehepartner. Stellen Sie sich zunächst wiederum vor, es sei

Achim, der im Zusammenhang mit der beschränkten Reisefreiheit in den ehemaligen sozialistischen Staaten meint:

> „Bin in so einer Situation groß geworden, so eines riesengroßen Konzentrationslagers, wo man nicht rausdurfte. Im Grunde genommen von anderen Gegenden und Ländern hat man eigentlich nur in der Schule etwas erfahren."

In diesem Zitat wird die eigene Lebensgeschichte mit der Verfolgungsvergangenheit von KZ-Überlebenden verglichen. Spricht hier ein Sohn von Nazi-Tätern, so könnte diese biographische Strategie der Parallelisierung dazu dienen, sich selbst als Opfer sehen zu können und die eigenen Täteranteile in der Familiengeschichte zu verleugnen oder zu relativieren. Spricht hier ein Schwiegersohn von Holocaust-Überlebenden, so kann die Hypothese formuliert werden, daß er eine Perspektivenübernahme und Empathie mit seinen Schwiegereltern bisher abwehrte. Ansonsten könnte er wohl kaum das Überleben im KZ mit seiner beschränkten Reisefreiheit gleichsetzen.

Lesen Sie das Zitat nun noch einmal unter der Annahme, Miriam, die Tochter von Überlebenden, spreche:

> „Bin in so einer Situation groß geworden, so eines riesengroßen Konzentrationslagers, wo man nicht rausdurfte. Im Grunde genommen von anderen Gegenden und Ländern hat man eigentlich nur in der Schule etwas erfahren."

Vergleicht eine Tochter von Überlebenden ihr eigenes Leben mit der Verfolgungsvergangenheit ihrer Eltern? Unsere Forschungserfahrung zeigt durchgehend: Kinder von Überlebenden tendieren dazu, ihr eigenes Leiden zu minimieren, da sie das Gefühl haben, im Vergleich zu ihren Eltern kein Anrecht auf Leiden zu haben. Wir konnten bei den erzählten Lebensgeschichten der zweiten und auch dritten Generation von Überlebenden immer wieder feststellen, wie auffallend ihre eigene Lebensgeschichte regelrecht hinter der Familiengeschichte verschwindet, daß sie über sich selbst viel weniger sprechen als über die Familienvergangenheit, oder ihre biographischen Erfahrungen immer wieder mit der Verfolgungsvergangenheit ihrer Eltern relativieren.

Es mag nun deutlich geworden sein, daß es Miriam, die Tochter von Überlebenden, war, die davon berichtete, daß sie mit ihrem Mann wenig über die Familienvergangenheit spreche, während ihr Mann meint, in einer Art KZ groß geworden zu sein. In gewisser Weise sind sich beide Ehepartner einig: Sie harmonisieren ihre divergenten Familienvergangenheiten und konzentrieren sich in ihrer familienbiographischen Arbeit auf die eigenen, ihnen gemeinsamen biographischen Erfahrungen in einem sozialistischen Land vor ihrer Heirat.

Die Abwehr der Auseinandersetzung mit den Familienvergangenheiten vor 1945 ist jedoch unterschiedlich motiviert. Neben dem Bedürfnis, über die für beide Partner jeweils belastende Familienvergangenheit zu schweigen, werden Miriam und Achim noch weitere Folgen der Vergangenheit miteinander teilen. Unsere empirischen Analysen verdeutlichen, daß Kinder und Enkel von Überlebenden und von Nazis bzw. Nazi-Tätern gleichermaßen an zum Teil erheblichen Vernichtungsängsten, an beängstigenden Phantasien, an Alpträumen und Schlafstörungen leiden, sich mit Schuldgefühlen quälen und vor Trennung Angst haben. Bei genauerer Betrachtung wird jedoch deutlich, daß diese ähnlichen Phänomene sich in ihren Tiefenstrukturen unterscheiden.[12] So sind die Inhalte der Ängste und Phantasien und die damit verbundene Psychodynamik sehr verschieden.

Betrachten wir die Ängste und Vernichtungsängste, die wir in beiden Gruppen finden können. Der entscheidende Unterschied liegt darin: Vernichtungsängste von Kindern und Enkeln von Tätern beziehen sich meist auf die unbewußte Phantasie, von den eigenen Eltern oder Großeltern ermordet zu werden,[13] während die potentielle Bedrohung, die Kinder von Überlebenden spüren, eher eine allgemeine Angst vor der außerfamilialen und der nicht-jüdischen Welt ist.

Bei Nachkommen von Tätern können wir die Angst beobachten, selbst als lebensunwert betrachtet zu werden. Des weiteren äußern manche Kinder und Enkel von Tätern die Befürchtung, bei Aufdeckung der Familienvergangenheit von den Eltern oder Großeltern ermordet zu werden. Dagegen haben Nachkommen von Überlebenden in Situationen Angst, die sie – meist unbewußt – mit der Verfolgungsvergangenheit ihrer Angehörigen assoziieren.

In einem Ehesystem zwischen Kindern von Überlebenden mit Kindern von Nazi-Tätern ist es nun denkbar, daß sich die Partner wechselseitig dabei helfen, ihre eigenen Ängste abzuschwächen. Die Angst vor einer bedrohlichen Außenwelt und ein von überlebenden Eltern meist nicht genügend vermitteltes Sicherheitsgefühl kann zum Wunsch nach einem starken, beschützenden Partner führen.[14] So kann der jüdische Ehepartner beim nicht-jüdischen deutschen Ehepartner für sich selbst, aber auch für die gemeinsamen Kinder Schutz vor den Anfeindungen der nicht-jüdischen Welt suchen. Die Wahl eines Partners aus einer Nazi-Familie und die Projektion, dieser könne mit seiner Stärke und Überlegenheit Schutz gewähren, ist vermutlich nicht ganz unabhängig von den konkreten Erfahrungen der überlebenden Eltern. So wird z. B. von Miriam und ihrer Mutter immer wieder betont, daß die Mutter auch mit Hilfe von Deutschen überlebt habe.

Dieser Wunsch nach einem beschützenden Partner kann nun auf seiten der Kinder aus Familien von Tätern mit dem Wunsch nach einem schutzbedürftigen Partner korrespondieren. Der nicht-jüdische Ehepartner kann mit der Heirat in eine jüdische Familie nicht nur beweisen, daß bei ihm kein Antisemitismus vorhanden ist, sondern er kann zudem versuchen, in der Fürsorge für einen jüdischen Partner seine Schuldgefühle zu mildern.[15] Stellvertretend für seine Eltern „liefert" er Juden nicht aus, sondern versucht, sie zu beschützen. Dient für den nicht-jüdischen Ehepartner die Heirat mit einem jüdischen Partner nun auch dazu, sich mit der eigenen Familienvergangenheit nicht auseinanderzusetzen, so kann er sich damit gegenüber seiner Familie als loyal erweisen. Die erheblichen Loyalitätsgefühle gegenüber den Eltern und die Bindung an sie teilen etliche Kinder von Tätern mit Kindern von Überlebenden. Damit gehen Trennungsängste einher. Während in Familien von Überlebenden antizipierte Trennungen sowohl auf seiten des Verlassenden als auch des Verlassenen tief empfundene Todesängste hervorrufen,[16] führt eine sich anbahnende Ablösung von der Familie bei den Tätern und ihren Angehörigen zur Angst vor der Aufdeckung der Verbrechen und den damit verbundenen psychischen Konsequenzen. Bei Überlebenden reaktivieren tatsächlich vollzogene Trennungen in der Gegenwart die Erinnerung an die erlebte Trennung von Familienangehörigen, die sie in der Shoah verloren haben.[17] Bei Nazi-Tätern führen Trennungen, respektive Distanzierungen, ihrer Nachkommen zu der Angst, diese könnten nun beginnen, Fragen zu stellen und außerhalb der Familie neue, für den Familienmythos bedrohliche Perspektiven kennenzulernen.

Während man nun annehmen könnte, die Heirat mit einem jüdischen Partner bedrohe das Familiensystem der Täterfamilie, weil deren Tochter oder Sohn nun verstärkt Fragen an die eigene Familienvergangenheit haben würden, ist in einigen der von uns interviewten Familien etwas ganz anderes zu beobachten. Gerade durch die Heirat mit einem jüdischen Partner hat der nicht-jüdische Partner die Möglichkeit, sich auf die angeheiratete Familienvergangenheit zu konzentrieren und die eigene Familienvergangenheit weiter fraglos hinzunehmen.[18] Statt Fragen an die eigene, nicht-jüdische Familiengeschichte zu stellen, befragt der nicht-jüdische Partner stellvertretend für den jüdischen dessen jüdische Familiengeschichte.

Dies wird in der folgenden Fallanalyse von Achim und Miriam sehr deutlich, in der Achim die von Miriam gegenüber ihren Eltern unterdrückten Aggressionen stellvertretend für sie ausagiert und Miriams Eltern und deren Vergangenheit in Frage stellt. Das stellvertretende Ausagieren unterdrückter Aggressionen des Partners finden wir auch in anderen Ehesystemen der zweiten Generation, in denen ein jüdischer Partner aus einer Familie von Holocaust-Überlebenden mit einem nicht-jüdischen deutschen Partner zusammenlebt, der diesen familiengeschichtlichen Hintergrund nicht hat. Diese Rollenverteilung formuliert John Byng-Hall wie folgt:

> „Jeder Ehepartner findet seine abgespaltenen Aspekte im anderen, so daß beide Seiten der Spaltung – zum Beispiel aggressiv vs. unterwürfig – in äußerer und sichtbarer Form repräsentiert werden (…) und auf eher verborgene Weise (auch) umgekehrt (…) .“[19]

Etliche Kinder von Überlebenden haben ihre Aggressionen immer unterdrückt. Ein aggressiver Ehepartner kann stellvertretend für sie, und zum Teil auch gegen sie gerichtet, die unterdrückten Aggressionen ausleben. Vor allem kann er die Fragen stellen, die sich die Kinder von Überlebenden nicht zu stellen wagen.[20]

Nachkommen von Überlebenden haben in ihren Familien häufig die Rolle der Beschützer eingenommen, haben gelernt, Fürsorge für die Eltern aufzubringen und dabei ihre eigenen Bedürfnisse, vor allem ihre Konflikte und Ablösungswünsche in der Adoleszenz und ihre Aggressionen gegen die Eltern zu unterdrücken.[21] Hier kann ein nicht-jüdischer Ehepartner dazu verhelfen, sich etwas von den Eltern zu lösen, indirekt aggressive Tendenzen gegen die Eltern auszudrücken und vor allem mit dem nicht-jüdischen Ehepartner eine eigene Familienwelt aufzubauen. Damit wird die Beziehung zu den Eltern nicht nur bedroht sondern auch stabilisiert. Insofern kann – ähnlich wie für die nicht-jüdische Familienseite – der nicht-jüdische Ehepartner für die jüdische Familienseite systemerhaltende Wirkung haben. Er kann von den Eltern unerfüllte Wünsche erfüllen und damit ausgleichend wirken. Ein unerfüllter Wunsch für die Partnerbeziehung kann etwa sein, mehr Kind und weniger Erwachsener sein zu dürfen. Eine dem nicht-jüdischen Partner zugeschriebene Elternrolle kann sich dann mit dessen Wunsch decken, die Beschützerrolle gegenüber einem jüdischen Partner einzunehmen.

Eine Fallstudie: Miriam und Achim Svoboda[22]

Die Familiengeschichte von Miriam

Miriams Mutter Irina wurde 1924 geboren und hat mit ihren beiden jüngeren Schwestern Sarah (Jg. 1926) und Tamara (Jg. 1928) gemeinsam das Vernichtungslager Auschwitz-Birkenau, ein Nebenlager von Riga-Kaiserwald und das Vernichtungslager Stutthof bei Danzig überlebt.[23] Neben ihrem heute bereits verstorbenen älteren Bruder Jakov sind die drei Schwestern die einzigen Überlebenden ihrer Familie. Die Eltern und die beiden jüngsten Geschwister wurden gleich nach der Ankunft in Birkenau ermordet. Anfang Juni 1944 war die gesamte Familie aus Oradea in Nordsiebenbürgen nach Auschwitz deportiert worden.

Die Schwestern erlebten die Befreiung durch die sowjetische Armee Mitte März 1945. Zurück in Oradea lernte die einundzwanzigjährige Irina ihren späteren Mann Miron kennen, der die Verfolgung in einem Arbeitslager überlebt hatte. Mirons erste Frau und sein dreijähriger Sohn waren in Auschwitz ermordet worden. Miron war zweiundzwanzig Jahre älter als Irina und promovierter Jurist. Er stammte aus einer wohlhabenden Familie und war in den dreißiger Jahren zum Katholizismus konvertiert, um sich vor den aufkommenden Sanktionen gegen Juden zu schützen. Irina genoß es, etwas von der „Elternrolle", die sie gegenüber ihren Schwestern eingenommen hatte, an ihren Mann abgeben zu können: „Und endlich, konnte ich mein Großsein ablegen und konnte Kind sein. Meine Schwestern waren versorgt und ich hab mich einfach in diesen Mann verliebt."

1947 wurde Irinas und Mirons Tochter Miriam geboren. Die Familie Kovacs lebte im nun kommunistischen Rumänien, bis 1965 nach mehreren Ausreiseanträgen die Emigration nach Deutschland gelang. Irinas Schwestern waren mit ihren Familien bereits ein Jahr zuvor nach Israel emigriert. Miron, der in Deutschland keine Zulassung als Rechtsanwalt bekommen konnte, arbeitete als Gehilfe in einer Anwaltskanzlei. Er verstarb 1981 im Alter von neunundsiebzig Jahren.

Die Verfolgungsvergangenheit Irinas und ihr heutiger Umgang damit ist von Erlebnissen sexueller Gewalt, erzwungener Kollaboration und dem Thema „Verführbarkeit" geprägt. Dies gibt uns indirekt Hinweise darauf, weshalb sie ihren nicht-jüdischen Schwiegersohn Achim nicht offen ablehnt und weshalb sie im Unterschied zu ihren beiden Schwestern, die nach Israel emigrierten, heute in Deutschland lebt.

Zentrale Bedeutung in Irinas Biographie nimmt die Selektion bei der Ankunft in Auschwitz-Birkenau ein. Dies wird bereits in den ersten Minuten des Gesprächs mit ihr deutlich. Das Interview beginnt mit einem Dialog über die Forschung der Interviewerinnen. Irina argumentiert, sie könne die Begeisterung der Deutschen für die Nazis verstehen. Dabei zieht sie Parallelen zwischen sich und den Mitläufern, indem sie argumentiert, daß „die Masse" verführbar sei: „Ich hab das auch selber erlebt wie verführbar die Masse ist, und ich war über mich selber schrecklich empört." In der darauf folgenden Erzählung wird deutlich, inwiefern sie sich selbst „Verführbarkeit" vorwirft.

Irina beginnt, von ihrer Ankunft in Auschwitz im Sommer 1944 zu erzählen. Sie schildert ausführlich die Selektion an der Rampe. Es handelt sich dabei um die Präsentation einer „Verführung" durch den Nazi-Arzt und Vollstrecker der Todesurteile Mengele:

> „Ich hatte ein Erlebnis mit Mengele. Ich wußte nicht daß das Mengele war, so daß ich gar nicht bemerkt hatte als- weil wir mußten uns doch in Fünferreihen aufstellen. Und wir waren vier Mädchen und meine Mutter, ich war die Älteste auf die eine Seite und meine Mutter auf der andern Seite. Und da stand ein schneidiger Offizier mit seinem Gertchen in der Hand (1) und hat mich noch angesprochen. ... Und dieser Offizier hat mich angesprochen, sagt er: ‚Was kuckst du mich so böse an?‘, und da hab ich sagt: ‚Ich hab kein, Grund, mich zu freuen‘, und damit war ich schon vorb- ja und da hat er noch gesagt: ‚Du könntest etwas freundlicher sein‘ (1) und damit waren wir schon vorbei. Und auf einmal kuck' ich und da is' meine, meine Mutter und meine kleine Schwester nicht da, die war zwölf Jahre alt, hat ausgesehen wie meine Ingrid, wie meine junge, jüngste Enkeltochter also im Gesicht, hat sie andere Gesichtszüge aber ähnlich, aber so blond, solche lange, gelbe Zöpfen. Da waren Helfer da auf der Rampe (3) in diesen gestreiften Kleidern wir haben gedacht wir kommen in ein Irrenhaus wir wußten ja nicht, wir kamen aus der Zivilisation eigentlich, und da hat er gesagt: ‚Mensch warum warst du nicht etwas freundlicher, du weißt doch gar nicht wer das war‘, sag ich: ‚Interessiert mich auch nicht‘ sagt er: ‚Das war doch der Mengele‘ (1) mir hat der Name auch nichts gesagt. (1) Und also, das war das Mengele-Erlebnis ... "

Versuchen wir uns vorzustellen, was in jener Situation geschah. Während des ungeheuer schnellen Vorgangs der Selektion an der Rampe in Auschwitz wird Irina von Mengele angesprochen. Sie reagiert couragiert, ist sich der lebensbedrohlichen Situation nicht bewußt. Dabei geht alles so schnell, daß sie nicht bemerkt, wie ihre Mutter und ihre jüngere Schwester von ihr und den beiden anderen Schwestern getrennt werden. Erst später kann sie realisiert haben, was diese Trennung bedeutete, nämlich daß ihre Mutter und ihre damals zwölfjährige Schwester Hannah höchstwahrscheinlich kurz darauf in der Gaskammer ermordet wurden.

Die Fokussierung ihrer Erzählung darauf, daß sie die Bedeutung Mengeles nicht wahrnahm, thematisiert Irinas Schuldgefühle: Sie wirft sich vor, die Gefahr dieser Situation nicht erkannt zu haben. Sie hatte sich – so ihre heutige Darstellung der Situation – von Mengele dazu verführen lassen, ihm eine kesse Antwort auf die Frage „Was kuckst du mich so böse an?" zu geben, und dabei nicht wahrgenommen, daß ihre Mutter und ihre kleine Schwester auf die andere Seite und damit in den Tod geschickt wurden. Sie hatte sich – so die Logik ihrer Argumentation – wie die Mitläufer in Nazi-Deutschland verführen lassen.

Nach einem Monat in Auschwitz wurden die drei Schwestern nach Krottingen in ein Nebenlager von Riga-Kaiserwald in Lettland deportiert und vier Wochen später in das KZ Stutthof. Die Schwestern wurden von der Wehrmacht als Arbeitskräfte in der Armeebekleidungsabteilung eingesetzt. Bei den Erzählungen über diese Zeit geht es in den Interviews mit allen drei Schwestern immer wieder um die Themen „Prostitution" und „sexuelle Gewalt im Lager". Dabei wird übereinstimmend erzählt, daß eine der grausamsten Aufseherinnen sich in die mittlere Schwester Sarah verliebt habe und Sarah als „Haushaltshilfe" für sich arbeiten ließ. Diese Stellung verschaffte allen drei Schwestern verbesserte Lebensbedingungen. Sarah erzählt auch von einem Bordell, in dem weibliche Häftlinge gezwungen wurden, sich deutschen Wehrmachtssoldaten sexuell zur Verfügung zu stellen.

Irinas Thema dagegen sind die männlichen Häftlinge, die Nahrungsmittel für Sex boten. Sie charakterisiert in diesem Zusammenhang ihre Schwester Sarah als „ein appetitliches junges Mädchen und die war sehr geschickt hat es schön da [bei der SS-Aufseherin] alles sauber gehalten". Irina erzählt auch, sie habe sehr auf Sarahs Äußeres geachtet und geholfen, ihre Schönheit hervorzuheben. Irina sah darin die Chance, von männlichen Häftlingen Geschenke zu erhalten. Sie begriff sich damals in der Rolle der Mutter, was sich zum Beispiel in folgendem Versprecher ausdrückt: „Und meine Tochter, meine Tochter- äh meine Schwester". Irina möchte uns von Sarahs Erfolg erzählen und deutet dabei unbeabsichtigt an, daß auch sie Aufmerksamkeit von Männern erhielt:

„Nach einer Weile kam auf mich zu da einer von diesen Ingenieure und hat ihr was da zugesteckt." Irina meint, Sarah und auch sie selbst seien damals sehr naiv gewesen, sie hätten gedacht: „Mein Gott er will einen umarmen oder will einen küssen und dafür kann man schon ein bißchen Opfer bringen für das Überleben."

Irina spricht immer wieder von den sexuellen Forderungen der Mithäftlinge, betont jedoch nachdrücklich, sie habe sich eine sexuelle Beziehung nicht vorstellen können. Irina ist auch diejenige, die über Vergewaltigungen durch sowjetische Soldaten nach der Befreiung erzählt. Auch hier können wir jedoch nicht erfahren, ob sie oder eine der Schwestern dies selbst erleiden mußten.

In den Interviews mit Sarah und Irina gibt es auch Andeutungen, daß die jüngste Schwester Tamara ihre Lebensbedingungen eine Zeit lang durch Prostitution verbesserte. Während Tamara selbst nicht darüber spricht, bringt ihre Tochter Viola[24] dies explizit zum Ausdruck. Danach gefragt, ob sie von ihrer Mutter davon erfahren habe, antwortet Viola, Tamara habe dies immer mit Erzählungen über andere Frauen im Lager, aber nie über sich selbst thematisiert. Es habe jedoch Andeutungen darüber gegeben, und ihre Mutter sei diejenige gewesen, die immer wieder Essen „organisieren" konnte.

An dieser Stelle sei darauf hingewiesen, daß etliche unserer Gesprächspartnerinnen über sexuelle Gewalterlebnisse während der Verfolgungszeit sprechen bzw. solche andeuten: Vergewaltigungen durch Deutsche, nach der Befreiung durch sowjetische Soldaten, erzwungene sexuelle Beziehungen zu Aufseherinnen, zu Wehrmachtssoldaten sowie zu KZ-Häftlingen. Doch meist erzählen die Frauen von anderen Frauen, die dies erleben mußten. Die Feinstruktur ihrer Erzählungen weist immer wieder darauf hin, daß sie auf diese Weise über eigene Erlebnisse sprechen. Es handelt sich aber um eines der stärksten Tabuthemen im Bereich der Verfolgungsvergangenheit, zu dessen Enthüllung es mehrerer unterstützender und zum Sprechen ermutigender Gespräche bedarf.[25] Gerade wegen der Tabuisierung dieser traumatischen Erlebnisse haben diese sehr nachhaltige Folgen für die Kinder- wie auch für die Enkelgeneration.

Die Interviews mit den drei Schwestern zeigen jedenfalls, daß sie Geheimnisse im Zusammenhang mit Erlebnissen sexueller Gewalt miteinander teilen und ihre Kinder es kaum wagen, Fragen dazu zu stellen. Vor allem bei Tamaras Tochter wird deutlich, wie sehr sie unter den Geheimnissen ihrer Mutter leidet, und daß für sie Essen und sexuelle Gewalt zwei miteinander verbundene Themen sind. Bis zum ersten Lebensjahr verweigerte sie die Nahrung und mußte mit Injektionen ernährt werden. Danach begannen ihre Mutter und auch ihre Tanten, sie regelrecht zum Essen zu zwingen und das kleine Mädchen gewaltsam zu füttern. Während Viola und auch der Sohn von Sarah in den Gesprächen mit uns dieses Thema anschneiden und ihre Vermutungen darüber äußern, wird es von Irinas Tochter Miriam vermieden. Ihr Umgang mit der Verfolgungsvergangenheit der Eltern konzentriert sich auf der bewußten Ebene stärker auf die Themen der Ermordung ihres Halbbruders und ihrer Großmutter mütterlicherseits.

Miriam: Stellvertretend leben für die Ermordeten

Miriam[26] ist heute promovierte Musikwissenschafterin und lebt mit ihrem nicht-jüdischen Mann Achim und ihren drei Töchtern in einer westdeutschen Kleinstadt. Miriams Lebensgefühl ist bestimmt von dem familiengeschichtlich auferlegten und von ihr übernommenen Auftrag, stellvertretend für die Ermordeten zu leben. Ihre gesamte biographische Selbstpräsentation ist durchzogen von der Schwierigkeit, ihr eigenes Leben von der Familiengeschichte zu trennen. Sie präsentiert ihre Lebensgeschichte im Schatten der ermordeten Familienangehörigen. Ihr eigener autonomer Lebensweg als Musikwissenschafterin und Mutter von drei fast erwachsenen Töchtern ist dagegen kaum Bestandteil ihrer Lebenserzählung. Nachdem sie zunächst die Familiengeschichte erzählt hat, bittet sie die Interviewerin um Nachfragen, da ihr „im Moment nichts mehr dazu einfalle". Auf die Bitte der Interviewerin, sie möge nun ihre Lebensgeschichte erzählen, antwortet Miriam mit der Erklärung, auch diese habe „indirekt mit der Vorgeschichte zu tun". Sie führt hier ein, daß ihr Vater seine erste Frau und seinen dreijährigen Sohn in Auschwitz verloren habe. Sie meint, der Vater sei über den

Verlust seiner Familie nur schwer hinweggekommen und habe die Ermordung seines Sohnes, „den er wohl innigst geliebt hat", nie überwunden. Miriam schließt diese Sequenz über die „Vorgeschichte" mit dem Bericht darüber ab, daß der Vater seine erste Frau und seinen Sohn selbst ins Ghetto gefahren habe, bevor er ins Arbeitslager mußte. Dies sei auf Wunsch seiner Frau geschehen, die, obwohl sie über ein amerikanisches Visum verfügte, zusammen mit ihrer Familie im Ghetto bleiben wollte.

Miriam beginnt nun, ihre eigene Lebensgeschichte zu erzählen. Diese steht deutlich im Schatten dieser Vorgeschichte, deren zentraler Inhalt die Ermordung der ersten Gründungsfamilie des Vaters ist. Die familiengeschichtliche Konstellation, daß Miriam ohne die Ermordung der Familie des Vaters nicht geboren wäre, wird in dieser Textstruktur deutlich. Miriam führt ihre eigene Biographie darüber hinaus mit einer „Familienanekdote" ein, die ihr übereinstimmend von Vater und Mutter erzählt wurde. Sie berichtet, ihr Vater habe bei ihrem Anblick nach der Geburt ausgerufen: „Ein Mädchen und noch dazu so häßlich!"

In dieser ersten Erzählung über ihr eigenes Leben deutet sich mehr an als nur der Wunsch des Vaters nach einem Sohn. Mit dieser in der Familie immer wieder erzählten Geschichte wird Miriam fortwährend daran erinnert, daß sie dem Vater den ermordeten Sohn nicht ersetzen konnte. Damit ist ihr ein Scheitern auferlegt, das immer wieder bei nachgeborenen Kindern zu finden ist, deren Vater oder Mutter ein Kind in der Shoah verloren haben.[27]

Miriam präsentiert ihr eigenes Leben unter wiederholten Beteuerungen, wie „normal" ihre Kindheit und Jugend gewesen seien. Sie argumentiert, es habe in Rumänien Kinder gegeben, denen es viel schlimmer gegangen sei. Da sie meint, im Schatten der Ermordeten kein Anrecht auf Leiden zu haben, kann sie eigenes Leiden an der Vergangenheit nicht mit selbsterlebten Erfahrungen ausdrücken. Stattdessen berichtet sie über ihr Leiden im Zusammenhang mit Träumen. In diesen seit der Kindheit wiederkehrenden Träumen befindet sie sich gemeinsam mit den Eltern in einer Verfolgungssituation. Sie träumt vom Davonlaufen, vom Verfolgtwerden. Das dominierende Gefühl dabei sei immer Angst gewesen.

Miriam unterscheidet diese Angst von anderen Ängsten; sie meint, es sei keine persönliche, sondern eine „Wir-Angst". Sie fühlt sich so tief mit der Verfolgungsvergangenheit ihrer Eltern verwoben, daß sie in ihren Träumen darin lebt, selbst zum Bestandteil dieser Vergangenheit wird und gemeinsam mit ihren Angehörigen Angst empfindet.

Bereits als Kind verbot sich Miriam, Probleme zu haben oder den Eltern Schwierigkeiten zu machen. In einem gemeinsamen Interview mit ihrer Mutter, das von der Autorin und Bettina Völter 1995 geführt wurde, bringt sie dies explizit zum Ausdruck: „Ich hatte eigentlich ständig das Gefühl, es sei meine höchste Pflicht meine Eltern nicht zu verärgern ihnen alles recht zu tun ihnen möglichst nur Freude zu bereiten." Nur indirekt werden in diesem Gespräch ihre Frustration über diese Rolle und auch unterdrückte Aggressionen gegen die Mutter spürbar. Mutter und Tochter verbalisieren in diesem Familiengespräch ihre eigenen Verletzungen und gehen dabei kaum aufeinander ein, versichern einander aber, „eigentlich ein schönes Verhältnis" zueinander zu haben. Irina spricht über das Gefühl, erniedrigt und entmenschlicht worden zu sein, Miriam spricht über ihre Rolle als Beschützerin der Eltern. Die Interviewerinnen versuchen, Mutter und Tochter darin zu unterstützen, sich aufeinander zu beziehen. Auf die Frage an Irina, wie sie es empfinde, daß ihre Tochter meint, sie beschützen zu müssen, erklärt Irina sehr bestimmt und fast aggressiv: „Ich bin nicht schutzbedürftig."

Von den Interviewerinnen ermutigt, über ihre Wünsche in ihrer Beziehung zu sprechen, verdeutlichen Mutter und Tochter in den darauf folgenden Sequenzen, daß beide einerseits einen näheren Kontakt zueinander wünschen, andererseits jedoch einander auf Distanz halten möchten. Miriam wünscht sich, der Mutter auch einmal von ihren Sorgen erzählen zu können, anstatt dies aus Rücksichtnahme zurückzuhalten. Irina hingegen fühlt sich durch die Zurückhaltung ihrer Tochter manchmal verletzt. In diesem Dialog deutet sich an, daß die zurückgehaltenen Probleme in Zusammenhang mit Miriams Ehemann Achim stehen, und daß Miriam zwischen ihrer Loyalität zum Ehemann und ihrer Loyalität zur

Mutter zu ringen hat.

Beide äußern, von der Zuneigung der jeweils anderen zu wissen und dafür keine körperlichen Zeichen, etwa Umarmungen, zu benötigen. Während Miriam feststellt, daß es „bei uns insgesamt nicht so vorhanden ist sich ständig umarmen, sich ständig Küßchen zu geben, sich beim Abschied zu drücken", erwidert ihre Mutter: „Ich brauch' nicht den Beweis, daß man mich anfaßt."

Die Aussage, „da hab ich wohl immer sowas wie eine Stellvertreterrolle gespielt", macht Miriam in Verbindung mit ihrer in der Shoah ermordeten Cousine Ibi. Ibi war die Tochter der Schwester ihres Vaters. Sie kam mit achtzehn Jahren auf Transport und ist „im Lager geblieben". Miriam wurde bis zu ihrer Einschulung nach dieser Cousine Ibi genannt. Erst in der Schule erfuhr sie von ihrem urkundlichen Namen Miriam. Diese sozial auferlegte Rolle erlebt sie im Rückblick als eine Bürde:

> „Da hab ich wohl immer sowas wie (1) eine Stellvertreterrolle, gespielt und ich glaube so is' es sehr vielen gegangen nach dem Krieg, daß sie in irgendeiner Weise für die … ‚im Lager gebliebenen' Kinder, dann mit herhalten mußten."

Miriam spricht davon, für etwas „herzuhalten", und drückt damit aus, daß sie etwas sehr Unangenehmes zu ertragen und zu Unrecht zu tragen habe. Für welche Anteile der Familienvergangenheit meint sie, „herhalten" zu müssen? Fühlt sie dabei auch eine von den Eltern ausgehende Aggression? Oder deuten sich hier auch eigene Aggressionen gegen die Eltern an, die Miriam jedoch nicht ausdrükken konnte oder heute kann?

Wie sehr sich Miriam mit dem Auftrag identifiziert, stellvertretend für die Toten zu leben, wird noch an vielen weiteren Stellen des Gesprächs deutlich. Dieser Auftrag bezieht sich nicht nur auf die ermordete Cousine; stärker noch ist Miriams Leben davon bestimmt, dem Vater den ermordeten Sohn und der Mutter die ermordete Mutter ersetzen zu müssen. Die Großmutter mütterlicherseits erlebt sie als einen Teil von sich selbst: „Die Mutter meiner Mutter äh (4) lebt in mir als äh als ein- (2)". Miriam sucht nach einem Begriff dafür, als was die Mutter ihrer Mutter in ihr lebt. Damit drückt sie aus, daß sie die Mutter ihrer Mutter als ein Objekt internalisiert hat, das für sie selbst unbestimmt geblieben ist. Sie fährt fort: „als eine Summe von Eigenschaften (2) denen ich sicher auch irgendwo versucht habe nachzueifern, wahrscheinlich auch um meiner Mutter eine Freude zu machen".

Wir können diese Aussage wie folgt interpretieren: Miriam internalisierte die Mutter ihrer Mutter als unbekanntes Objekt und übernahm den Auftrag, es am Leben zu erhalten, indem sie die Summe seiner Eigenschaften zu übernehmen versuchte.[28] Mit diesem Nacheifern der Eigenschaften der Großmutter kann sie die Erwartungen ihrer Mutter aber nicht erfüllen. Wie sollte es auch der Tochter gelingen, der Mutter die Mutter zu ersetzen? Mit dem Auftrag Irinas an Miriam, ihr die Mutter zu ersetzen, ist vermutlich auch der Wunsch verbunden, die ungelösten Konflikte mit ihrer eigenen Mutter zu lösen.[29] An dieser Aufgabe kann Miriam, wie jede andere Angehörige der zweiten oder auch dritten Generation, nur scheitern.[30]

Leben in Deutschland

Miriam hatte die Schule noch nicht ganz beendet, als die Familie 1965 nach vielen Anträgen endlich die Ausreisegenehmigung erhielt. Zu ihrer Ausreise meint Miriam heute, sie habe den Emigrationswunsch ihrer Eltern zwar kognitiv verstanden, emotional jedoch erhebliche Schwierigkeiten damit gehabt. Die Familie geht nach Deutschland und Miriam lebt von da an nicht mehr bei den Eltern. Sie besucht eine Förderschule, um Deutsch zu lernen. Nur an den Wochenenden ist sie noch zu Hause. Miriam verläßt ihr Elternhaus in dem Lebensalter, in dem ihre Cousine Ibi auf Transport kam und nie wieder zurückkehrte. Auch für Miriam ist mit dem achtzehnten Lebensjahr ein bedeutender biographischer Wendepunkt verbunden: Sie verliert die Kontinuität zu Sprache, Herkunftsland und Familie. Sie verliert auch den Kontakt zu den Familien ihrer Tanten und zu ihrem Cousin, der für sie wie ein Bruder gewesen war. Bis heute war sie nie in Israel, um ihre Angehörigen dort zu besuchen. Von der Interviewerin darauf angesprochen, erklärt sie, sie sei bisher nicht auf die Idee gekommen, diesen Wunsch, den sie durchaus schon lange verspüre, ihrem Mann gegenüber auch nur zu äußern.

Mit dem biographischen Wendepunkt in ihrem achtzehnten Lebensjahr ist für Miriam vor allem der Wechsel in eine nicht-jüdische deutsche Lebenswelt verbunden. Bereits auf der Förderschule lernte sie ihren späteren Mann Achim kennen. Gemeinsam besuchten sie einen Sonderlehrgang, der jugendliche „Spätaussiedler" auf das deutsche Abitur vorbereitete, studierten dann beide und lebten zunächst einige Jahre unverheiratet zusammen.

Miriam erzählt darüber, wie sie zu Beginn ihrer Beziehung Achim nach einem Kinobesuch eröffnet habe, daß sie Jüdin ist:

> „... hatte ich das Bedürfnis, es ihm zu sagen, daß ich Jüdin bin ... er sagte ja, er wüßte es (2) wahrscheinlich weil ich es eben nie verschwiegen habe, also (3) Geschichten über die Eltern und so weiter, und damit war eigentlich das Thema auch erledigt, es war weiter nie ein Thema gewesen (6)".

Ganz lapidar wird die Bedeutung ihres Jüdisch-Seins und die spätere Heirat mit einem Nichtjuden mit der Bemerkung „damit war eigentlich das Thema auch erledigt" abgetan. Damit drückt Miriam auf der manifesten Ebene aus, daß, nachdem sie ihre Beziehung zu Achim einging, die unterschiedliche Herkunft im ehelichen Dialog kein Thema mehr war, sich Miriams Jüdisch-Sein als Thema „erledigt" hatte. Entsprechend wurden dann auch die jeweils unterschiedlichen Familienvergangenheiten nicht weiter thematisiert. Das Ehepaar beschäftigte sich vielmehr mit einem sie verbindenden Thema: dem Leiden unter der sozialistischen Herrschaft. In diesem Zusammenhang fällt die eingangs zitierte Äußerung: „Es war interessanterweise eher so daß die jeweilige Lebenserfahrung unter dem Kommunismus (2) wichtiger war."

Durch das Zusammenleben und die Heirat mit einem nicht-jüdischen Deutschen hat Miriam sich nun ab dem 18. Lebensjahr direkt aus der Herkunftsfamilie in ein völlig anderes Herkunftsmilieu begeben. Auffallend an ihrer biographischen Selbstpräsentation ist, daß sie, nachdem sie erzählt hat, wie sie ihren Mann über ihre jüdische Herkunft aufklärte, die gesamten Jahre ihrer Ehe überspringt und unmittelbar auf die Gegenwart zu sprechen kommt. Sehr ausführlich argumentiert sie noch, sie und ihr Mann hätten nur einen sehr kleinen Bekanntenkreis, und beendet mit diesem Thema ihre Haupterzählung. Ihre biographische Selbstpräsentation endet damit schon im Jahre 1965! Sowohl ihre Berufskarriere als auch die Entwicklung ihrer Familie ist für sie kein Thema. Alle Erzählaufforderungen zur Lebensgeschichte nach 1965 oder auch zu ihrer beruflichen Laufbahn führen auch im folgenden zu keinen Erzählungen. Auf die Bitte hin, noch etwas über ihr Studium zu erzählen, argumentiert sie, sie habe „diese ganzen Jahre im Zustand einer Art der Verpuppung verbracht". Erneut argumentiert sie, außerhalb ihrer Ehe kaum Kontakte zu haben, und beendet die Passage wie folgt:

> „Deshalb hab ich wahrscheinlich auch keine Erinnerungen, oder keine so richtigen Erinnerungen an die Schulzeit an die Studienzeit, weil ich eigentlich erst sehr viel später angefangen habe, mein Leben zu leben genaugenommen eigentlich erst mit Mitte dreißig."

Das stützende Ehesystem mit Achim Svoboda: Die stellvertretend Fragenden

Um die Bedeutung der Ehe Miriams mit Achim besser verstehen zu können, sei hier zunächst auf Achims Familiengeschichte und auf seinen Umgang damit eingegangen. Achim,[31] der sich selbst im Interview als Sudetendeutscher vorstellt, wurde 1944, ein Jahr vor Kriegsende, im sogenannten Sudetengau geboren. Er verbrachte Kindheit und Jugend in der Tschechoslowakei und emigrierte erst 1965 mit seiner Mutter nach Deutschland. Sein Vater war bereits 1958 an einem Herzinfarkt verstorben, ein Jahr, nachdem er als tuberkulosekranker Mann aus zehnjähriger Haft entlassen worden war. Wie wir den eingeholten Archivunterlagen entnehmen, war er 1947 laut Prozeßakte wegen „Unterstützung und Propagierung der nationalsozialistischen Bewegung" verurteilt worden. Als ehemaliger Direktor einer Klinik wurde ihm Mitgliedschaft in diversen „faschistischen Organisationen" zur Last gelegt. Ein weiterer Anklagepunkt lautete auf Denunziation eines tschechischen Widerstandskämpfers bei der Gestapo, der daraufhin in Haft kam. Achims Mutter, die inzwischen ebenfalls verstorben ist, war in der NS-Frauenschaft aktiv. Sie wurde nach Kriegsende zu Strafdiensten verpflichtet.

Achims Kindheit war überschattet von der Haft seines Vaters. Nach seiner Erinnerung erfuhr Achim im Alter von fünf Jahren durch eine Nachbarin von der Inhaftierung; zu diesem Zeitpunkt war der Vater bereits zwei oder drei Jahre von zu Hause fort. Die Mutter hatte bis dahin behauptet, er sei „im Urlaub". In den Jahren danach kann sich Achim lediglich an zwei bis drei Besuche in der Haftanstalt erinnern. Die Beziehung zum Vater basierte somit fast ausschließlich auf Projektionen und kaum auf gemeinsamen Erlebnissen, wohingegen zur Mutter eine sehr enge Bindung entstand. An seinen Vater ist Achim bis heute durch ambivalente Gefühle gebunden. Dies wird insbesondere in der Erzählung über die folgende Situation deutlich:

Kurz nach seiner Einschulung fand Achim auf dem Dachboden seines Elternhauses in einem Koffer einen „Nazi-Anstecker" (eventuell das Parteiabzeichen) und das Parteibuch seines Vaters. Achim berichtet, er sei von dieser Entdeckung schockiert gewesen und habe „Schmerz und Wut" empfunden. Er kommentiert heute: „Es war nicht die feinste Art, aber ich konnte es auch relativieren." In der Schule sei ihm das Bild vermittelt worden, alle Deutschen seien Verbrecher und Nazis gewesen. Nun gehörte auch sein Vater in diese Kategorie. In der Familie wurde darüber jedoch nicht gesprochen, bei der Mutter fand der Sohn kein Verständnis für seine moralischen Zweifel. Auch sie, so meint er, sei auf die „Nazipropaganda hereingefallen".

So benötigte Achim, wie er es bezeichnet, „Relativierungen", die bis heute für ihn Stimmigkeit haben. Diese lauten wie folgt: Der Vater habe sich, um als Beamter Karriere machen zu können, der NSDAP angeschlossen, er sei „kein Schwerverbrecher" gewesen. Nach dem Tod des Vaters fand Achim dann auch die Anklageschrift, die er, wie er der Interviewerin versichert, noch heute aufbewahrt. Sein Vater sei verurteilt worden, weil er NSDAP-Mitglied gewesen sei und weil er „radioaktives Material an die deutsche Wehrmacht" gegeben hätte. Den Anklagepunkt der Denunziation erwähnt er nicht. Vielmehr versucht er, ihn in die entgegengesetzte Richtung zu entlasten: Er spricht über Verfolgte, denen, wie Bekannte erzählten, der Vater im Krankenhaus die Möglichkeit gegeben habe, sich zu verstecken. Er reflektiert auch nicht die mögliche Bedeutung der beruflichen Stellung des Vaters als Direktor einer Klinik im Zusammenhang mit der Verfolgungspolitik. Er reduziert die NS-Vergangenheit des Vaters auf dessen Parteimitgliedschaft. Auch die Vergangenheit seines Großvaters väterlicherseits könnte Fragen aufwerfen, die Achim jedoch abwehrt. Dieser Großvater, der in den 50er Jahren verstarb, war in Achims Heimatstadt während der deutschen Besatzung als Bahnbeamter beschäftigt. Von der Interviewerin gefragt, ob Achim Fragen an dessen Vergangenheit habe, bejaht er, schweigt dann für lange Zeit und wiegelt schließlich mit der generalisierenden Bemerkung ab, er sei allgemein an Erzählungen alter Leute interessiert.

Insgesamt präsentiert Achim seine Familien- und seine Lebensgeschichte als Biographie eines Opfers des Stalinismus. Die nationalsozialistische Verfolgung der Juden parallelisiert er mit der Verfolgung der Deutschen in der Tschechoslowakei nach 1945. Auf die Frage der Interviewerin, was es für ihn bedeute, in eine Familie eingeheiratet zu haben, in der beide Eltern im Konzentrationslager waren, antwortet er: „Ich kann es natürlich sehr gut verstehen, weil ich dies in gewisser Weise auch selbst erlebt habe und kann es gut genug nachvollziehen."

Achim gehört zu denen, die mittels der Strategie der Pseudoidentifikation mit den Opfern deren Perspektive scheinbar übernehmen und dabei die Auseinandersetzung mit den Tätern meiden. Wie wenig er sich aber auf die Perspektive seiner Schwiegermutter einlassen möchte, wird deutlich, wenn er über sie spricht. Er meint, sie spreche viel zu viel über die Verfolgung, es sei eine „gewisse Sättigungsschwelle erreicht und man hat das Gefühl, es müssen die Jalousien runter". Aus seiner Antwort auf die Nachfrage, was er denn über die Vergangenheit der Schwiegereltern erfahren habe, wird noch deutlicher, daß er einer Perspektivenübernahme ausweicht und seine Familiengeschichte mit der seiner Frau parallelisiert. In diesem Zusammenhang benennt er die bereits zitierte eingeschränkte Reisefreiheit in den ehemaligen sozialistischen Staaten:

> „Bin in so einer Situation großgeworden, so eines riesengroßen Konzentrationslagers, wo man nicht rausdurfte. Im Grunde genommen

> von anderen Gegenden und Ländern hat man eigentlich nur in der Schule etwas erfahren... von ihr [seiner Ehefrau] habe ich eigentlich wenig erfahren was die Familie betrifft, eher so was wie ihre eigenen Erlebnisse, die waren so ähnlich, wie ich sie auch kannte."

Dann versichert er der Interviewerin noch, daß es in seiner Ehe „keinen Anlaß oder Notwendigkeit" gegeben habe, über die Familie zu sprechen.

Diese Parallelisierung verhilft Achim dazu, die eigene Familienvergangenheit zu dethematisieren und von einem möglichen Schuldvorwurf zu entlasten. Dies gelingt ihm vor dem Hintergrund seiner Verfolgungserfahrungen als Deutscher in einem osteuropäischen sozialistischen Land nach 1945. Daß leidvolle Erfahrungen unter einem kommunistischen Regime nach 1945 dazu dienen konnten und können, sich von der Schuldverstrickung vor 1945 zu entlasten, zeigt sich auch in anderen Familien. Es handelt sich dabei um eine in den ehemaligen sozialistischen Ländern ganz typische Strategie, mit der Nazi-Vergangenheit umzugehen.[32]

Zu dieser Reparaturstrategie gehört auch, daß Achim Schuld auf Miriams Familie abzuschieben versucht. Dies wird in einem Gespräch deutlich, das die Autorin und Bettina Völter 1994 mit Achim und Miriam gemeinsam führten und in dem er seine Schwiegereltern und seine Frau ganz offen attackiert. Der Schwiegermutter wirft er vor, daß sie bei ihren Besuchen zu hohe Ansprüche äußere und zuviel über die Verfolgungsvergangenheit rede. Des weiteren empört er sich darüber, daß man Miriam in der Familie beim Namen der ermordeten Cousine gerufen habe. Den aggressivsten Vorwurf richtet er dann gegen den verstorbenen Schwiegervater. Auf die Frage der Interviewerinnen, ob es für ihn in der Familienvergangenheit seiner Frau offene Fragen gebe, antwortet er:

> „Ja da ist ein Punkt wo ich sehr gerne deinen Vater gefragt hätte. Es gab Zeiten wo er sozusagen seine Familie im Stich gelassen hat, ja die erste Frau und seinen Sohn. Es war eine nebelhafte Geschichte, weshalb sie sich damals getrennt haben und die Frau und das Kind im KZ verschwanden und er am Leben geblieben ist."

Man könnte nun erwarten, daß Miriam über diese Anklage empört sein würde. Doch während ihr Mann zunächst den Raum verläßt, um ein Telefonat zu führen, erklärt sie den Interviewerinnen, Achim würde die Wut gegen seinen Vater auf ihren Vater projizieren. Als Achim zum Gespräch zurückkehrt, führt Miriam aus, ihr Vater sei im Arbeitslager gewesen und seine Frau habe ins Ghetto zu ihrer Familie gebracht werden wollen. Dann jedoch relativiert sie diese Erklärung mit folgenden Kommentaren zu einer nur noch möglichen Version: „So wurde es mir erzählt" und „so kenne ich die Geschichte". Ihr Mann bekräftigt nun nochmals seinen Vorwurf: „Das habe ich nie verstanden, das widerspricht jeder vernünftigen Logik." Miriam korrigiert ihn: „Jeder nachträglichen vernünftigen Logik". Daraufhin wenden sich Achims Aggressionen direkt gegen seine Frau. Er erwidert: „Das erinnert mich an unser Mißverständnis im Laufe des heutigen Tages." Um dieses „Mißverständnis" war es in der ersten Hälfte des Gesprächs gegangen. Achim hatte seiner Frau vorgeworfen, sich zu einer Verabredung mit ihm verspätet zu haben. Wie an allen anderen Stellen des Gesprächs, an denen Achim seine Frau angreift, unterwirft sich Miriam teilweise seinem Vorwurf und meint: „Das mag sein. Es kann auch sein, daß ich jetzt versuche meinen Vater zu verteidigen." Sie läßt es dabei jedoch nicht bewenden, sondern fährt mit Bestimmtheit fort: „Doch ich glaube nicht, daß man aus der damaligen Perspektive urteilen konnte, was wirklich ein Ghetto ist und was nicht."

Würden wir diesen Dialog lediglich dahingehend interpretieren, daß Achim seine Frau und ihre Eltern angreift, so übersähen wir die Funktion, die Achims Anklagen für Miriam haben. Wir nehmen an, daß Achim Fragen äußert, die Miriam sich selbst nicht offen zu stellen wagt. Achim übernimmt die Rolle desjenigen, der die Aggressionen gegen ihre Eltern ausdrückt, die Miriam selbst unterdrücken muß. In der Ehe zwischen Miriam und Achim zeigt sich dieser Mechanismus auch umgekehrt. Auf die Interviewfrage an Miriam, welche Anteile der Familiengeschichte ihres Mannes für sie im Dunkeln liegen und ob sie Fragen habe, antwortet sie:

> „Solche Fragen hatte ich so in der ersten Zeit als wir uns zuerst kennengelernt haben. Ich hatte so ein Grundmißtrauen in mir. Natürlich war es so daß ich zum ersten Mal gehört habe daß dein Vater Krankenhausdirektor war sofort die Frage wie konnte jemand in dieser

> Zeit als Krankenhausdirektor sein, obw- auch wie die Einstellung gewesen sein kann."

Miriam spricht hier die Frage nach der beruflichen Stellung ihres verstorbenen Schwiegervaters aus, die Achim auch in diesem Gespräch einfach ignoriert. Auf eine weitere Intervention der Interviewerin, die wissen möchte, ob es denn Situationen gab, in denen diese Frage an die Vergangenheit des Schwiegervaters wieder im Raum stand, entsteht folgender Dialog zwischen den Eheleuten:

Miriam: „Ich weiß nicht ob es mir wirklich unwichtig ist oder ob ich nicht danach fragen wollte um dich nicht zu verletzen oder ob ichs verdrängt habe, ich bild mir ein es interessiert mich nicht."

Achim erwidert recht aggressiv: „Jaaa habe ich es dir nicht erzählt daß mein Vater in der NSDAP war" und Miriam antwortet nach einer längeren Pause: „Ich weiß es w- wie gesagt kann sein daß du's mal gesagt hast und ich ganz weit von mir geschoben hab."

Auch hier reduziert Achim die NS-Vergangenheit seines Vaters auf dessen Parteimitgliedschaft. Auch Miriam mußte sich beschwichtigen und „lernen", die Frage an die möglichen Handlungen ihres Schwiegervaters nicht mehr zu haben:

> „ … aber später auch gefühlsmäßig äh sehr unwichtig geworden weil ich mir äh gedacht habe ähm wenn du dir solche Fragen stellst dann kannst du dir nicht mal ein Brötchen kaufen gehen ohne dir dich zu fragen was der Bäcker früher gemacht hat und äh ich hab m- mir so äh diese Lebenseinstellung angewöhnt sowohl im privaten wie auch äh in allen anderen Bereichen".

Im Anschluß an diesen Disput versichern die Ehepartner einander, daß die divergenten Familienvergangenheiten für sie kein Problem waren und sind, da sie beide am Vergangenen nicht interessiert seien.

Resümee

Die Fallanalyse dieser Familie verdeutlicht die unterschiedliche Psychodynamik hinter dem zunächst scheinbar übereinstimmenden Dialog zwischen einem Sohn von Nazis und der Tochter von

Überlebenden. Während der Sohn nationalsozialistischer Eltern sein Leiden erzählerisch ausbaut, die Tätervergangenheit seines Vaters nicht wahrnehmen möchte und sie, wie er selbst meint, „relativiert", minimiert die Tochter von Überlebenden ihr Leiden. Sie hat nur in ihren Träumen und Phantasien ein Recht auf eigenes Leiden und leidet einsam unter Phantasien von Verfolgungssituationen, ohne sie in den ehelichen Dialog einbringen zu können. Während also Achim über die Opferanteile seiner Familien- und Lebensgeschichte ausführlich und vielleicht auch stellvertretend für seine Ehefrau spricht, blendet Miriam die Opferbiographie ihrer Familie und ihr Leiden daran aus dem ehelichen Dialog aus. Ihre Ehe hat für beide Ehepartner jedoch auch eine stützende Funktion. So verhilft der nicht-jüdische Ehepartner dem jüdischen dazu, Abstand zu den Eltern und deren Verfolgungsvergangenheit zu gewinnen. Die Ehe mit einem nicht-jüdischen Deutschen bewirkt vermutlich auch, daß Miriam sich im Land der Täter sicherer fühlt. Achim hingegen verhilft die Ehe mit Miriam dazu, das Gefühl haben zu können, über jeden Verdacht einer Kontinuität zu seiner Familiengeschichte erhaben zu sein. Wir können also davon ausgehen, daß das Ehesystem für Miriam und Achim stützend wirkt und zugleich auch der Wahrnehmungsabwehr bestimmter Anteile der Familiengeschichte dient.

Anmerkungen

1 Zuerst erschienen in: Christian STAFFA, Katherine KLINGER (Hrsg.), Die Gegenwart der Geschichte des Holocaust. Berlin 1998 (Schriftenreihe des Institutes für vergleichende Geschichtswissenschaften 2). Mit freundlicher Genehmigung der Herausgeber.

2 Zu diesen Paarbeziehungen vgl. Kurt GRÜNBERG, Die Generation nach der Shoa: Eine psychologische Untersuchung über Nachkommen von Überlebenden der nationalsozialistischen Judenverfolgung. In: Hans STOFFELS (Hrsg.), Schicksale der Verfolgten. Berlin 1991, S. 172-191 und DERS., Vermitteltes Trauma an die Zweite Generation von Holocaust-Überlebenden. In: Wolfram FISCHER-ROSENTHAL, Peter ALHEIT (Hrsg.), Biographien in Deutschland. Opladen 1995, S. 372-388.

3 Vgl. dazu Günter REICH, Partnerwahl und Ehekrisen. Heidelberg 1988.

4 Zu Kindern von Nazi-Tätern vgl. die Studie von Dan BAR-ON, Die Last des

Schweigens. Frankfurt/Main 1993.

5 Die Fallstudie stammt aus einer Studie zu Drei-Generationen-Familien von Überlebenden der Shoah und von Nazi-Tätern: Gabriele ROSENTHAL (Hrsg.), Der Holocaust im Leben von drei Generationen. Familien von Überlebenden der Shoah und von Nazi-Tätern. Gießen 1997. Im Rahmen dieses von der Deutschen Forschungsgemeinschaft geförderten Projekts wurden zwischen 1992 und 1996 mit jüdischen und nicht-jüdischen Familien in West- und Ostdeutschland sowie in Israel Einzelinterviews und Familiengespräche geführt. Bettina Völter, Noga Gilad und Yael Moore waren als weitere wissenschaftliche Mitarbeiterinnen an der Studie beteiligt. Zur Methode der Interviewführung und Auswertung vgl. Gabriele ROSENTHAL, Erlebte und erzählte Lebensgeschichte. Gestalt und Struktur biographischer Selbstbeschreibungen. Frankfurt/Main 1995.

6 Zur ausführlichen Diskussion des Konzepts der biographischen Arbeit vgl. Wolfram FISCHER-ROSENTHAL, Schweigen – Rechtfertigen – Umschreiben. Biographische Arbeit im Umgang mit deutschen Vergangenheiten. In: FISCHER-ROSENTHAL, ALHEIT, Biographien (wie Anm. 2), S. 43-86.

7 Lena INOWLOCKI, Traditionsbildung und intergenerationale Kommunikation zwischen Müttern und Töchtern in jüdischen Familien. In: Ebda, S. 417-431, spricht in ähnlicher Weise über Generationenarbeit und versteht darunter die biographische Arbeit in der Interaktion zwischen mehreren Generationen in der Familie.

8 Wolfram FISCHER-ROSENTHAL, Über-Lebensgeschichte. Von Daniel, der doch kein Priester wurde, und von Micki, der kein Jude war, und von der Qual des Lebens. In: Psychosozial 15/ I, II (1992), S. 17-26, hier S. 20.

9 Sämtliche Namen wurden aus Gründen des Personenschutzes anonymisiert, mehrere biographische Daten wurden verändert.

10 Die im folgenden verwendeteten Transkriptionszeichen sind: , = kurzes Absetzen; (4) = Dauer der Pause in Sekunden; ja: = Dehnung; nein = betont; NEIN = laut; viel- = Abbruch; ‚nein' = leise; Ja=ja = schneller Anschluß; ... = Auslassungen im Zitat.

11 Werner BOHLEBER, The Children of the Perpetrators – the After-Effect of National Socialism on the following Generations. In: „Coming Home" from Trauma: The next Generation, Muteness, and the Search for a Voice. International Study Group for Trauma, Violence and Genocide. O. O. 1996, S. 39-52, hier S. 43-44.

12 ROSENTHAL, Holocaust (wie Anm. 5), S. 18 ff.

13 Vgl. Judith KESTENBERG, Milton KESTENBERG, Child killing and child rescuing. In: G. NEUMAN, Origins of Human Aggression. New York 1987, S. 139-154, und Gabriele ROSENTHAL, Dan BAR-ON, A biographical case study of a victimizer's daughter. In: Journal of Narrative and Life History 2/2 (1992), S. 105-127.

14 Vgl. Dori LAUB, Harvey PESKIN, Nanette C. AUERHAHN, Der zweite Holocaust: Das Leben ist bedrohlich. In: Psyche 1 (1995), S. 18-40, hier S. 22-23.

15 Vgl. Ilana KOGAN, Similarities and Differences Between the Second Generation of Victims and Persecutors. In: „Coming Home" from Trauma (wie Anm. 11), S. 68-72, hier S. 70.

16 Harvey A. BAROCAS, Carol B. BAROCAS, Wounds of the Fathers: The next generation of Holocaust victims. In: International Review of Psychoanalysis 6/3 (1979), S. 331-340.

17 Sarah SHIRYON, The second generation leaves home: The function of the sibling subgroup in the separation-individuation process of the survivor family. In: Family Therapy 15/3 (1988), S. 239-284, hier S. 241.

18 Vor allem in der Generation der Enkel wird die Konzentration auf die jüdische Familienvergangenheit bis hin zur völligen Ausblendung der nicht-jüdischen Seite recht deutlich. Vgl. hierzu die Fallanalysen der Familien Kubiak/Grünwald und Basler in ROSENTHAL, Holocaust (wie Anm. 5).

19 John BYNG-HALL, Family myths used as a defence in conjoint family therapy. In: British Journal of medical Psychology 46 (1973), S. 239 ff., hier S. 241.

20 Die Konstellation des stellvertretend fragenden Partners fanden wir auch in israelischen Ehen zwischen Kindern Überlebender und Kindern von Frühemigranten oder orientalischen Juden. Auch hier kann der eingeheiratete Partner stellvertretend die unerlaubten Fragen stellen und sich gegen die enge Bindung zwischen seinem Ehepartner und den Schwiegereltern wehren. Vgl. Yael MOORE, Der Familiendialog: Eine Familie, die nicht fragt. In: ROSENTHAL, Holocaust (wie Anm. 5), S. 129-139, hier S. 129 ff.

21 Vgl. Martin S. BERGMANN, Wiederkehrende Probleme in der Behandlung Überlebender und ihrer Kinder. In: Martin S. BERGMANN, Milton E. JUCOVY, Judith S. KESTENBERG, Kinder der Opfer – Kinder der Täter. Frankfurt/Main 1995, S. 265-291 und Hillel KLEIN, Ilana KOGAN, Identification processes and denial in the shadow of Nazism. In: International Journal of Psychoanalysis 67/1 (1986), S. 45-52.

22 Zur ausführlichen Falldarstellung siehe Gabriele ROSENTHAL, Petra JORDANS, Bettina VÖLTER, Gemeinsames Überleben und getrenntes Leben in Israel und Westdeutschland. In: ROSENTHAL, Holocaust (wie Anm. 5), S. 51-78.

23 Irina wurde 1993 in Deutschland in zwei Gesprächen von Gabriele Rosenthal und Bettina Völter in deutscher Sprache interviewt. Bettina Völter interviewte Sarah 1994 in Israel in zwei auf Deutsch geführten Gesprächen. Das Interview mit Tamara führte Yael Moore 1995 auf Hebräisch. Des weiteren haben wir zwischen 1993 und 1996 alle Angehörigen der zweiten Generation interviewt. Von der Enkelgeneration interviewten wir neben den zwei Enkelinnen Irinas auch Sarahs erstgeborene Enkeltochter.

24 Viola wurde 1995 von Yael Moore auf Hebräisch interviewt.

25 Sexuelle Gewalt an Frauen wurde auch in der Holocaustforschung erst in den

letzten Jahren zum Thema. Vgl. dazu Joan RINGELHEIM, Women and the Holocaust. In: Carol RITTNER, John K. ROTH (Ed.), Different Voices: Women and the Holocaust. New York 1994, S. 371-418.

26 Miriam wurde 1993 von Gabriele Rosenthal in zwei auf Deutsch geführten Gesprächen interviewt.

27 Judith KESTENBERG, Überlebende Eltern und ihre Kinder. In: BERGMANN, JUCOVY, KESTENBERG, Kinder (wie Anm. 21), S. 103-126, hier S. 117.

28 Zum Prozeß der Internalisierung der ermordeten Angehörigen in der zweiten Generation vgl. Judith KESTENBERG, Transposition revisited: Clinical, therapeutic, and developmental considerations. In: P. MARCUS, A. ROSENBERG (Ed.), Healing their wounds: Psychotherapy with Holocaust survivors and their families. New York 1989, S. 67-82 und Yael DANIELI, Diagnostic and therapeutic use ot the multigenerational family tree in working with survivors and children of survivors of the Nazi-Holocaust. In: J. P. WILSON, B. RAPHAEL (Ed.), International Handbook of Traumatic Stress Syndrome. New York 1993.

29 Vgl. Dina WARDI, Memorial Candles. Children of the Holocaust. London – New York 1992, S. 32.

30 Die Dynamik zwischen einer Tochter und ihrer überlebenden Mutter, die ihre Mutter verloren hat, ist in erheblichem Maße sowohl von den Schuldgefühlen der Mutter gegenüber der Großmutter bestimmt, als auch von der Wut darüber, von ihr verlassen worden zu sein. Vgl. ebda, S. 40 ff.

31 Achim Svoboda wurde 1993 von Bettina Völter in zwei Gesprächen interviewt

32 Bei der Fallrekonstruktion einer russischen Familie zeigte sich zum Beispiel deutlich, inwieweit die Kollaboration der Großmutter mit den Nazis in der Familie mit Verweis auf das nach 1945 erlittene Schicksal in der Verbannung dethematisiert und entschuldet wird. Die Lebensgeschichte der Großmutter wird von der zweiten und dritten Generation – unter Ausblendung aller aktiven Teilhabe am Nazi-System wie auch am Sowjetsystem – als Opferbiographie präsentiert. Ähnliche Tendenzen zeigen sich auch in der Familie Seewald. Vgl. Bettina VÖLTER, Gabriele ROSENTHAL, Wir sind die Opfer der Geschichte: Die Familie Seewald. In: ROSENTHAL, Holocaust (wie Anm. 5), S. 377-405.